Waldemar Pallasch, Detlef Kölln
Pädagogisches Gesprächstraining

Pädagogisches Training

Vorwort

Der gestiegene Bedarf nach kommunikativer Kompetenz und Qualifikation in fast allen Arbeitsbereichen, vor allem im breiten Beratungssektor, verlangt nach praktikablen Trainingsdesigns mit theoretischen Erläuterungen und verständlichen Handlungsanleitungen. Die bereits vorliegenden Fassungen haben dies erfüllt. Die erste Auflage dieses Bandes erschien unter der Mitarbeit von Kai Sachs und Gabriele Harmsen bereits 1987, die erweiterte und überarbeitete zweite Fassung unter Mitarbeit von Gabriele Harmsen, Detlef Kölln und Fred Mente läuft in der nunmehr 4. Auflage (1995) aus.

So ist dieses Buch über die vielen Jahre in vielen Weiterbildungsinstitutionen quasi zum Ausbildungsleitfaden für Anfänger und Fortgeschrittene geworden. Am *Institut für Advanced Studies* an der Universität Kiel und von der *Arbeitsgemeinschaft Pädagogische Trainings* in Lübeck werden inzwischen seit Jahren gesonderte Ausbildungsgänge mit Zertifizierung in pädagogisch-psychologischer Gesprächsführung auf der Grundlage dieser Konzeption angeboten.

Das ist insgesamt eine sehr erfreuliche Entwicklung. Die positive Resonanz und die Nachfrage haben uns veranlasst und ermutigt, eine erneute komplette Überarbeitung und Erweiterung vorzunehmen.

Sowohl inhaltliche als auch methodische Weiterentwicklungen machen es notwendig und sinnvoll, den neuen Erkenntnissen sachadäquat zu entsprechen. Mit dieser völlig überarbeiteten Neufassung wollen wir dem Rechnung tragen, ohne allerdings modischen Trends aufzusitzen. Natürlich können im vorgegebenen Rahmen nicht alle theoretischen Erkenntnisse, wissenschaftstheoretischen Strömungen oder methodischen und trainingstechnischen Varianten eingearbeitet werden, gleichwohl sollen sie angemessene Berücksichtigung finden. Dies wird, neben der Aufarbeitung theoretischer Bezüge, vor allem an den neuen Bausteinen deutlich.

Wir haben ebenso die eigenen Erfahrungen und die anderer Trainerinnen und Trainer, die mit diesem Leitfaden arbeiten, eingearbeitet, ohne die in der theoretischen wie praktischen Arbeit entstehende Vielfalt an Möglichkeiten immer berücksichtigen und beschreiben zu können.

An dieser Stelle möchten wir die sich inzwischen über Jahre bewährte gute Zusammenarbeit mit Lothar Schweim vom Juventa Verlag ausdrücklich hervorheben, der durch seine Hilfe, Unterstützung und Beratung diese Neuausgabe möglich machte.

Unser Dank gilt außerdem den vielen Teilnehmerinnen und Teilnehmern unserer Kurse, die uns über Jahre ermutigt haben, unsere Arbeit fortzusetzen und uns mit ihrer wohlwollenden Kritik konstruktiv begleitet haben.

Besonders dankbar sind wir Kerstin Kölln, die sich viel mit Geduld des Manuskripts annahm.

Wer mit uns Kontakt aufnehmen möchte, wende sich bitte an eine der folgenden Adressen:

Prof. Dr. Waldemar Pallasch, Detlef Kölln
Institut für Advanced Studies
Christian-Albrechts-Universität zu Kiel
Olshausenstr. 75, D-24118 Kiel
Telefon: 0431/880-1217
email: waldemar.pallasch@t-online.de
home: www.uni-kiel.de/as

Arbeitsgemeinschaft Pädagogische Trainings
Dipl.-Päd. Detlef Kölln
Brahmsstr. 23 a, D-23556 Lübeck
Telefon: 0451/391499
Fax: 0451/393419
email: detlef.koelln@t-online.de

Kiel, im Sommer 2002
Waldemar Pallasch
Detlef Kölln

Inhalt

1. Pädagogische Einordnung 11
    Exkurs: Inhalts- und Vermittlungsebene 13

2. Theoretische Orientierung 17
    2.1 Wissenschaftliche Grundlegung 17
        (1) Humanistische Psychologie 18
        (2) Humanistische Pädagogik 20
        (3) Systemtheorie 21
        (4) Radikaler Konstruktivismus 22
    2.2 Pädagogik im Kontext von Beratung und Therapie 24
        Exkurs: Verwandte Stilformen im Kontext
        pädagogischer Beratung 26
    2.3 Grundlagen des Pädagogischen Gesprächstrainings 28
        Das Menschenbild 30
        Die therapeutischen Grundhaltungen 34
        Exkurs: Kritische Anmerkungen 36
    2.4 Ansätze, Modelle und Konzepte 37
    2.5 Möglichkeiten und Grenzen
        des Pädagogischen Gesprächstrainings 48

3. Hinweise zur Durchführung
   des Trainingsprogramms 51
    Adressaten 51
    Ziele 52
        (1) Diagnosekompetenz 52
        (2) Handlungskompetenz 52
    Baustein-System 53
    Aufbau einer Trainingseinheit 55
    Ergänzende Anmerkungen: Methodische Varianten 61

4. Lern- und Trainingsprogramm: Bausteine 65
    Grundlagen 67
        Baustein 1: Zuhören 67

Baustein 2: Pausen ertragen 69
Baustein 3: Inhalt neutral wiedergeben 71
Baustein 4: Gesprächsstörer vermeiden 74
Baustein 5: Direkte Fragen vermeiden 79
Baustein 6: Diskussion vermeiden 82
Baustein 7: Distanz zum Inhalt 84
Baustein 8: Widerspiegeln 86
Baustein 9: Hineinversetzen und Nachvollziehen 88
Baustein 10: Negation konstruktiv umsetzen 90
Baustein 11: Psychische Repräsentanz 92
Baustein 12: Aspekte heraushören 96
Baustein 13: Nonverbale Signale 99
Baustein 14: Angebote formulieren 103
Baustein 15: Empathie versus Konfrontation 106

Strukturierung 108
Baustein 16: Anliegen klären 108
Baustein 17: Stränge heraushören und benennen 111
Baustein 18: Einen Strang verfolgen 114
Baustein 19: Arbeitshypothese formulieren 115
Baustein 20: Gespräch in Phasen unterteilen 118
Baustein 21: Einsatz von Methoden 122
Baustein 22: Führen durch Strukturieren 125
Baustein 23: Erkenntnisse herausstellen 127

Bearbeitung 129
Baustein 24: Widersprüche ansprechen 129
Baustein 25: Erlebnis konkret beschreiben 130
Baustein 26: Erlebnis ins 'Hier und Jetzt' 132
Baustein 27: Entscheidungszwang 134
Baustein 28: Positionsstühle 136
Baustein 29: Inneres Team 139
Baustein 30: Zusammenhänge visualisieren 141
Baustein 31: Informationen geben 144
Baustein 32: Freie Assoziation 146
Baustein 33: Gefühlsgegensätze thematisieren 148
Baustein 34: Doppeln 149
Baustein 35: Staccato 151
Baustein 36: Interpersonale Barriere thematisieren 153
Baustein 37: Intrapersonale Barriere thematisieren 155
Baustein 38: Barriere als Problemindikator 157
Baustein 39: Kognitive Aufarbeitung 158
Baustein 40: Kognitive Umstrukturierung 160
Baustein 41: Zukünftige Lebensgestaltung 162
Baustein 42: Zirkuläres Befragen 164
Baustein 43: Ausnahmen suchen 167

Baustein 44: Wunderfrage ... 169
Baustein 45: Blick in die Zukunft ... 171
Baustein 46: Körperbewegungen bewusst verstärken lassen ... 173
Baustein 47: Körperkontakt aufnehmen ... 174
Baustein 48: Gefühlsimplosion ... 176
Baustein 49: Psychodramatische Konkretisierung ... 178
Baustein 50: Körperempfindungen aufspüren ... 181
Baustein 51: Innere Bilder erleben ... 185

Entspannung ... 188
Vorbemerkungen ... 188
Baustein 52: Entspannung I ... 189
Baustein 53: Entspannung II ... 192
Baustein 54: Entspannung III ... 195

Lösungsexploration ... 198
Vorbemerkungen ... 198
Baustein 55: Lösungen aufgreifen ... 199
Baustein 56: Lösungsmatrix: Lösungen erschließen ... 201
Baustein 57: Lösungen anbieten ... 204
Baustein 58: Lösungen aufzeigen ... 206
Baustein 59: Lösungsbrainstorming ... 208
Baustein 60: Lösungen konkretisieren ... 210
Baustein 61: Lösungen übertragen ... 211
Baustein 62: Lösungen probehandeln ... 213
Baustein 63: Hausaufgaben ... 215
Baustein 64: Erlebte Realisation aufarbeiten ... 216

Selbstexploration des Beraters ... 218
Vorbemerkungen ... 218
Baustein 65: Eigenen emotionalen Bezug artikulieren ... 219
Baustein 66: Sich schmerzhafte Punkte
der eigenen Biographie vergegenwärtigen ... 221
Baustein 67: Sich selbst überprüfen ... 225
Baustein 68: Alter Ego ... 227

5. Arbeits- und Trainingsbögen ... 229
Übersicht ... 229

Literatur ... 249

1. Pädagogische Einordnung

Die bisher vorliegenden Fassungen dieses Buches verstanden sich als Zusammenfassung der konkreten Trainingsarbeit im Sinne eines Anleitungsfadens für potentielle Nutzer. Dies soll im Prinzip auch beibehalten werden. Neben den Basisbausteinen für eine pädagogische bzw. personenzentrierte Gesprächsführung bleibt die Erweiterung um die therapeutische Intention im Kontext pädagogischer Beratung erhalten. Letzteres resultiert unter anderem aus den eigenen Erfahrungen mit den Teilnehmern unserer Kurse, die - neben dem Erlernen gesprächstherapeutischer Techniken bzw. Interventionen und neben dem Aufarbeiten eigener persönlicher Anteile im Sinne eines selbstexplorativen Vorgehens - selbst verstärkt aktiv pädagogisch-therapeutisch arbeiten wollen. Hier besteht, besonders bei Pädagogen in Praxisfeldern (Lehrer, Sozialpädagogen, Erzieher u.a.), ein großes Defizit und Bedürfnis. Die Verknüpfung des 'Lernens für die berufliche Praxis' als Anwendungspotential mit der gleichzeitigen 'Nutzung bzw. Anwendung für sich selbst' als persönlichen Gewinn erscheint nicht nur sinnvoll, vielmehr ist sie auch wünschenswert. Sinnvoll deshalb, weil Lernen immer dann besonders effektiv wird, wenn das Individuum sich selbst mit seinen Bedürfnissen und Wünschen in den Lernprozess aktiv einbringen kann; wünschenswert deshalb, weil viele Pädagogen, beispielsweise Lehrer, sich darum bemühen, schon im vor-therapeutischen Feld aktiv zu werden.

Da die deutsche Sprache nicht über geschlechtsneutrale Begriffe verfügt, verwenden wir im Interesse der Lesbarkeit in diesem Buch in der Regel die männliche Sprachform. Wir möchten aber betonen, dass damit keine Wertung verbunden sein soll, und hoffen, dass sich alle *Leserinnen* mit meinend angesprochen fühlen.

Das *Pädagogische Gesprächstraining (PGT)* ist keine künstlich gewollte Konzeption, die sich nur um ihrer selbst willen von anderen Gesprächstrainings (z.B. Psychologische Gesprächsführung, Gesprächspsychotherapie) krampfhaft absetzen will, sondern sie ist eine Konzeption, die aus den Jahren trainingspraktischer Arbeit genuin erwachsen ist.

Pädagogisches Gesprächstraining und, wie im Untertitel angegeben, *Pädagogisch-therapeutisches Gesprächsverhalten* deshalb, weil die Adressaten in erster Linie Pädagogen und Psychologen bzw. Studierende dieser Disziplinen sind, die für ihre praktische Arbeit konkrete Hilfen benötigen. Wenn hier die konkrete Hilfe für die praktische Arbeit betont wird, heißt das nicht, sie verzichte auf eine theoretische Einbettung oder einen theoretischen Bezug. Jede praktische Arbeit ist auf theoretische Überlegungen bzw.

Orientierungen angewiesen. Wenn wir uns jedoch im theoretischen Teil nur um das Wesentliche bemühen, mag uns das den Vorwurf der Verkürzung einbringen, aber wir gehen davon aus, dass sich potentielle Nutzer dieses Programms mit den Grundauffassungen bzw. -prinzipien der jeweiligen Bezugswissenschaft, besonders der Humanistischen Psychologie, bereits vertraut gemacht haben.

Die Kunst des Praktikers ist es, zwischen dem Theoriebewusstsein und der Praxis eine Brücke zu schlagen, die von beiden Seiten begehbar ist. Insofern kommt es uns mehr darauf an, unser theoretisches Verständnis in die praktische Arbeit konkret einfließen zu lassen. Nicht was im theoretischen Teil geschrieben steht, ist allein wichtig, sondern auch und vor allem, was sich aus dem praktischen Teil an theoretischen Auffassungen erkennen und erschließen lässt.

Die Hilfe für das Praxisfeld bezieht sich auf zwei Aspekte, die ineinander übergehen:

Erster Aspekt: *Erweiterung der Handlungskompetenz*
Pädagogisches Handeln und Intervenieren vollziehen sich in der Regel über die Sprache. Diese ist das wichtigste und zugleich stärkste Instrument des Pädagogen. Über das Instrument der Sprache werden pädagogische Handlungen initiiert, wird gelobt und getadelt, werden Anweisungen und Hilfen gegeben und soziale Beziehungen geknüpft, verstärkt oder gebrochen. Die Sprache ist ein filigranes Instrument in der Hand des Pädagogen, deren Möglichkeiten kaum erschöpfend genutzt werden. Besonders in erziehungsschwierigen Situationen und bei intra- und interpsychischen Problemkonstellationen hängt es vom Sprachvermögen des Pädagogen ab, wie er die Situation meistert. Im traditionellen Curriculum der Pädagogenausbildung fehlt dieses Segment.

Zweiter Aspekt: *Erweiterung der Diagnosekompetenz*
Es ist alltägliche Praxis, dass ein Pädagoge in seinem Arbeitsfeld an die Grenzen seiner pädagogischen Möglichkeiten und Fähigkeiten stößt. Im weiten Sinne ist jeder Pädagoge in seiner täglichen Praxis diagnostisch tätig. Immer dann, wenn er pädagogisch eingreift, wenn er korrigiert, wenn er hilft oder wenn er Maßnahmen vorschlägt, geschieht dies aufgrund vorausgegangener pädagogischer Aktionen oder Interventionen, die entweder verbessert oder in eine andere (Ziel-)Richtung dirigiert werden sollen. Allen 'Maßnahmen' laufen immer bewusst oder unbewusst theoretische Überlegungen voraus. Dass die 'Maßnahmen' in pädagogischen Situationen meistens spontan vorgenommen werden, gereicht nicht immer zum Vorteil der betreffenden Klientel. In pädagogisch besonders schwierigen Situationen und besonders dann, wenn es um die Hilfe für einzelne Personen geht, bedarf der professionell arbeitende Pädagoge einer spezifischen Diagnosekompetenz, um entweder selbst pädagogisch therapeutisch gezielt Maß-

nahmen ergreifen oder um den Hilfesuchenden, entsprechend seiner Problematik, an einen Spezialisten weiter empfehlen zu können.

Die Sprache, hier das pädagogisch-therapeutische Gesprächsverhalten, erfüllt diese diagnostische Funktion in zweierlei Hinsicht: Zum einen verhilft sie dem Pädagogen dazu, das Problem besser zu verstehen, es einzugrenzen und möglicherweise dem Problemträger schon Hilfen zur Bearbeitung bzw. zur Bewältigung anzubieten (Erweiterung der Handlungskompetenz). Zum anderen verhilft sie dem Pädagogen zu erkennen, dass das Problem diffiziler ist und er den Problemträger gezielt an eine externe Fachkraft verweisen kann (Erweiterung der Diagnosekompetenz).

Zusammenfassend heißt das: Das pädagogisch-therapeutische Gesprächsverhalten versetzt den Pädagogen in die Lage, den Hilfesuchenden in seiner problematischen Situation besser zu verstehen, die Problematik selbst differenzierter wahrzunehmen und - wenn geboten und angemessen - selbst pädagogisch-therapeutisch tätig zu werden. Die Erweiterung der Diagnosekompetenz dient zum einen dazu, die eigene Handlungskompetenz zu erweitern, zum anderen dient sie dazu, eine problemspezifische Weiterbehandlung zu empfehlen (vgl. dazu: Biermann-Ratjen, Eckert, Schwartz 1997, 186 ff.).

Das Training nach diesem Programm ist keine Therapieausbildung; sie kann es nach eigener Zielsetzung auch gar nicht sein. Aber wie in jeder therapeutischen Arbeit pädagogische Anteile enthalten sind, so sind auch in jeder pädagogischen Arbeit therapeutische Anteile vorzufinden und zu berücksichtigen. Insofern versucht die vorliegende Konzeption zwischen beiden eine Brückenfunktion wahrzunehmen.

Exkurs: Inhalts- und Vermittlungsebene

In gebotener Kürze soll die Konzeption des pädagogischen Gesprächstrainings auf der Inhalts- und der Vermittlungsebene betrachtet werden.

(1) Inhaltliche (oder: Curriculare) Ebene
Auf der Inhaltsebene ist die Frage zu beantworten, was die Teilnehmer eines solchen Trainings lernen sollen. Mit den Inhalten stark verschränkt, stellt sich für dieses Training das Problem der Grenzziehung zwischen Pädagogik und Psychologie: Was ist noch Pädagogik oder schon Psychologie? Was ist noch Psychologie oder schon Pädagogik?

Nun wäre eine Grenzziehung - von der Sache her gesehen - zweitrangig, wenn sich nicht hinter bestimmten Inhalten berufsständische Interessen zeigen würden (vgl. Dreitzel, Jaeggi 1987). Pädagogen wie Psychologen reklamieren jeweils für sich bestimmte Inhalte und Arbeitsfelder und trennen somit vielfach gemeinsam zu bearbeitende Problemfelder in zwei künstlich getrennte Zuständigkeitsbereiche, die der Sache selbst eher schaden als dienen.

Die Konzeption des *Pädagogischen Gesprächstrainings (PGT)* hat sich von dieser willkürlichen Kompetenzzuschreibung bewusst befreit.

Leitlinie ist die Anbahnung personenzentrierter (klientenzentrierter) Haltungen und Einstellungen für den Erziehungs- und Bildungsbereich (vgl. Corsini 1983, 506-507; Pallasch 1995, 153-172) sowie die Vermittlung pädagogisch-therapeutischen Basisverhaltens als Handlungskompetenz (vgl. Bürgermann, Reinert 1984). Das pädagogisch-therapeutische Gesprächstraining ist keine Ausbildung in Gesprächspsychotherapie, wenngleich die Gesprächspsychotherapie mit ihren vielen Formen und Varianten (vgl. Lasogga 1986) in gewisser Weise sowohl in theoretischer als auch in praktischer Hinsicht Pate, Vorbild, Modell und Wegweiser ist (vgl. Rogers 1973; Tausch 1973; Minsel 1974; Crisand 1982; Bommert 1982; Jaeggi u.a. 1983; Biermann-Ratjen u.a. 1997; Weinberger 1998; Hockel 1999; Sachse 1999; Bachmair u.a. 2001).

Auch wenn die Gesprächspsychotherapie mit ihrem Menschenbild, mit ihren Zielsetzungen und ihren Interventionstechniken in diesem Trainingsprogramm favorisiert wird, so wäre eine zu starke Anlehnung an diese Therapieform der pädagogisch-therapeutischen Arbeit nicht angemessen und würde auch den konkreten Erfordernissen der Praxis nicht gerecht werden. Im Vordergrund unserer Arbeit steht nicht die starre Methode einer Therapie, sondern das Ziel, mit Hilfe therapeutisch orientierter Interventionstechniken im pädagogisch-therapeutischen Arbeitsfeld hilfreich wirken zu können (vgl. Grawe, Donati, Bernauer 1994; Hockel 1999; Sachse 1999; Grawe 2000).

Jede beraterische oder therapeutische Arbeit stützt sich in ihrer theoretischen und methodischen Ausrichtung nicht nur auf eine Säule (z.B. nur auf Gesprächspsychotherapie, Gestalttherapie, Transaktionsanalyse, Psychosynthese, Psychodrama usw.), sondern versucht verschiedene Elemente benachbarter Ausrichtungen oder Schulen integrativ zu verbinden. Für die Gesprächspsychotherapie bietet es sich besonders an (vgl. Sachse 1999, 15 ff.). Das ist auch sinnvoll, weil stets das Problem die Methode und nicht die Methode das Problem bestimmt. Um purem Eklektizismus vorzubeugen, müssen die unterschiedlichen Elemente jedoch auf einem soliden und homogenen Fundament stehen. Unser Fundament ist das Menschenbild der Humanistischen Psychologie bzw. Pädagogik. Aber auch die Humanistische Psychologie bzw. Pädagogik bietet kein einheitliches Bild, vielmehr wird es durch theoretische Erkenntnisse anderer Denkschulen ergänzt und erweitert. Diese Weiterentwicklung spiegelt sich auch in der vorliegenden Trainingsfassung wider. Wir gehen weiter hinten darauf ein. Gleichwohl: Die Gesprächspsychotherapie bietet nach wie vor die besten instrumentellen Hilfen und Voraussetzungen, weil sie in ihrer Ausrichtung in starkem Maße das 'sprachliche Handwerkszeug' betont.

Im Übrigen unterliegen alle Therapieformen einem Modetrend. Die in den letzten Jahrzehnten kreierten neuen Therapieformen sind ein Beleg dafür, wie zeitabhängig bestimmte Therapieformen sein können. Allein das 'Handbuch der Psychotherapie' (Corsini 1993) weist eine nicht mehr zu überblickende Anzahl von Therapieformen auf (vgl. ebenso: Binder, Binder, Rimland 1980; Zundel, Zundel 1991; Schmidbauer 1994; Schwertfeger, Koch 1995; Goldner 1997; Kraiker, Peter 1998). Überdies, so hat Kaffmann (nach Hargens 1989) herausgefunden, unterliegt jede Therapieform einem bestimmten Zyklus, der in vier scheinbar vorprogrammierten Phasen abläuft. In der ersten Phase ('Pionierphase') geht es darum, die neue Therapie zu etablieren, in der zweiten Phase findet eine Ausweitung durch Zustimmung und Bestätigung statt, in der dritten Phase (Phase der 'Omnipotenz') wird die Therapie quasi unangreifbar, und in der vierten Phase beginnt sich Kritik anzumelden, die das Ende der Therapie einläutet und gleichzeitig den Beginn einer neuen Therapie ankündigt. Die Gesprächspsychotherapie hat in ihrer Historie solche Phasen durchlaufen. Noch vor Jahren galt es als ein Sakrileg, die praktischen Ableitungen aus der Rogers'schen philosophisch-psychologischen Grundposition anzugreifen, obwohl viele praktizierende Therapeuten bereits nichtöffentlich ihre Zweifel daran anmeldeten (siehe dazu auch die theoretischen Positionen bei Sachse 1999 und Biermann-Ratjen, Eckert, Schwartz 1997). In letzter Zeit mehrten sich kritische Stimmen, die gewisse Zweifel an der Praktikabilität des Persönlichkeitsmodells von Rogers vortrugen (vgl. Martin 1989, 226 ff.) und damit eine Grundsatzdiskussion über therapeutische Ansätze bzw. Schulen auslösten, die nicht unwesentlich dazu beitrug, die Aufnahme der Gesprächspsychotherapie in das 'Psychotherapeutengesetz' (1999) zu verhindern (dazu ausführlich: Hockel 1999, 38 ff.).

Mit diesen kritischen Anmerkungen soll nicht das Ende der Gesprächspsychotherapie herbeigeredet, wohl aber der berechtigte Versuch unterstrichen werden, das relativ starre Konzept der klassischen Gesprächspsychotherapie zugunsten einer anderen - hier mehr pädagogisch ausgerichteten - Praxis auszuweiten.

(2) Vermittlungs- (oder: Methodische) Ebene
Die Adressaten dieses Trainings sind vornehmlich Pädagogen. Auf der methodischen Ebene ist also die Frage zu beantworten, wie man Pädagogen auf dem Hintergrund ihres curricularen Fundaments Gesprächshaltungen bzw. -techniken vermitteln kann, die sie einerseits dazu befähigen, im begrenzten pädagogischen Rahmen selbst pädagogisch-therapeutisch aktiv zu werden, die sie andererseits aber auch gleichzeitig dazu befähigen, durch die eigene Ausbildung zu Diagnostikern zu werden, um die eigene Kompe-

tenzgrenze zu erkennen und gegebenenfalls entsprechende externe Fachkompetenz einzubeziehen.

Die curricularen Studienbedingungen und -voraussetzungen an den Hochschulen zwingen zu Einschränkungen in den Zielsetzungen und Anforderungen; sie zwingen aber auch dazu, Überlegungen anzustellen, wie die für ein *pädagogisch-therapeutisches Gesprächstraining* als zwingend notwendig angesehenen Kenntnisse, Fähigkeiten und Fertigkeiten erworben werden können.

Die Vermittlungsform dieser Konzeption ist ein *Bausteine-System*, welches auf den ersten Blick in seiner gegliederten Form den Anschein einer willkürlichen additiven Aneinanderreihung vermittelt, in der Praxis aber ein flexibles System sich gegenseitig bedingender bzw. in sich verbundener Elemente darstellt. Für die in den Bausteinen enthaltenen Fertigkeiten bzw. in ihnen ausgewiesenen konkreten Verhaltensweisen gelten unter lernpsychologischen und methodischen Gesichtspunkten zwei Bedingungen:

Erste Bedingung: Die zu erlernenden Fertigkeiten bzw. Verhaltensweisen müssen zum Zweck der Übung *isolierbar* sein, d.h., sie müssen sich sowohl theoretisch als auch praktisch von anderen zu übenden Fertigkeiten bzw. Verhaltensweisen unterscheiden lassen. Das führt während der Trainingsarbeit mitunter zu künstlichen Trennungen, die sich jedoch im Laufe des Erlernens wieder aufheben.

Zweite Bedingung: Die zu erlernenden Fertigkeiten bzw. Verhaltensweisen müssen in das Prozessgeschehen der Gesprächsführung *reintegrierbar* sein, d.h., sie sind in der konkreten Anwendung ein integrierter Bestandteil im Gesprächsverhalten bzw. Gesprächsrepertoire des pädagogisch-therapeutisch Arbeitenden.

Auf die inhaltlichen und methodischen Fragen wird im Folgenden noch detaillierter eingegangen. Zusammenfassend genügt hier der Hinweis, dass das *Pädagogische Gesprächstraining (PGT)* im Rahmen der pädagogischen Trainings eine Sonderstellung einnimmt (vgl. Mutzeck, Pallasch 1983; Pallasch, Reimers 1990; Pallasch, Kölln, Reimers, Rottmann 2001). Zum einen kommt es der Zielsetzung eines Basistrainings für Pädagogen sehr nahe (Gesprächskompetenz als pädagogische Grundvoraussetzung), zum anderen ermöglicht es eine Spezialisierung in Hinblick auf pädagogisch-therapeutische Interventionen im Rahmen der pädagogischen Arbeit.

2. Theoretische Orientierung

Wie eingangs ausgeführt, ist es das zentrale Anliegen des *Pädagogischen Gesprächstrainings (PGT)*, die Handlungs- und Diagnosekompetenz von Pädagogen im Rahmen ihrer beruflichen Praxis zu erweitern. Die Praxis im pädagogischen Arbeitsfeld lässt sich unter anderem dadurch charakterisieren, dass Entscheidungen oft intuitiv und in Bruchteilen von Sekunden getroffen werden müssen und für den Praktiker kaum Zeit zu theoriegeleitetem, planvoll-intentionalem Handeln bleibt. Vielmehr resultiert sein Verhalten aus seiner *subjektiven Theorie (Alltagstheorie)*, d.h. seiner subjektiven Sichtweise des Erlebens und Handelns im pädagogischen Handlungsfeld (vgl. Hofer 1986; Mandl, Huber 1983), die ihm im Hinblick auf ihren Inhalt und ihre Struktur nicht vollständig bewusst und nur begrenzt verbalisierbar verfügbar ist (vgl. Groeben, Scheele 1977). Von daher setzt die hier angestrebte Erweiterung der Diagnose- und Handlungskompetenz ein hohes Maß an Selbstexploration voraus, d.h. eine Auseinandersetzung mit der eigenen Person und der für sie spezifischen subjektiven Theorie pädagogischen Handelns (ausführlich dazu: Hierdeis, Hug 1992). Selbstexploration und die damit verbundene Auseinandersetzung geschieht implizit oder explizit immer theorieorientiert. Dies bedeutet für die Ausbildung, dass eine erfolgreiche Umsetzung des pädagogischen Gesprächsverhaltens im Alltag die innere Akzeptanz der theoretischen Grundlagen dieses Ansatzes voraussetzt.

2.1 Wissenschaftliche Grundlegung

Im Folgenden soll auf die (wissenschafts-)theoretischen Grundlagen eingegangen werden, die der Konzeption des *Pädagogischen Gesprächstrainings (PGT)* zugrunde liegen.

Die gegenwärtige Zeit wird in unserem Kulturkreis mit dem Oberbegriff *Postmoderne* um- und beschrieben. Ergänzende Begriffe wie Leistungs-, Risiko-, Überfluss- oder Erlebnisgesellschaft verweisen auf eine Pluralität, die sich in allen Subsystemen der Gesellschaft zeigt. Postmodernen Vorstellungen zufolge können wir auch in der Wissenschaft nicht mehr auf eine Universaltheorie zurückgreifen, sondern müssen Metatheorien suchen, die plurale Ansätze erlauben. Die für unsere Konzeption erkenntnisleitenden Grundtheorien bieten die *Humanistische Psychologie,* die *Humanistische Pädagogik,* die *Systemtheorie* und der *Radikale Konstruktivismus*. Sie alle entwickeln spezifische Sichtweisen des Menschen und erlauben andere Betrachtungsweisen seiner Lern- und Entwicklungsfähigkeit. Die in den theoretischen Annahmen postulierten Werte und Ziele bilden die Basis unserer Trainingsarbeit.

Da jedoch die Überlegungen der Humanistischen Psychologie und der Humanistischen Pädagogik in erster Linie philosophisch-axiomatischer Natur sind, haben wir uns darüber hinaus an neueren Ansätzen orientiert, welche die theoretische Diskussion der letzten Jahre stark geprägt haben. Es handelt sich um Erkenntnisse aus unterschiedlichen Forschungsbereichen, etwa der Neurobiologie, der Evolutionstheorie, der Physik oder der Kommunikationswissenschaft, die die anthropologischen Ideen der Humanistischen Psychologie und der Humanistischen Pädagogik zu unterstützen und ergänzen vermögen (vgl. Capra 2000). Dabei erscheinen uns die Überlegungen der Systemtheorie nach Bateson (1981), Maturana (1982, 1987, 1994) und Varela (1987), sowie die erkenntnis- und handlungstheoretischen Perspektiven des Radikalen Konstruktivismus nach v. Foerster (1985, 1986), v. Glasersfeld (1986, 1992) und Watzlawick (1986) besonders bedeutsam für unsere Arbeit.

Es sind also im Wesentlichen diese vier Denkrichtungen, die den Hintergrund bilden, auf welchem unsere Konzeption gesehen werden muss. Gemeinsam formen sie das theoretische Fundament der praxisbezogenen Konzeption. Wir beschränken uns im Folgenden auf eine knappe Darstellung der vier Denkmodelle (in Anlehnung an Pallasch, Kölln, Reimers, Rottmann 2001, 28 ff.), dabei werden wir nur jene Aspekte erläutern, die zum näheren Verständnis dieses Trainings beitragen.

(1) Humanistische Psychologie

Die Humanistische Psychologie speist sich aus den europäischen Traditionen der Gestaltpsychologie, dem Existenzialismus, der Phänomenologie, der Psychoanalyse und dem amerikanischen Behaviorismus und etablierte sich Anfang der sechziger Jahre in den USA.

Im Gründungsmanifest 1962 betonen die maßgeblichen Vertreter dieser Richtung gemeinsame Werte, an denen sie ihr Handeln orientieren. Es sind dies Werte wie Liebe, Wachstum, Kreativität, Selbstaktualisierung, Spontaneität, Humor, Autonomie, Verantwortlichkeit etc., die in den bis dahin vorherrschenden psychologischen Richtungen, der Psychoanalyse einerseits und dem Behaviorismus andererseits, keine systematische Berücksichtigung fanden (vgl. Quitmann 1991, 26). In bewusster Absetzung von diesen beiden Richtungen vertritt die humanistische Psychologie als so genannte 'Dritte Kraft' ein anderes Menschenbild.

Die klassische Psychoanalyse geht, vereinfacht gesprochen, von einem recht pessimistischen, organismischen Menschenbild aus, das den Menschen von zwei inneren, angeborenen Grundtrieben, dem nach Lust strebenden Lebenstrieb und dem destruktiv gerichteten Aggressionstrieb, determiniert sieht. Nach der psychoanalytischen Theorie sind alle psychischen Vorgänge, einschließlich sämtlicher sozialer, kultureller, geistiger Tätigkeiten, Ausdrucksformen jener Grundtriebe. Der menschliche Organismus durchläuft Phasen der Entwicklung, die durch die Umweltreize gefördert oder gehemmt werden können.

Der Behaviorismus vertritt ein mechanistisches Menschenbild. Er betrachtet Menschen als determiniert durch Reiz-Reaktionsmechanismen. Ihr Verhalten ist im Wesentlichen dadurch motiviert, Zuwendung zu bekommen und Strafe zu vermeiden. Alle menschlichen Eigenschaften, Fähigkeiten, Begabungen sind der behavioristischen Auffassung zufolge erlernt, d.h. durch Konditionierungen zustande gekommen. Der Organismus 'lernt' durch seine Reaktionen auf die von der Umwelt ausgehenden Reize.

Im ersten Ansatz wird also eine interne, im zweiten eine externe Determinierung des Menschen angenommen. In beiden Modellen gilt die Umwelt als unveränderliche Konstante. Die Humanistische Psychologie dagegen will - ausgehend von einer zutiefst optimistischen Grundüberzeugung - die einseitige, biologistisch-mechanistische Sichtweise des Menschen überwinden. Sie vertritt ein interaktives Menschenbild, demzufolge der Mensch und die soziale wie natürliche Umwelt in einem ständigen, wechselseitigen Austausch- und Abhängigkeitsverhältnis stehen. Jedes Individuum strebt nach Wachstum und Selbstverwirklichung in aktiver Auseinandersetzung mit seiner Umwelt. Es lebt dabei in einer einzigartigen subjektiven Realität und muss in seiner psycho-physischen Ganzheitlichkeit begriffen werden. Der Mensch gilt als aktives, bewusst agierendes Subjekt, das sich Wissen erarbeiten, Entscheidungen treffen, das eigene Handeln reflektieren, die gewonnenen Einsichten und Erkenntnisse in künftiges Handeln einfließen und für sich Sinn konstituieren sowie Verantwortung übernehmen kann.

Die 1964 erstmalig aufgestellten, bis heute gültigen fünf Prinzipien der Humanistischen Psychologie spiegeln die Grundhaltung und das Menschenbild dieser Richtung wieder. Sie lauten (vgl. Journal of Humanistic Psychology 1964, 1, 23 f., zit. nach Quittmann 1991, 16 f.):

1. *"Man, as man, supercedes the sum of his parts"*, ein Postulat, das die Einzigartigkeit und das Person-Sein des Menschen betont.

2. *"Man has his being in human context"*, will sagen, dass das menschliche Leben immer an zwischenmenschliche Beziehungen gebunden ist.

3. *"Man ist aware"* macht geltend, dass Bewusstsein ein essentielles Wesensmerkmal des Menschen ist, das die Grundlage für Verstehen bildet.

4. *"Man has choice"* heißt, dass der Mensch durch aktives Wählen und Entscheiden seine Lebenssituation verändern kann.

5. *"Man is intentional"* besagt, dass der Mensch nach Zielen, nach Sinn und Erfüllung strebt und dies die Grundlage seiner Identität bildet.

In ihrer wissenschaftstheoretischen Standortbestimmung wenden sich die Vertreter der Humanistischen Psychologie gegen den Anspruch der empirisch-analytischen Wissenschaft auf Objektivität und bestehen darauf, dass der forschende Mensch immer selbst Teil der Forschung sein muss. Sie messen der Beschäftigung mit den Sinnzusammenhängen menschlichen Seins mehr Bedeutung zu als dem methodischen Vorgehen, ohne damit die Notwendigkeit sozialwissenschaftlicher Methoden in Abrede zu stellen und verlangen die Unterordnung empirischer Methoden der Sozialforschung unter das Kriterium menschlicher Erfahrung.

(2) Humanistische Pädagogik

'Humanistische Pädagogik' ist eine Sammelbezeichnung für diverse pädagogische Ansätze, die sich dem 'persönlich bedeutsamen Lernen' verschrieben haben. Als persönlich bedeutsam wird Lernen dann verstanden, wenn es den Lernsubjekten eine bessere Verfügung über die eigenen inneren Prozesse ermöglicht. Es werden diejenigen Aspekte von Lernen und Bildung hervorgehoben und methodisch zugänglich gemacht, die tendenziell vernachlässigt werden (vgl. Buddrus, Pallasch 1995, 22 ff., Buddrus 1995, 31 ff.).

Die Humanistische Pädagogik speist sich im Wesentlichen aus zwei Quellen. Zum einen orientiert sie sich an der Haltung und den humanen Werten der europäischen Tradition des Humanismus, der - beginnend in der Antike über die Renaissance, den deutschen Neuhumanismus bis hin zur Reformpäagogik - ein reichhaltiges, ethisches Fundament bietet. Zum Zweiten speist sie sich aus der Humanistischen Psychologie, deren Menschenbild und Werte sie teilt und bei deren Verfahren und Methoden sie Anleihen macht. Anders als bei der Humanistischen Psychologie steht bei der Humanistischen Pädagogik jedoch nicht der therapeutische Kontext und damit das Heilen, sondern der pädagogische Bezug und somit Erziehung, Bildung und Lernen im Vordergrund.

Die Humanistische Pädagogik versucht, Wissen zurückzukoppeln an die Menschen und - im Ausgleich zum vorherrschenden wissenschaftszentrierten Lernen - den Schwerpunkt auf ein subjektiv bedeutsames Lehren und Lernen zu legen.

Die Vertreter der Humanistischen Pädagogik sehen den Menschen als zeitlebens entwicklungsfähig und entwicklungsbedürftig an und gehen davon aus, dass jeder über ein großes, nicht realisiertes Potenzial verfügt, das mit Hilfe der Methoden der Humanistischen Pädagogik freigesetzt werden kann. Mehr noch als auf das 'Was', konzentriert sich die Humanistische Pädagogik dabei auf das 'Wie'. Der Prozess des Lernens wird immer wieder systematisch reflektiert. Auf diese Weise wird das Bewusstsein für die persönlichen Bildungsabsichten und Lernbedürfnisse geschärft und die der Verantwortungsübernahme für das eigene Lernen gefördert. Fragt man nach den spezifischen Bildungsinhalten, deren systematische und reflektierte Vermittlung die Humanistische Pädagogik anstrebt, also nach dem, was Menschen durch diese Art der Pädagogik lernen, so lassen sich folgende Postulate formulieren, die alle der Humanistischen Pädagogik zugehörigen Ansätze teilen:

– Die konsequente Bezugnahme auf das Lernsubjekt;

– die Förderung der Bewusstheit;

– die Bedeutung der Zwischenmenschlichkeit;

– die Übernahme der Verantwortlichkeit für das eigene Handeln;

– das Hervorbringen von Sinn.

Das breite, vielseitige Methodenrepertoire der Humanistischen Pädagogik reizt zum Ausprobieren. Dabei sollte allerdings beachtet werden, dass die Methoden nicht Selbstzweck sind, sondern gebunden bleiben müssen an die ethische Grundhaltung, die Ziele und Inhalte der Humanistischen Pädagogik. Zweck jeder Methode ist es, das prozessorientierte, ganzheitliche Lehren und Lernen zu unterstützen und das persönliche Potenzial des Individuums freizusetzen.

(3) Systemtheorie

In Abweichung von traditionellem biologischen Denken, das die Beziehung lebender Systeme zu ihrer Umwelt betrachtet, erforschten der Biologe Maturana und der Neurophysiologe Varela zunächst den internen Aufbau lebender Systeme (vgl. 1982, 1987, 1994). Sie schlagen als konstitutives Element des Lebendigen die zirkuläre Organisationsform von Systemen vor, die *Autopoiesis*. Lebewesen sind also als Systeme zu verstehen, die bestrebt sind, sich selbst zu erzeugen und zu erhalten. Autopoiesis geschieht, indem die Komponenten des Systems in einem zirkulären Prozess ununterbrochen miteinander interagieren und dabei eben die Bestandteile produzieren, die zur Erhaltung des Systems notwendig sind. Die Autopoiesis generiert die Autonomie lebender Systeme, die Fähigkeit, die eigenen Regeln zu spezifizieren.

Autopoietische Systeme sind insofern *organisatorisch geschlossen*, als sie ihre spezifische Gestalt durch alle Produktionsprozesse hindurch aufrechterhalten, unabhängig von der Umwelt. Sie sind daher *selbstreferentiell,* d.h. selbstrückbezüglich.

Während die *Organisation* eines autopoietischen Systems lebenslang erhalten bleibt, ist seine *Struktur*, die Relation seiner Bestandteile zueinander, offen für Veränderung. Verschiedene Lebewesen gleichen sich also in ihrer Organisationsform, unterscheiden sich aber durch ihre jeweils individuellen Strukturen.

Obzwar das lebende System organisatorisch geschlossen operiert, ist es zugleich auf den Austausch mit der Umwelt angewiesen. Dabei nimmt es nur das auf, was es für die eigene Selbsterhaltung und Selbstherstellung benötigt. Wenn nämlich ein autopoietisches System mit einem Element der Umwelt interagiert und es in seine Prozesse mit einbezieht, dann ist die Konsequenz dieser Interaktion bestimmt durch die Art, wie das System mit diesem Element umgeht, nicht durch die Eigenschaften des Elements.

Das bedeutet, dass Lebewesen als Systeme streng durch ihre Struktur determiniert sind und immer nur im Sinne der eigenen Struktur reagieren können, sie sind nicht direkt und gezielt von außen beeinflussbar, sondern allenfalls irritierbar. So können Veränderungen des Milieus zwar Strukturveränderungen im System auslösen, diese aber nicht steuern. Dieses Merkmal bezeichnen Maturana und Varela als *Strukturdeterminismus*.

System und Umwelt stehen zueinander in einer geregelten Interaktionsbeziehung. Sie stellen für einander eine permanente Quelle von Irritationen dar, die beim jeweils anderen Strukturveränderungen auslösen können. Wenn sich dieser Prozess wechselseitiger Strukturveränderungen verfestigt, spricht man von *Struktureller Koppelung*. Durch die Koppelung einzelner Systeme entsteht ein neues System, das wiederum autopoietisch organisiert ist.

Komplexität, ein weiterer zentraler Begriff der Systemtheorie, meint die Gesamtheit aller möglichen Ereignisse und Zustände und die Anzahl der zwischen ihnen möglichen Relationen. Der Mensch kann die Komplexität seiner vielschichtigen Umwelt nur eingeschränkt erfassen, will er handlungsfähig werden und bleiben, so ist er zur *Komplexitätsreduktion* gezwungen.

Die Theorie autopoietischer Systeme ist fundamental für das Verständnis des Radikalen Konstruktivismus, der wiederum das Bild vom Menschen stark beeinflusst.

(4) Radikaler Konstruktivismus

'Radikaler Konstruktivismus' ist die Sammelbezeichnung für eine Richtung der Wissenschaftstheorie, die sich mit den Vorgängen bei der Entstehung von Erkenntnis und Bewusstsein beschäftigt. Ihre Kernfragen lauten: Was ist Erkenntnis? Wie erwerben wir Wissen über die Wirklichkeit? Ihre zentrale These besagt: Es gibt keine Beobachtung, die unabhängig vom Beobachter ist. Wir Menschen haben keinen unmittelbaren Zugriff auf die äußere Realität, sondern bilden unsere Erfahrungen mit Hilfe von Wahrnehmungsstrukturen, die in unserer Gehirnstruktur angelegt sind. Die Vorstellungen einer objektiven Realitätserkenntnis werden radikal in Frage gestellt (vgl. v. Glasersfeld 1986).

Wahrnehmen, Beobachten und Erkennen sind nach Auffassung der Radikalen Konstruktivisten keine Prozesse, in denen die Außenwelt abgebildet wird, sondern kognitive Leistungen, in denen der Mensch Modelle der Außenwelt konstruiert. Die Wirklichkeit, die wir zu entdecken und zu erforschen glauben, ist unsere eigene Konstruktion, ohne dass wir uns der Erfindung bewusst sind. Der Beobachter konstruiert, was unterschieden wird. Er erzeugt im Akt des Unterscheidens aktiv zusammenhängende Erfahrungsfelder, so genannte *kohärente Erfahrungsbereiche*, denen er Objekte, Erklärungen, Beziehungen usw. zuordnet (vgl. Maturana 1994). Menschliche Erkenntnisse sind daher nicht objektiv richtig oder wahr, sondern *viabel*, d.h. sie müssen in die bereits vorhandene Erfahrungswelt hineinpassen (vgl. v. Glasersfeld 1992).

Realität ist also ein subjektives Konstrukt, das erst durch die Abstimmung mit den Konstrukten anderer Beobachter den Charakter einer 'objektiven' Welt erhält, welche scheinbar unabhängig von unserer Wahrnehmung existiert. Die Kategorien zur Beurteilung unserer Wirklichkeitsmodelle in sozialen Bezügen sind nicht Wahrheit oder Objektivität, sondern Vereinbarung, Brauchbarkeit und Bewährung. Wirklichkeitskonstruktionen gelten dann als sozial verbindlich, wenn sie von den Mitgliedern einer Gesellschaft geteilt werden und den Bezugsrahmen für individuelles und kollektives Handeln bilden.

Nach Auffassung von Maturana und Varela spielen das soziale Leben und die damit verbundene sprachliche Interaktion die entscheidende Rolle für die Entwicklung von Bewusstsein. Sprache ermöglicht dem Menschen Reflexion, die Beschreibung seiner selbst und seiner Existenz (vgl. Retter 2000). So könne er zugleich beide Standpunkte einnehmen, den des Handelnden und den des Beobachters (vgl. Maturana, Varela 1987; Maturana 1994).

Der radikale Konstruktivismus steht mit seinen Einsichten in starkem Gegensatz zum traditionellen Denken, das sich an einer absoluten, unabhängig geltenden, objektiven Wirklichkeit orientiert. Die konstruktivistischen Ideen implizieren dagegen, dass wir die Vorstellungen von Wahrheit und Objektivität aufgeben müssen. Die Konsequenz daraus ist die subjektive Verantwortung für die eigenen Konstrukte und das eigene Handeln.

Die Ideen der Systemtheorie und des Radikalen Konstruktivismus erscheinen durchaus kompatibel mit den Vorstellungen der Humanistischen Psychologie und der Humanistischen Pädagogik.

Zusammenfassend:
Wenn der Mensch prinzipiell autonom und frei, d.h. nicht von außen, sondern von innen durch seine Struktur bestimmt ist, dann hat das nicht nur für die Pädagogik allgemein, sondern auch für spezifische Segmente der Pädagogik (und Psychologie) weitreichende ethische Konsequenzen. Die neue Sichtweise fordert die Abkehr vom linearen Input-Output-Denken, von der Fixierung auf den 'Ursache-Wirkungs-Mechanismus'. Stattdessen verlangt sie ein zirkuläres, rekursives Denken. Ausgehend von den Positionen der Autopoiesis und des Strukturdeterminismus können Menschen nicht mehr als Trivialmaschinen betrachtet werden, bei denen Input und Output in einem vorhersagbaren Verhältnis stehen. Entsprechend den veränderten Sichtweisen muss Lernen vor allem vom Standpunkt des jeweils lernenden Subjekts aus gesehen werden. Ziele, wie Veränderung und Entwicklung, folgen den Prinzipien der Selbstorganisation und Selbststeuerung. Daraus ergibt sich die Unberechenbarkeit der inneren Reaktionen auf ein Lernangebot. Kurz gesagt: Ob 'Lernen' überhaupt stattfindet und wenn, in welche Richtung das Individuum sich durch die Veränderung bewegt, ist *nicht* vorhersehbar! Es geht darum, die aus der Lebensgeschichte des Einzelnen stammende biographische Struktur und Dynamik zu erkennen und zu verstehen.

Wenn es Wahrheit unabhängig vom erkennenden Subjekt nicht geben kann, weil wir entscheidend an der Erschaffung unserer Wirklichkeit beteiligt sind, sind wir selbst für unser Denken und Tun verantwortlich. Machen wir uns jedoch unsere Konstruktionen der Wirklichkeit bewusst, können wir sie auch in eigener Verantwortlichkeit verändern.

2.2 Pädagogik im Kontext von Beratung und Therapie

Die Allgemeine Pädagogik als grundlegende Bezugswissenschaft für pädagogisches Denken und Handeln hat ihre Leitfunktion verloren. Das vormals von allen getragene Fundament annähernd gleicher pädagogischer Sicht- und Betrachtungsweisen ist brüchig geworden. Die Pädagogisierung des Alltags hat dazu geführt, dass unterschiedliche Adressaten je spezifische Qualifikationen beanspruchen. Die Allgemeine Pädagogik musste sich notgedrungen weiter segmentieren. So stehen gegenwärtig sehr unterschiedliche pädagogische Theorien, Modelle und Positionen gleichwertig nebeneinander (vgl. Petersen, Reinert 1990; Brinkmann, Petersen 1998). Keine dieser Positionen oder Theorien kann für sich eine Allgemeingültigkeit beanspruchen.

Eine besondere Richtung oder Position innerhalb der Pädagogik ist die Systemische Pädagogik bzw. Erziehungswissenschaft, die sich als Beratungswissenschaft zu etablieren versucht (vgl. Huschke-Rhein 1998). Die Begründung dafür wird zum einen im zunehmenden Beratungsbedarf gesehen, zum anderen in der Sichtweise, das Individuum als 'Selbstorganisations-

System' zu verstehen. Drei miteinander vernetzte Basis- oder Grundsysteme kennzeichnen das Selbstorganisations-System: das biologische System (körperliches Wohlergehen), das psychische System (psychisches Wohlergehen) und das soziale System (soziales Wohlergehen) (vgl. Huschke-Rhein 1998, 8 u. 79 ff.).

Das menschliche 'Selbst' kann als ein 'Treffpunkt' der drei folgenden Systeme beschrieben werden:

– auf der ersten Stufe: *biologische Systeme* als *'lebende Systeme'* interagieren auf der Basis zellulärer Interaktion;

– auf der zweiten Stufe: *psychische Systeme* als *'Bewusstseinssysteme'* kommunizieren *intern* auf der Basis von *Selbstbeobachtung;*

– auf der dritten Stufe: *soziale Systeme* als *'Kommunikationssysteme'* interagieren *extern* und explizit auf der Basis von *Sprache.*

Obwohl die einzelnen Grundsysteme aus analytischen Gründen getrennt betrachtet werden können, bilden sie eine 'bio-psycho-soziale Einheit'. Pädagogisches Denken und pädagogisches Handeln wird immer diese drei Systeme im Blick haben müssen. Die klassischen Disziplinen Pädagogik, Psychologie, Soziologie, Anthropologie und Philosophie (aber z.B. auch die Biologie und Medizin) müssen sich zu Gunsten einer gegenseitigen Vernetzung theoretisch wie praktisch ergänzen; eine verengende Betrachtungsweise pädagogischer Sachverhalte aus dem Blickwinkel nur einer Disziplin ist nur für singuläre Problemstellungen förderlich.

Die Pädagogik, verstanden als Beratungswissenschaft, begreift sich aus systemtheoretischer Sicht als eine 'pädagogische Theorie des Konsultativen' (vgl. Huschke-Rhein 1998). Das Konsultative nutzt und integriert die theoretischen Erkenntnisse und methodischen Verfahrensweisen der klassischen Formen 'Beratung', 'Supervision', 'Intervision' 'Coaching' und 'Therapie' für ihr konzeptionell-integratives Vorgehen, ohne damit die Singularität dieser einzelnen Beratungsformen in Frage zu stellen. Konkret heißt das: Beratung, Supervision, Intervision, Coaching und Therapie (im erweiterten Kontext auch: Training und Psychohygiene) behalten ihre Eigenständigkeit für spezifische Problembereiche, sind aber in einem systemisch angelegten Beratungskontext miteinander zu vernetzen. Beratung und Therapie gehen im weit angelegten pädagogischen Kontext ineinander über.

*Exkurs: Verwandte Stilformen im Kontext
pädagogischer Beratung*

(in Anlehnung an: Pallasch, Mutzeck, Reimers 1996; Pallasch, Kölln, Reimers, Rottmann 2001; Pallasch, Hänsler, Petersen 2001)

(1) Beratung
Gegenstand von Beratung sind individuelle Konkretionen von Problemsituationen, die sozialtypisch und verallgemeinerungsfähig interpretierbar sind. Es liegen keine innerpsychischen Wahrnehmungsverzerrungen des Ratsuchenden vor. In einem kooperativen Beratungsprozess suchen Berater und der freiwillig erscheinende Ratsuchende unter Sachdominanz gemeinsam und gezielt nach Lösungen für ein eingegrenztes Problem. Es werden auf der methodischen Ebene zwei Varianten von Beratung unterschieden, die horizontale und die vertikale Beratung:

Die *horizontale Beratung* ist die Bezeichnung für eine symmetrische Beziehung zwischen Berater und Ratsuchendem. Prinzipiell verfügen beide über gleichwertige, wenn auch inhaltlich unterschiedliche Kompetenzen. Der Berater verfügt über die fachliche Beratungskompetenz, der Ratsuchende ist Experte für seine persönlichen Belange. Der Berater übernimmt die methodische Leitung und Begleitung des Gespräches, gleichwertig wird dann das Problem geklärt beziehungsweise gelöst. Ziel ist hier eher die Hilfe zur Selbsthilfe als die gezielte Beeinflussung bzw. Belehrung.

Bei einer *vertikalen Beratung* liegt eine asymmetrische, also eine hierarchisierte Beziehung zwischen dem Berater und dem Ratsuchenden vor. Der Berater besitzt nicht nur eine Methodenkompetenz hinsichtlich der Gesprächsleitung, sondern auch spezifische fachliche Fähigkeiten und Kenntnisse. Bei dieser Form der Beratung wird der Ratsuchende im Gegensatz zur Supervision gezielt gelenkt, belehrt und beeinflusst.

(2) Supervision
(Pädagogische) Supervision bedeutet die möglichst vorurteilsfreie, wertoffene, angeleitete Reflexion der beruflichen Tätigkeit im pädagogischen Arbeitsfeld. Sie erfolgt stets berufsbegleitend, freiwillig und ist zeitlich begrenzt. Sie dient der kooperativen Begleitung und Unterstützung eines Pädagogen. Der Supervisand soll 'mit sich selbst in Kontakt treten'; der Supervisor dient ihm als Klärungskatalysator. Grundlage der Supervision ist ein vertrauensvolles Klima auf der Basis anzustrebender symmetrischer Kommunikation. Neben fachlichen Gesichtspunkten werden auch persönlichkeitsspezifische Frage- und Problemstellungen einbezogen, wenn sie die berufliche Arbeit direkt oder indirekt beeinträchtigen.

(3) Intervision
Die Intervision steht in sehr enger Beziehung zur Supervision, wobei allerdings die Lehr- und Lernprozesse im Mittelpunkt stehen. Das ursprünglich aus der japanischen Wirtschaft stammende Konzept ('quality cirle') beschränkt sich auf die Ziele 'Effektivität und Effizienz am Arbeitsplatz'. Es geht darum, die konkreten Bedingungen am Arbeitsplatz zu verbessern. Die Mitglieder eines Arbeitsteams kommen regelmäßig zusammen, um über die Aufgaben und Probleme nach einem festgelegten Schema zu beraten. Die Leitung der Intervision übernimmt in rotierender Abfolge ein Mitglied der Arbeitsgruppe (vgl. Hendriksen 2000).

(4) Coaching
Coaching ist eine Beratungsform, deren Stellenwert seit einigen Jahren ansteigt. Pallasch et. al. (2001, 65) verstehen unter Coaching: „... eine personenorientierte Förderung von Menschen in ihrer professionellen Rolle bezogen auf ihr konkretes Aufgaben- und Arbeitsfeld; es ist eine Verbindung prozessbegleitender Beratung, ergebnisorientierter Unterstützung, zielorientierter Anleitung und handlungsorientiertem Training. Die basalen Ziele sind die Förderung beruflicher Selbstgestaltungspotenziale und Selbstregulierungsfähigkeiten sowie die Anleitung zum Selbstmanagement. Im Mittelpunkt steht das Korrespondenzverhältnis 'Individuum' (Mensch) und 'Arbeit' (berufliche Tätigkeit)."

(5) Therapie (bzw. Psychotherapie)
Unter Therapie versteht man die Arbeit an persönlichkeitsspezifischen Problemen, die - punktuell, partiell oder komplett - als so stark belastend erlebt werden, dass der Klient in persönlichen und/oder beruflichen Bereichen nicht mehr bestehen kann.

(6) Training
Training bedeutet den zielgerichteten Erwerb spezifischer Qualifikationen, die mit Hilfe bestimmter Methoden eingeübt und anschließend durch Transfer in das Arbeitsfeld eingebracht werden. Die Qualifikationen (Methoden, Techniken, Verfahren, Strategien, Verhaltensweisen) sollen in das Verhaltensrepertoire des Trainierenden persönlichkeitsadäquat integriert werden.

(7) Psychohygiene
Psychohygiene bezeichnet die präventiven Aktivitäten einer Person im Alltag, die als Ventil für den Abbau von aktuellen und spontanen Belastungen und Erregungen dienen. Psychohygiene fördert und dient sowohl der physischen als auch der psychischen Gesundheit. Die Formen der Psychohygiene sind vielfältig. Psychohygiene ist nicht institutionalisier- und planbar. Sie ist letztendlich alles, was dem konstruktiven Umgang mit sich selbst dient und negativen Gefühlen oder Einstellungen wie Verbitterung, Ausbrennen

oder innerer Kündigung vorbeugt. Psychohygienische Aktivitäten eines Ratsuchenden bilden oft den Anfang einer Beratung.

2.3 Grundlagen des Pädagogischen Gesprächstrainings

Wegweiser, Modell und Vorbild für das *Pädagogische Gesprächstraining (PGT)* ist die Gesprächspsychotherapie. Als 'dritte Kraft' (Hockel 1999, 64) gegenüber den therapeutischen Ansätzen der Psychoanalyse und des Behaviorismus entfaltet sie auf optimale Weise das Menschenbild der Humanistischen Psychologie. Ihr relativ weiter Ansatz erlaubt darüber hinaus die Integration benachbarter therapeutischer Handlungsmöglichkeiten (vgl. Sachse 1999, 15) und die Übertragung gesprächstherapeutischer Interventionen in pädagogische Arbeitsfelder (vgl. Biermann-Ratjen u.a. 1997, 182 ff.). Letztlich ist die Sprache, als Handwerkszeug des Pädagogen, das wichtigste Instrument im pädagogischen Handlungsfeld.

Im Folgenden sollen, ohne ins Detail zu gehen, die für das Trainingsprogramm relevanten Aspekte zur Gesprächspsychotherapie erläutert werden.

Die von C.R. Rogers (1902-1987) entwickelte *Gesprächspsychotherapie* gehört zu den humanistisch orientierten theoretischen Ansätzen im Bereich der Psychologie und ist neben der von F. Perls begründeten *Gestalttherapie*, dem *Psychodrama* J. Morenos, der *Bioenergetik* nach A. Lowen, der *Logotherapie* nach V. Frankl und dem von R. Cohn entwickelten Konzept der *Themenzentrierten Interaktion (TZI)* als deren bedeutendster Vertreter anzusehen (vgl. Karmann 1987, 98/99). Dieser Vielfalt trägt der hier dargestellte Ansatz insofern Rechnung, als er den Versuch unternimmt, auf der Grundlage des Konzepts der Gesprächspsychotherapie auch Methoden anderer humanistisch orientierter Therapieformen zu integrieren, um auf diese Weise das pädagogisch-therapeutische Handlungsrepertoire zu erweitern.

Für die Konzeption der Gesprächspsychotherapie ist es charakteristisch, dass sie die soziale Interaktion und verbale Kommunikation zwischen Therapeut und Klient in den Mittelpunkt ihres Interesses stellt. Dem Klienten soll ermöglicht werden, seine Verhaltens- und Erlebnisweisen zu verändern (vgl. Tausch 1973, 15) und sich so zu entwickeln, dass er mit den gegenwärtigen und späteren Problemen auf besser integrierte Weise fertig wird (vgl. Rogers 1999, 36).

> „Gesprächspsychotherapie ist eine systematische, selektive und qualifizierte Form verbaler und nonverbaler Kommunikation und sozialer Interaktion zwischen zwei und mehreren Personen - Psychotherapeut(en) und Klient(en) - mit dem Ziel einer Verminderung der vom Klienten erlebten psychischen Beeinträchtigungen durch eine als Form differenzierter Selbst- und Umweltwahrnehmung eintretende Neuorientierung des (der) Klienten im Erleben und Verhalten, ..." (Bommert 1982, 10/11)

„Ziel der therapeutischen Arbeit ist es, dass der Klient letztlich die Beziehung zu sich selbst aufnehmen kann, die der Therapeut ihm anbietet, also sich selbst gegenüber empathisch, akzeptierend und kongruent sein kann. In dieser Konzeption werden die *Haltungen* des Therapeuten sehr stark betont." (Sachse, 1999, 14)

Die Gesprächspsychotherapie ist über einen langen Zeitraum hin zunächst von C.R. Rogers entwickelt und immer wieder modifiziert sowie später auch von anderen Autoren erweitert worden. In den vierziger Jahren wurde sie von Rogers als *nicht-direktive Beratung* konzipiert, deren zentrales Anliegen es war, dem Klienten eine Situation zu bieten, in der er sich sicher und geborgen fühlen sowie seine eigenen Entdeckungen machen und Entscheidungen treffen konnte. Die Interventionen des Therapeuten sollten nicht-direktiv und frei von jedem Dirigismus sein (vgl. Rogers 1999). *Nicht-direktives* Verhalten bedeutet hierbei jedoch nicht, dass der Therapeut keine therapeutischen Interventionen einsetzen kann, vielmehr wird dem Klienten - im Gegensatz zur psychoanalytischen Vorgehensweise - keine eindeutige linear-kausale Ursache-Wirkungsproblematik von Seiten des Therapeuten unterstellt, die ihn in seiner Entfaltungs- und Befreiungsbemühung von vornherein definitiv einschränken würde.

In den fünfziger und sechziger Jahren wurde der Ansatz als nunmehr *klientenzentrierte Gesprächspsychotherapie* von Rogers erweitert. Im Mittelpunkt stand jetzt die Auseinandersetzung des Klienten mit seiner Gefühlswelt. Die Aufgabe des Therapeuten bestand darin, dem Klienten zu einer höheren Selbstwahrnehmung und Reflexion der eigenen Gefühlswelt zu verhelfen. Hierfür wurde die Realisierung der drei so genannten Basisvariablen *Kongruenz, Akzeptanz* und *Empathie* durch den Therapeuten als notwendige und hinreichende Bedingung angesehen (vgl. Rogers 1978, 1982, 2001). Im deutschsprachigen Raum wurde in dieser Zeit der Versuch unternommen, in einem recht technischen Verständnis die Basisvariable 'Empathie' zu operationalisieren und als *Verbalisierung emotionaler Erlebnisinhalte (VEE)* erlernbar und überprüfbar zu machen (vgl. Tausch 1973).

In den sechziger und siebziger Jahren wurde das Modell der Gesprächspsychotherapie vor allem durch E.T. Gendlin erweitert. Der Schwerpunkt der therapeutischen Interventionen sollte darauf liegen, den intensiven Kontakt zwischen Therapeut und Klient und hierbei insbesondere des Klienten zu sich selbst, das heißt, zu seinem Erleben sowie seinen Gefühlen und Wahrnehmungen, zu fördern und nicht abreißen zu lassen. Zu diesem Zweck wurden erlebnisfördernde Interventionsformen wie z.B. *Experiencing* und *Focusing* in das Modell integriert (vgl. Gendlin 1998).

Einhergehend mit den bereits in den siebziger Jahren aufkommenden Zweifeln, ob die Realisierung der drei Basisvariablen (Empathie, Kongruenz, Akzeptanz) durch den Therapeuten tatsächlich als notwendig und hinreichend für einen erfolgreichen therapeutischen Prozess anzusehen sei, wurde seitdem der Versuch unternommen, durch die Übernahme und Integration zahlreicher Ansätze und Interventionstechniken aus anderen Therapieformen die angenommenen Defizite der Gesprächspsychotherapie auszugleichen. So werden inzwischen gestalttherapeutische, spezifisch erlebnisaktivierende, verhaltenstherapeutische, transaktionsanalytische Handlungsmöglichkeiten, aber auch eigenständige Ansätze wie das Focusing oder das Katathyme Bilderleben in die gesprächstherapeutische Praxis integriert (vgl. Sachse 1999, 15 ff.; Hockel 1999, 99 ff.; Gendlin 1998; Leuner 1998).

Die Grundlagen des für die Gesprächspsychotherapie spezifischen Konzepts therapeutischen Handelns sind die von C.R. Rogers innerhalb seines *Menschenbildes* entwickelten Vorstellungen von psychischer Gesundheit und Krankheit.

Das Menschenbild

C.R. Rogers hat immer wieder den Versuch unternommen, das Konzept der Gesprächspsychotherapie, d.h. seine Theorie des therapeutischen Prozesses und die ihr zugrunde liegende Persönlichkeitstheorie zu beschreiben. Dieses Konzept soll im Folgenden in verkürzter Form anhand der zentralen Begriffe dargestellt werden.

Subjektive Realität
Jedes Individuum lebt in einer sich ständig verändernden und dennoch jeweils für sich einzigartigen *subjektiven Realität*, einer wahrnehmungsgemäßen *Landkarte*, die nie die *objektive Realität* ist. Eine objektive Realität, die wir gemeinhin als gegeben annehmen, gibt es aus der Sicht der Subjekte nicht (siehe vorne: 'Radikaler Konstruktivismus'). Vielmehr nimmt jedes Individuum seine Umwelt durch eine Art *subjektive Brille* wahr, d.h. vor dem Hintergrund eines für das Individuum spezifischen *inneren Bezugsrahmens*, der sich aus seinen Interaktionen mit der natürlichen und sozialen Umwelt heraus entwickelt. Das Individuum reagiert auf die von ihm wahrgenommene (subjektive) Realität als ein *organisiertes Ganzes* (vgl. Rogers 1978, 418 ff.). So ist es eine alltägliche Erfahrung, dass zwei Individuen, die denselben Vorgang erleben bzw. beobachten, in unterschiedlicher Weise dieselben Situationsreize wahrnehmen, psychisch verarbeiten und schildern.

Ein Elternpaar beobachtet beispielsweise, wie ihr sonst sehr zurückhaltender Sohn mit dem Ball eine Scheibe einwirft. Der Vater ist ein wenig stolz darauf, seinen Sohn als 'richtigen Mann' zu erleben, der auch einmal in 'Lausbubenmanier' Unfug anrichtet. Wohingegen die Mutter eher betroffen und wütend ist, da sie an mögliche Konflikte mit den Nachbarn denkt. Beide werden entsprechend ihrer jeweils subjektiven Erlebniswelt reagieren, indem die Mutter beispielsweise schimpft und der Vater versucht auszugleichen und zu beschwichtigen (vgl. Minsel 1974, 18).

Aktualisierungstendenz
Jedes Individuum besitzt die grundlegende und angeborene Tendenz, sich selbst zu aktualisieren, d.h. sich zu erhalten und sich konstruktiv in Richtung auf Selbstverwirklichung und Unabhängigkeit hin zu entwickeln (siehe vorne: 'Systemtheorie'). Der durch die *Aktualisierungstendenz* bedingte Wachstumsprozess der Person entwickelt sich im Rahmen der Auseinandersetzung des Individuums mit sich und seiner Beziehung zur sozialen Umwelt, wobei Letztere einen ebenso fördernden wie hemmenden Einfluss haben kann. Solange das Individuum als Organismus existiert, ist es jedoch zu keinem Zeitpunkt möglich, die *Aktualisierungstendenz* zu zerstören (vgl. Rogers 1978, 422 ff.; 2001, 41 f.).

Selbstkonzept
Von seiner Geburt an entwickelt das Individuum sein *Selbstkonzept*. Dieses Bild 'So bin ich', das es von sich hat, entwickelt das Individuum mittels seiner Interaktionen mit der im Laufe seines Lebens zunehmend komplexer werdenden sozialen Umgebung. So hat jedes Individuum einen bestimmten Eindruck von sich, der z.B. in Zuschreibungen wie 'fleißig sein', 'gut zuhören können', 'mutig sein' oder 'phlegmatisch sein' deutlich wird (vgl. Minsel 1974, 19).

Das Selbstkonzept ist dem Individuum nicht zu jedem Zeitpunkt bewusst, aber dem Bewusstsein prinzipiell zugänglich.

Es befindet sich - der Aktualisierungstendenz entsprechend - zum einen in einem ständigen Veränderungsprozess, innerhalb dessen es jedoch in jedem Augenblick als Einheit vorhanden ist. Zum anderen besitzt es die Tendenz, sich nicht verändern zu wollen. Es umfasst alle bis zum jeweiligen Zeitpunkt einer fiktiven Momentaufnahme gemachten Körper- und Sinneserfahrungen, die sozialen Erfahrungen sowie die mit ihnen verbundenen Wertvorstellungen. Es strukturiert die Wahrnehmungen des Individuums und beeinflusst auf diese Weise ebenso dessen Verhalten. Es ist für das Individuum ein ständiger Bezugspunkt, an dem es sein Handeln ausrichtet.

Die Körper- und Sinneserfahrungen des Individuums können von seinem Selbstkonzept auf unterschiedliche Art und Weise verarbeitet werden:

– Erfahrungen werden direkt wahrgenommen, symbolisiert und in das Selbstkonzept integriert.

– Erfahrungen werden als irrelevant erkannt und vom Selbstkonzept bewusst ignoriert.

– Erfahrungen stimmen nicht mit dem Selbstkonzept überein und werden geleugnet oder verzerrt symbolisiert ins Selbstkonzept integriert (vgl. Rogers 1978, 429 ff.; 2001, 42).

Während die Symbolisierung und Integration von Erfahrungen in das Selbstkonzept ebenso wie das Erkennen irrelevanter und von daher zu ignorierender Erfahrungen Bestandteile einer psychisch gesunden Form der Interaktion zwischen Individuum und sozialer Umwelt sind, ist die verzerrte Symbolisierung und Integration von Erfahrungen durch das Selbstkonzept zugleich Quelle und Bestandteil psychischer Krankheit.

Ein Beispiel mag dies verdeutlichen (vgl. Rogers 1978, 453):
Ein Mann hat während seiner Kindheit von seinen Eltern immer wieder zu hören bekommen, dass er in technischen Dingen völlig unfähig sei. Die damit verbundene Erfahrung lässt sich mit den Worten 'Meine Eltern betrachten mich auf dem technischen Gebiet als unfähig' beschreiben. Er symbolisiert diese Erfahrung jedoch verzerrt, etwa in der Form 'Ich bin im Umgang mit technischen Dingen unfähig' und integriert diese Symbolisierung in sein Selbstkonzept. Die Ursache für diese Verzerrung liegt darin, dass er versucht, einen wichtigen Teil seines Selbstkonzeptes aufrechtzuerhalten und zwar die Gewissheit 'Ich werde von meinen Eltern geliebt'. Um von seinen Eltern geliebt zu werden und sich ihrer Zuwendung sicher zu sein, erfährt er sich auf diese Weise als die Person, für die ihn seine Eltern halten. Im Erwachsenenalter wird er dann die Erfahrung 'Ich hatte Erfolg bei einer schwierigen technischen Operation' ebenso verzerrt symbolisieren. Diese Sinneserfahrung stimmt nicht mit dem Selbstkonzept überein und kann von daher nicht direkt ins Bewusstsein aufgenommen werden. Jedoch ist es nicht möglich, die Erfahrung vor dem Bewusstsein ganz zu leugnen, da der Sinnes-Nachweis eindeutig ist. Sie wird dann in verzerrter Form wie z.B. 'Es war bloß ein glücklicher Zufall' symbolisiert. Erst wenn es dem Mann gelingt, sein Selbstkonzept innerhalb eines in der Regel schmerzlichen Veränderungsprozesses dahingehend zu modifizieren, dass er die Erfahrung 'Meine Eltern haben mich als Kind immer unter Leistungsdruck gesetzt und mir wenig Halt gegeben' in sein Selbstkonzept integrieren kann, wird dieses wieder flexibel genug, um neue Erfahrungen wie etwa 'Manche technischen Dinge beherrsche ich schon recht gut' zuzulassen.

Kongruenz
Solange alle Körper- und Sinneserfahrungen dem Bewusstsein des Individuums zugänglich sind und sich problemlos in sein Selbstkonzept integrieren lassen, befindet es sich in einem seelischen Gleichgewicht, dem Zustand der *Kongruenz*. Das Verhalten (z.B. die Kommunikation) des Individuums, sein inneres Erleben und sein Bewusstsein bilden im Zustand der Kongruenz ein in sich widerspruchs- und spannungsfreies Ganzes. Diesen angestrebten und letztendlich nicht erreichbaren Idealzustand bezeichnet Rogers als *'fully functioning person'* (vgl. 1978, 442 ff.; 2001, 39 f.). Aber anzustreben ist immer die Balance zwischen dem Ideal-Ich und dem Real-Ich.

Inkongruenz
Lässt das Individuum hingegen wichtige Körper- und Sinneserfahrungen nicht in seinem Bewusstsein zu und verleugnet bzw. verdrängt sie, so befindet es sich in seelischem Ungleichgewicht, dem Zustand der *Inkongruenz*. Es besteht eine Diskrepanz zwischen dem eigentlichen Erleben und seinem bewussten Selbstkonzept. Es erlebt psychische Spannungen, d.h. sein Verhalten (z.B. die Kommunikation), sein inneres Erleben und sein Bewusstsein widersprechen einander.

Dieser Zusammenhang soll anhand eines weiteren Beispiels veranschaulicht werden:

Ein Mann hat durch seine Erziehung vermittelt bekommen, dass Männer hart, selbständig und unabhängig sein müssen. Als ihn seine Frau überraschend wegen eines anderen Mannes verlässt, fühlt er sich wie vor den Kopf gestoßen. In seinem Inneren empfindet er Trauer, Verzweiflung und Wut, und es ist ihm oft zum Weinen zumute (inneres Erleben). Dieses Gefühl verdrängt er jedoch, da es seinem Selbstkonzept - der von ihm verinnerlichten Rolle als Mann - widerspricht. Er empfindet seine Situation als ausweglos, da er sich einerseits niedergeschlagen und schwach fühlt, nach außen aber den 'starken Mann' spielen muss (Kommunikation), um von seinen Freunden akzeptiert zu werden. Das bewusste Erleben von Schwäche und Trauer ist blockiert (Bewusstsein). Es ist ihm nur bewusst, dass alles, was er unternimmt, um aus seiner misslichen Lage herauszukommen, schief geht.

Je mehr Körper- und Sinneserfahrungen vom Individuum nicht zugelassen bzw. verzerrt symbolisiert werden, desto starrer und enger wird sein Selbstkonzept, desto größer wird die Wahrscheinlichkeit, dass neue Erfahrungen als bedrohlich wahrgenommen und damit von der Integration ins Selbstkonzept ausgeschlossen werden. Dessen 'falsche Struktur' bleibt auf diese Weise erhalten (vgl. Rogers 1978, 440 ff.; 2001, 43 f.).

Auf das Beispiel bezogen heißt dies, dass der Mann immer weniger in der Lage ist, eine positive Beziehung zu Frauen aufzubauen. Möglicherweise hält er sein Selbstkonzept mit Hilfe verzerrter Symbolisierungen wie 'Alle Frauen sind untreu' und 'Eigentlich wollte ich schon immer Single sein' aufrecht, um einem mit Trauer und Ohnmacht verbundenen erneuten Verlassenwerden entgegenzuwirken.

Ansatzpunkt therapeutischen Handelns ist der vom Individuum erlebte Zustand der *Inkongruenz*. Im Rahmen der im Folgenden zu beschreibenden Bedingungen des therapeutischen Prozesses soll es dem Individuum ermöglicht werden, vom Zustand der *Inkongruenz* zu dem der *Kongruenz* zu gelangen.

Noch einmal auf das Beispiel bezogen, bedeutet dies, dass der Mann in der angstfreien, einfühlsamen Atmosphäre des therapeutischen Gesprächs seine

Traurigkeit und Verzweiflung zulassen und erleben kann und auf diese Weise lernt, seine 'schwache Seite' zu akzeptieren. Diese Erfahrung integriert er als festen Bestandteil in sein Selbstkonzept, das nunmehr neben dem Aspekt 'Ich bin stark und unabhängig' auch die Aspekte ' Ich darf schwach sein' und ' Ich brauche Geborgenheit' enthält.

Die therapeutischen Grundhaltungen

In der Therapie ist es - dem Ansatz der Gesprächspsychotherapie folgend - unter bestimmten, durch die Person des Therapeuten herzustellenden Bedingungen möglich, ein Klima zu schaffen, das es dem im Zustand der Inkongruenz befindlichen Individuum ermöglicht, die von ihm verzerrt symbolisierten bzw. verdrängten Erfahrungen wahrzunehmen und damit einhergehend sein Selbstkonzept zu verändern (vgl. Rogers 1978, 445 ff.).

Grundvoraussetzung hierfür ist nach Rogers' Auffassung, dass der Therapeut die drei Grundhaltungen (Basisvariablen) *Kongruenz, Akzeptanz* und *Empathie* realisiert. Diese lassen sich zwar als Verhaltensweisen beschreiben, sind aber keine erlernbaren Verhaltensweisen oder sozialen Techniken. Sie fordern die ganze Person des Therapeuten, sind nur begrenzt erlernbar und müssen innerhalb eines langwierigen Prozesses 'von innen heraus' erfahren und entwickelt werden.

Die drei Grundhaltungen stehen in einem interdependenten Verhältnis zueinander. Sie sind in ihrer Realisation durch den Therapeuten voneinander abhängig und aufeinander bezogen und sind ebenso Voraussetzung (Funktion als Therapeutenvariablen) wie Ziel des therapeutischen Prozesses (Realisation durch den Klienten).

Kongruenz (Echtheit)
Die Kongruenz ist die grundlegendste und zugleich die am schwierigsten zu realisierende Grundhaltung des Therapeuten. Er soll eine integrierte Persönlichkeit sein, die sich ihrer selbst und ihrer Gefühle zum großen Teil bewusst ist.

„Je mehr der Therapeut in der Beziehung (zum Klienten) er selbst ist, jemand, der keine professionelle Front oder persönliche Fassade aufrichtet, umso größer ist die Wahrscheinlichkeit, dass der Klient in konstruktiver Weise sich verändern und wachsen wird. Dies bedeutet, dass der Therapeut offen die Gefühle und Einstellungen lebt, die in ihm im Augenblick fließen. Es gibt eine enge Übereinstimmung oder Kongruenz zwischen dem, was 'im Bauch' erlebt wurde, was im Bewusstsein präsent ist und was dem Klienten gegenüber ausgedrückt wird" (Rogers 1982, 75; vgl. auch 2001, 30 ff.).

Dies bedeutet nicht, dass der Therapeut dem Klienten zu jedem Zeitpunkt seine Gedanken und Gefühle im Sinne eines 'Sagens, was man denkt' mitteilt. Vielmehr ist es von zentraler Bedeutung für den therapeutischen Prozess, dass dem Therapeuten seine inneren und äußeren Wahrnehmungen bewusst sind, er dabei die eigenen Möglichkeiten, Bedürfnisse, Grenzen und Vorurteile akzeptiert und sie gegebenenfalls mitteilen kann. Er muss eine Einheit in seiner Persönlichkeit und seinem professionellen Verhalten bilden.

An dieser Stelle wird deutlich, wie wichtig der Anteil der Selbstexploration im Rahmen der therapeutischen Ausbildung ist.

Akzeptanz (bedingungsfreie Wertschätzung)
Unter der zweiten Grundhaltung - *Akzeptanz* - versteht Rogers die Fähigkeit des Therapeuten, dem Klienten grundlegend positiv entgegenzutreten und ihn in seinem 'So-Sein' ohne jegliche Vorbedingungen anzunehmen.

„Dies bedeutet, dass therapeutische Bewegung oder Veränderung wahrscheinlicher ist, wenn der Therapeut eine positive, akzeptierende Einstellung erleben kann gegenüber dem, was der Klient zu diesem Zeitpunkt ist. Eingeschlossen ist die Bereitschaft des Therapeuten, dem Klienten zugewandt zu sein, welches unmittelbare Gefühl auch immer präsent ist - Verwirrung, Ressentiment, Furcht, Zorn, Mut, Liebe oder Stolz. Es ist eine nicht Besitz ergreifende Besorgtheit" (Rogers 1982, 75 f.; vgl. auch 2001, 27 ff.).

Dies bedeutet nicht, dass der Therapeut alle Gedanken, Gefühle und Handlungen des Klienten gutheißen muss. Vielmehr ist es wichtig, eine 'leichtgläubige Haltung' einzunehmen, d.h. den Klienten als Person zu achten und ihn so vorbehaltlos und vorurteilsfrei wie möglich in seiner individuellen Erlebniswelt wahrzunehmen und zu respektieren.

Empathie (einfühlendes Verstehen)
Diese dritte Grundhaltung ist diejenige, welche man allenfalls erlernen kann. *Empathie* bedeutet, dass der Therapeut sich bemüht, die Erlebnisse und Gefühle des Klienten präzise und sensibel zu erfassen, indem er 'die Brille des Klienten aufsetzt', 'in seine Haut schlüpft' und 'in dessen Welt zu Hause ist'.

„Es bedeutet, dass der Therapeut genau die Gefühle und persönlichen Bedeutungen, die der Klient erlebt, spürt, und dass er dieses Verstehen dem Klienten mitteilt. Wenn dies in größtmöglicher Weise gelingt, ist der Therapeut so sehr innerhalb der privaten Welt des anderen, dass er nicht nur die Bedeutungen klären kann, derer sich der Klient bewusst ist, sondern sogar jene, die sich gerade eben unter dem Bewusstseinsniveau befinden" (Rogers 1982, 76; vgl. auch 2001, 23 ff.).

Von besonderer Bedeutung ist es, dass der Therapeut neben den verbalen auch die nonverbalen Symbolisierungen von Gedanken und Gefühlen berücksichtigt und die wahrgenommenen emotionalen Erlebnisinhalte in ihrer Bedeutung für den Klienten mitteilt.

Einfühlendes Verstehen bedeutet aber auch, kritische Distanz zu wahren. Würde nämlich der Therapeut die Problematik ausschließlich 'durch die Brille des Klienten sehen', wäre er nicht in der Lage, andere Zusammenhänge zu erkennen. Dies ist aber eine unabdingbare Voraussetzung für den therapeutischen Prozess.

Folgt man Rogers' Ansatz, so ist es für die psychische Gesundung des Klienten innerhalb des therapeutischen Prozesses notwendig und hinreichend, wenn es dem Therapeuten gelingt, die oben genannten Grundhaltungen zu realisieren. Diese Auffassung ist inzwischen von wissenschaftlicher Seite ebenso wie von Seiten der therapeutischen Praxis als nicht hinreichend kritisiert und modifiziert worden. Die bereits oben angeführte Erweiterung der Gesprächspsychotherapie durch zusätzliche therapeutische Handlungsmöglichkeiten bereichern daher auf sinnvolle Weise den Ansatz von Rogers.

Exkurs: Kritische Anmerkungen

Wenngleich Rogers und andere Autoren der wissenschaftlichen Fundierung der Gesprächspsychotherapie - insbesondere der im therapeutischen Prozess wirksamen Variablen (vgl. Rogers 1999, 50 ff.; Tausch 1973, 69 ff.; Minsel 1974, 57 ff.) - große Aufmerksamkeit schenken, wird von Kritikern betont, dass es sich um keine Theorie im streng wissenschaftlichen Sinne handelt (vgl. Bommert 1982, 44 ff.; Lasogga 1986, 49 ff.; Karmann 1987, 102; Weinberger 1998, 89).

So ist das für den Ansatz von Rogers zentrale Konzept der dem menschlichen Organismus angeborenen Aktualisierungstendenz nicht empirisch überprüfbar. (Die Schwierigkeit empirischer Überprüfbarkeit gilt im Prinzip für alle therapeutischen Ansätze der Humanistischen Psychologie; vgl. Grawe u.a.1994). Die Bedeutung der Interaktion mit der sozialen Umwelt für die Persönlichkeitsentwicklung wird hierbei in dem Sinne vernachlässigt, dass lediglich Faktoren berücksichtigt werden, die die Entwicklung negativ beeinflussen. Die Möglichkeit, dass neben destruktiven auch konstruktive Verhaltensweisen das Ergebnis sozialer Lernvorgänge sein können, bleibt weitgehend ausgeklammert.

Geht man davon aus, dass die zentrale Bedeutung einer Therapietheorie darin liegen sollte, Erklärungen zur Wirkweise und Wirkrichtung therapeutischer Interventionen zu bieten, so wird an dieser Stelle ein weiteres Defizit der Gesprächspsychotherapie deutlich. Sie bietet keine ausreichende theoretische Grundlage, um präzise Diagnosen und Vorhersagen zu erstellen, die zielgerichtete therapeutische Interventionen im Hinblick auf konkrete Veränderungen im Klienten ermöglichen (vgl. Bommert 1982, 47).

Mit diesem Defizit direkt in Verbindung steht, dass kaum Aussagen zur eindeutigen Indikation gemacht werden, die zuverlässige Annahmen darüber zulassen, bei welchen psychischen Störungen die Gesprächspsychotherapie indiziert ist und bei welchen nicht (vgl. Lasogga 1986, 50). Auch innerhalb der Gesprächspsychotherapie hält die Diskussion noch heute darüber an, „was der Kern der Gesprächspsychotherapie eigentlich sei, die Verwirklichung einer klientenzentrierten Haltung oder das zielgerichtete therapeutische (Verbal-)Verhalten" (Hockel 1999, 81).

Ein weiterer Ansatzpunkt der Kritik bezieht sich auf das von Rogers vielfach beschriebene und für den Erfolg einer Therapie erforderliche Therapeutenverhalten. Verschiedene Untersuchungen weisen darauf hin, dass die Realisierung der drei Basisvariablen *Kongruenz, Akzeptanz* und *Empathie* durch den Therapeuten allein nicht hinreichend ist für eine positive Veränderung des Klienten im therapeutischen Prozess. Das Therapeutenverhalten sollte zusätzlich unter anderem die drei Grundprinzipien *Verbalisierung, Konkretheit* und *Konfrontation* einbeziehen (vgl. Lasogga 1986, 47). Andererseits erfährt die Gesprächspsychotherapie von Seiten der Universitäten hohe Anerkennung (vgl. Stellungnahme zum Beschluss der Ärzte und Krankenkassen 1997) und wird in wissenschaftlichen Untersuchungen als eine sehr erfolgreiche Therapieform gewürdigt (vgl. Grawe u.a. 1994, 119 ff.; Kraiker, Peter 1998).

Ohne auf weitere Ansatzpunkte der Kritik an der Theorie und Praxis der Gesprächspsychotherapie einzugehen, sei abschließend angemerkt, dass sie in ihren Grundaussagen eine tragfähige Basis für die pädagogisch-therapeutische Konzeption des *Pädagogischen Gesprächstrainings* bietet. Es ist aber sinnvoll, Konzepte anderer Therapieformen zu berücksichtigen, um die angedeuteten Defizite auszugleichen.

2.4 Ansätze, Modelle und Konzepte

Pädagogische Beratung bewegt sich aus theoretischer wie praktischer Sicht zwischen zwei extremen Auslegungen (vgl. Mutzeck 1996, 5 ff.): Einerseits ist sie eine allgemeine, somit sehr variable Form des täglichen erzieherischen Handelns mit dem Ziel einer zu verbessernden Lern-, Arbeits- und Lebensgestaltung (weite Auslegung), andererseits ist sie eine sehr spezifische Form pädagogisch-psychologischer Bearbeitung konkreter Frage- und Problemstellungen und Konfliktkonstellationen unter gezielter Anwendung ausgewählter Interventionen durch spezifisch ausgebildete Experten (enge Auslegung). Die letztere Form enthält somit immer auch therapeutische Anteile; sie bedient sich unterschiedlicher Methoden und Techniken verschiedenster Therapieformen und ist deshalb mitunter schwer von therapeutischen Settings abzugrenzen. Sie sieht allerdings von Symptomzuschreibungen und der Zuweisung von Krankheitsbildern ab, wie es in einzelnen Therapieformen üblich ist. Ebenso geht es in der Beratung nicht primär um Ursachenforschung (wie z.B. in der Psychoanalyse) und es erfolgt keine Medikation.

In diesem breiten Feld beraterischer bzw. pädagogisch-therapeutischer Arbeit sind die unterschiedlichen Ansätze, Modelle und Konzepte zu sehen, die sich um Beratung im Sinne einer weiten bzw. engen Auslegung bemühen.

Bis auf wenige Ausnahmen berufen sich alle ausgewählten Ansätze in ihren theoretischen Grundlagen auf die Gesprächspsychotherapie oder verwandte Therapieformen der Humanistischen Psychologie bzw. Pädagogik. Die Kriterien für die Analyse bzw. Kurzcharakteristik sind in Bezug auf die Voraussetzungen, Möglichkeiten und Zusammenhänge für die Konzeption eines pädagogisch-therapeutischen Gesprächsverhaltens festgelegt worden. Mit dieser groben Bestandsaufnahme soll ein Überblick über die vorhandenen praktischen Trainingsmodelle und -konzeptionen gegeben werden, um eine vergleichende Gegenüberstellung zu ermöglichen und Tendenzen in der inhaltlichen Entwicklung dieser Ansätze, Modelle bzw. Konzeptionen herauszustellen. Dabei werden die *konkreten Anregungen für ein pädagogisch-therapeutisches Gesprächsverhalten* besonders hervorgehoben, um das vorhandene Potenzial der Ansätze in der alltäglichen praktischen Arbeit umsetzen und nutzen zu können.

Titel:	**Therapeut und Klient**
Autoren/Jahr:	Carl R. ROGERS/(1942) 1975 (1983) (2001)
Adressaten:	In psychotherapeutischer Praxis Tätige mit den Schwerpunkten 'klientenzentrierten Psychotherapie' (USA) bzw. 'Gesprächspsychotherapie' (D)
Anwendungsfelder:	Bildung, Erziehung, Beratung, Therapie
Einordnung:	Sammlung von Texten zur Darstellung der klientenzentrierten Psychotherapie, deren Weiterentwicklung und des klientenzentrierten Vorgehens
Ziele/besonders geförderte Kompetenz	1. Darstellung der klientenzentrierten Psychotherapie und deren Weiterentwicklung 2. Übertragung der klientenzentrierten Orientierung auf den Erziehungsbereich 3. Darstellung des therapeutischen Prozesses in der klientenzentrierten Psychotherapie und der klientenzentrierten Kurztherapie (Fallberichte)
Konkrete Anregungen für das päd.-ther. Gesprächsverhalten:	→ Grundhaltungen des Therapeuten (Empathie, Akzeptanz, Kongruenz) und die Beziehung zwischen Therapeut und Klient als Grundlage für den therapeutischen Erfolg

Titel:	**Gesprächspsychotherapie**
Autoren/Jahr:	Reinhard & Annemarie Tausch 1960 (1973) (1999)
Adressaten:	Psychotherapeuten, Sozialarbeiter, Dozenten, Lehrer, Erzieher, Ärzte, Pfarrer, private Interessenten
Anwendungsfelder:	Therapie
Einordnung:	Psychologisches Therapiemodell auf der Grundlage der Gesprächspsychotherapie nach Rogers
Ziele/ besonders geförderte Kompetenz	1. Vermittlung von Grundkenntnissen der Gesprächspsychotherapie 2. Operationalisierung der therapeutischen Grundhaltungen 3. Bewusstmachung der Prozessvorgänge beim Klienten während der Therapie 4. Förderung der Diagnosekompetenz durch die Sensibilisierung für das 'innere' Verhalten während des Gesprächs
Konkrete Anregungen für das päd.-ther. Gesprächsverhalten:	→ Verbalisieren emotionaler Erlebnisinhalte → Operationalisierung der therapeutischen Grundhaltungen

Titel:	**Familienkonferenz/Lehrer-Schüler-Konferenz**
Autoren/Jahr:	Thomas Gordon 1970 und 1974 (1999)
Adressaten:	Eltern, Lehrer
Anwendungsfelder:	Bildung, Erziehung, Beratung
Einordnung:	Effektivitätstraining für Eltern bzw. Lehrer auf der Grundlage der Humanistischen Psychologie (Rogers) und modellhafter Beschreibungen der Familien- bzw. Lehrer-Schüler-Beziehungen
Ziele/ besonders geförderte Kompetenz	1. Erkennen, Einordnen und Verändern des Gesprächsverhaltens in den Anwendungsfeldern 2. Niederlagenlose Konfliktbewältigung in Familie und Schule 3. Förderung der Handlungskompetenz durch die theoretische Auseinandersetzung mit alternativen Gesprächsverhaltensweisen
Konkrete Anregungen für das päd.-ther. Gesprächsverhalten:	→ Aktives Zuhören → 'Straßensperren' der Kommunikation → 'Türöffner' für Gespräche (positive Verstärkung)

Titel:	**Das nicht-direktive Beratungsgespräch**
Autoren/Jahr:	Roger MUCCHIELLI/1972
Adressaten:	Lehrer, Berater, in pädagogischen/sozialen Berufen Tätige
Anwendungsfelder:	Beratung
Einordnung:	Arbeitsmodell zur psychologischen Schulung auf der Grundlage des nicht-direktiven Beratungsgesprächs nach Rogers
Ziele/ besonders geförderte Kompetenz	1. Wahrnehmung und Erfassung der Rahmenbedingungen und des Verlaufs von Beratungsgesprächen 2. Üben von konkretem Gesprächsverhalten in Beratungssituationen 3. Förderung der Diagnosekompetenz durch die Betonung des Sich-Hineindenkens in bestimmte Gesprächssituationen 4. Förderung der Handlungskompetenz durch das Aufzeigen der Möglichkeiten eines veränderten Gesprächsverhaltens
Konkrete Anregungen für das päd.-ther. Gesprächsverhalten:	→ 'Verbalisierung' als Grundprinzip der Beratungssituation

Titel:	**Praxis der Gesprächspsychotherapie**
Autoren/Jahr:	Wolf-Rüdiger MINSEL 1974
Adressaten:	Psychotherapeuten, Psychologen, Mediziner, Laien aus Sozialberufen, Dozenten
Anwendungsfelder:	Beratung, Therapie
Einordnung:	Psychologisch-therapeutisches Lernprogramm auf der Grundlage der Gesprächspsychotherapie nach Rogers
Ziele/ besonders geförderte Kompetenz	1. Vermittlung der theoretischen Zusammenhänge 2. Training von Gesprächsverhalten, um klientenadäquat in wissenschaftlich überprüfter Weise psychologische Beratungsgespräche durchzuführen 3. Förderung der Handlungskompetenz durch das Training in kleinen, konkreten Lernschritten zur Verwirklichung der therapeutischen Grundhaltungen
Konkrete Anregungen für das päd.-ther. Gesprächsverhalten:	→ Übungen zur Reflexion des eigenen Gesprächsverhaltens (als Lernprogramm)

Titel:	**Anleitung zum sozialen Lernen für Paare, Gruppen und Erzieher**
Autoren/Jahr:	Lutz SCHWÄBISCH, Martin SIEMS 1974 (2000)
Adressaten:	Alle in pädagogischen Berufen Tätige, private Interessenten
Anwendungsfelder:	Bildung, Erziehung, Beratung
Einordnung:	Kommunikations- und Verhaltenstraining auf der Grundlage der Humanistischen Psychologie (Rogers, Perls), der Kommunikationstheorie (Watzlawick) und der Verhaltenstherapie
Ziele/ besonders geförderte Kompetenz	1. Wahrnehmung und Veränderung des eigenen Gesprächsverhaltens 2. Freie Äußerung von Gedanken und Gefühlen 3. Förderung der persönlichen Kompetenz durch die theoretische Reflexion der eigenen Erfahrungen
Konkrete Anregungen für das päd.-ther. Gesprächsverhalten:	→ Verständnisvolles Zuhören

Titel:	**Wege zum helfenden Gespräch**
Autoren/Jahr:	Wilfried WEBER 1974 und 2000
Adressaten:	Sozialpädagogen, Seelsorger, Berater, Erzieher, Psychologen, Mediziner
Anwendungsfelder:	Bildung, Erziehung, Beratung, Therapie
Einordnung:	Lernprogramm für Gesprächsverhalten in helfenden Gesprächen auf der Grundlage der Gesprächspsychotherapie (Rogers, Tausch), der Kommunikations- und Tiefenpsychologie
Ziele/ besonders geförderte Kompetenz	1. Vermittlung und Training von therapeutischen Verhaltensweisen in helfenden Gesprächen 2. Förderung der Handlungskompetenz durch die Vermittlung konkreter Verhaltensweisen in einzelnen, themengebundenen Einheiten
Konkrete Anregungen für das päd.-ther. Gesprächsverhalten:	→ Konkretisierung der Selbstwahrnehmung → Konkretisierung von Echtheit und Selbstkongruenz → Diagnostische Praxis im helfenden Gespräch → Körperarbeit

Titel:	**Kommunizieren lernen (und umlernen)**
	Miteinander reden 1: Störungen und Klärungen
Autoren/Jahr:	Bernd FITTKAU, Hans-Martin MÜLLER-WOLF, Friedemann SCHULZ VON THUN 1977 (1994) und 1981 (2000)
Adressaten:	Alle in professionellen Kommunikationsbereichen Tätige, private Interessenten
Anwendungsfelder:	Bildung, Erziehung, Beratung, Therapie
Einordnung:	Kommunikations-, Interaktions- und Verhaltenstraining auf der Grundlage der Kommunikationstheorie von Watzlawick unter Berücksichtigung kommunikationstheoretischer und -therapeutischer Erweiterungen
Ziele/ besonders geförderte Kompetenz	1. Sichtbarmachung und Analyse von Vorgängen und Störungen in der zwischenmenschlichen Kommunikation 2. Aufzeigen der Möglichkeiten einer besseren Kommunikation 3. Förderung der Diagnosekompetenz durch das Erkennen der wesentlichen Anteile und Aspekte von Äußerungen der Gesprächspartner
Konkrete Anregungen für das päd.-ther. Gesprächsverhalten:	→ Aspekte der zwischenmenschlichen Kommunikation: Sachinhalt, Selbstoffenbarung/Selbstkundgabe, Beziehung, Appell

Titel:	**Zuhören und Verstehen**
Autoren/Jahr:	Christian WEISBACH, Monika EBER-GÖTZ, Simone EHRESMANN 1979 (1984)
Adressaten:	Alle, die beruflich mit dem Medium Gespräch arbeiten, private Interessenten
Anwendungsfelder:	Bildung, Erziehung, Beratung
Einordnung:	Gesprächsverhaltensmodell auf der Grundlage der Humanistischen Psychologie (Rogers, Perls) und der Themenzentrierten Interaktion (Cohn)
Ziele/ besonders geförderte Kompetenz	1. Wahrnehmung des eigenen Gesprächsverhaltens 2. Anleitung zum Ausprobieren neuer Verhaltensweisen in Gesprächen 3. Wahrnehmung und Analyse von Gesprächskonflikten 4. Förderung der Handlungskompetenz durch konkrete Anleitung zum Üben von Gesprächstechniken
Konkrete Anregungen für das päd.-ther. Gesprächsverhalten:	→ Zuhören → Genaue Beschreibung von Gesprächsstörern → Bedeutung von Gesprächspausen → Wahrnehmung von Gefühlen

Titel:	**Professionelle Gesprächsführung**
Autoren/Jahr:	Christian-Rainer WEISBACH 1992 (2001)
Adressaten:	Menschen, die privat wie beruflich professionelle Gespräche führen wollen
Anwendungsfelder:	Bildung, Beratung
Einordnung:	Praktisches und anwendungsbezogenes Arbeitskonzept zur Schulung eines professionellen Gesprächsverhaltens
Ziele/ besonders geförderte Kompetenz	1. Gespräch als Mittel zur Führung nutzen 2. Schulung der Wahrnehmung 3. Förderung der Handlungskompetenz durch die Vermittlung von konkreten Verhaltensweisen
Konkrete Anregungen für das päd.-ther. Gesprächsverhalten:	→ Operationalisierte Gesprächsverhaltensweisen

Titel:	**Gesprächsführung in psychologischer Therapie und Beratung**
Autoren/Jahr:	Nicolaus HOFFMANN, Klaus E. GERBIS 1981
Adressaten:	Psychologen, Sozialarbeiter, Lehrer, Erzieher, Ärzte und in sozialen Berufen Tätige
Anwendungsfelder:	Beratung, Therapie
Einordnung:	Arbeitsmodell zur psychologischen Schulung auf der Grundlage der humanistischen Psychologie (Rogers) und der Verhaltenstherapie
Ziele/ besonders geförderte Kompetenz	1. Wahrnehmung und Verbesserung des Rahmens von therapeutischen Gesprächen und des jeweiligen Gesprächsverhaltens 2. Förderung der Handlungskompetenz durch schriftliche Übungen mit Selbstreflexion und Verhaltensanweisungen zu bestimmten Zeitpunkten im Gespräch (Beginn, Ende usw.)
Konkrete Anregungen für das päd.-ther. Gesprächsverhalten:	→ Konkretheit als Gesprächsprinzip → Widersprüche thematisieren als Prinzip → Konkretisierung der therapeutischen Grundhaltungen im Gespräch

Titel:	**Psychologie der Gesprächsführung**
Autoren/Jahr:	Ekkehard CRISAND 1982 (2000)
Adressaten:	Alle, die beruflich oder privat mit Gesprächen zu tun haben und in ihnen agieren
Anwendungsfelder:	Bildung, Erziehung, Beratung, Therapie
Einordnung:	Arbeitskonzept zur psychologischen Schulung in Gesprächssituationen auf der Grundlage der Gesprächspsychotherapie (Rogers, Tausch, Minsel) und dem Ansatz von Gordon
Ziele/ besonders geförderte Kompetenz	1. Vermittlung von kompetentem Verhalten in Gesprächssituationen 2. Wahrnehmung und Analyse von Strukturen, Variablen und Wirkfaktoren in Gesprächen 3. Förderung der Diagnosekompetenz durch das Erkennen und Analysieren von Wirkfaktoren im Gespräch und durch das Erfassen möglicher Ziele und Verlaufsvorstellungen des Gesprächspartners
Konkrete Anregungen für das päd.-ther. Gesprächsverhalten:	→ Wirkfaktoren im Gespräch → Analyse des eigenen Gesprächsverhaltens

Titel:	**Andere verstehen**
Autoren/Jahr:	Eva JAEGGI, P. KASTNER, K.-H. KOHL, W. SCHULZ, S. TILGNER, B. TOTZECK, I. VOLGER 1983
Adressaten:	Alle in psychosozialen Berufen Tätige
Anwendungsfelder:	Beratung, Therapie
Einordnung:	Trainingskurs zur Vermittlung einer übergreifenden psychosozialen Kompetenz auf der Grundlage der Gesprächspsychotherapie nach Rogers und der Verhaltenstherapie
Ziele/ besonders geförderte Kompetenz	1. Vermittlung von Wahrnehmungs- und Analysekompetenz 2. Training von konkretem Gesprächsverhalten 3. Förderung der persönlichen Kompetenz in der Verbindung von Erleben, Verhalten und der Wahrnehmung von Beziehungen (therapieschulenübergreifende Kompetenz)
Konkrete Anregungen für das päd.-ther. Gesprächsverhalten:	→ Entwicklung einer Wahrnehmungskompetenz (Verbindung von Erleben, Verhalten und Beziehung) → Selbsterfahrungs- und Wahrnehmungsübungen

Titel:	**Helfen durch Gespräch**
Autoren/Jahr:	Gerard EGAN 1990 (2001)
Adressaten:	Alle in helfenden oder pädagogischen Berufen Tätige, private Interessenten
Anwendungsfelder:	Beratung, Therapie
Einordnung:	Entwicklungsmodell des Helfens in Stufen auf der Grundlage der Humanistischen Psychologie (Rogers)
Ziele/ besonders geförderte Kompetenz	1. Verbesserung des Gesprächsverhaltens in helfenden Gesprächen 2. Förderung der Handlungskompetenz durch ein aufeinander aufbauendes, stufenartiges Lernprogramm
Konkrete Anregungen für das päd.-ther. Gesprächsverhalten:	→ Minimale Ermutigungen zum Sprechen als Zuwendungsverhalten und zur Unterstützung des aktiven Zuhörens → Einteilung des adäquaten Gesprächsverhaltens in festgelegte Stufen mit Zielvorgabe → Integration direktiver Methoden in das nicht-direktive Gesprächsverhalten (Konkretheit, Konfrontation), ohne den therapeutischen Grundhaltungen zu widersprechen

Titel:	**Gesprächspsychotherapie**
Autoren/Jahr:	Eva-Maria BIERMANN-RATJEN, Jochen ECKERT, Hans-Joachim SCHWARTZ 1979 und 1997
Adressaten:	Alle in psychotherapeutischer Praxis Tätige
Anwendungsfelder:	Therapie, Beratung, soziale Arbeit
Einordnung:	Darstellung des klientenzentrierten Konzepts und der Gesprächspsychotherapie aus verschiedenen Perspektiven
Ziele/ besonders geförderte Kompetenz	1. Abgrenzung der Gesprächspsychotherapie von der Verhaltenstherapie, Psychoanalyse und Beratung 2. Möglichkeiten und Grenzen gesprächstherapeutischer Interventionen
Konkrete Anregungen für das päd.-ther. Gesprächsverhalten:	→ Abgrenzung von Beratung und Therapie

Titel:	**Klientenzentrierte Gesprächsführung**
Autoren/Jahr:	Sabine WEINBERGER 1980 und 1998
Adressaten:	Sozialarbeiter, Sozialpädagogen und andere im sozialen Feld Tätige
Anwendungsfelder:	Beratung, Therapie, psychosoziale Versorgung
Einordnung:	Lern- und Trainingsprogramm (bzw. Anleitungsprogramm) zur Vermittlung von klientenzentrierter Gesprächsführungskompetenz auf der Grundlage der Gesprächspsychotherapie nach Rogers in für das sozialpädagogische Feld modifizierter Form
Ziele/ besonders geförderte Kompetenz	1. Vermittlung des Basisverhaltens (bzw. der Grundhaltungen) der klientenzentrierten Gesprächsführung 2. Training differenzierter Interventionen für sozialpädagogische Gesprächssituationen 3. Förderung der Handlungskompetenz durch die Erweiterung des nicht-direktiven Gesprächsverhaltens um direktive Interventionen auf der Basis einer flexiblen Handhabung
Konkrete Anregungen für das päd.-ther. Gesprächsverhalten:	→ Training differentieller Interventionen (z.B. Konfrontation, Gegenüberstellung) bis an die Grenze zu Verhaltensanweisungen und direkter Einflussnahme → Sensibilisierung für Konfrontationen

Titel:	**Gesprächspsychotherapie**
Autoren/Jahr:	Rainer SACHSE 1999
Adressaten:	Psychotherapeuten, Psychologen, Psychiater; alle in psychotherapeutischer Praxis Tätige
Anwendungsfelder:	Therapie, psychosoziale Versorgung
Einordnung:	Darstellung der theoretischen und empirischen Grundlagen der Gesprächspsychotherapie sowie die Beschreibung der gesprächstherapeutischen Praxis anhand von Fallbeispielen
Ziele/ besonders geförderte Kompetenz	1. Darstellung der Gesprächspsychotherapie als wissenschaftlich fundiertes Psychotherapieverfahren 2. Veranschaulichung des breiten Spektrums an gesprächstherapeutischen Verarbeitungs- und Handlungsmöglichkeiten 3. Diagnostik im Rahmen der Gesprächspsychotherapie
Konkrete Anregungen für das päd.-ther. Gesprächsverhalten:	→ Einsatz von therapeutischen Interventionen im pädagogisch-therapeutischen Kontext

Titel:	**Beraten will gelernt sein**
Autoren/Jahr:	Sabine BACHMAIR, Jan FABER, Claudius HENNIG, Rüdiger KOLB, Wolfgang WILLIG 1983 und 2000
Adressaten:	Lehrer, Berater, in sozialen Berufen Tätige, Dozenten
Anwendungsfelder:	Bildung, Erziehung, Beratung
Einordnung:	Modell der Gesprächsführung in Beratungssituationen auf der Grundlage der Gesprächspsychotherapie nach Rogers, erweitert durch die Berücksichtigung der sozialen Eingebundenheit des Individuums
Ziele/ besonders geförderte Kompetenz	1. Bewusstmachung und Stärkung der natürlichen Beratungsfähigkeit 2. Vermittlung von Basiswissen zur Gesprächsführung 3. Training des Beraterverhaltens anhand von Übungen 4. Förderung der Handlungskompetenz durch gezielte Auseinandersetzung mit der eigenen Person sowie durch das praktische Üben
Konkrete Anregungen für das päd.-ther. Gesprächsverhalten:	→ Vermitteln von Informationen → Kommunikationsprozesse in der Beratung → Diagnostische Anteile in der Beratung

Das in fast allen aufgezeigten Ansätzen, Modellen und Konzepten angestrebte Ziel ist die Erweiterung und Optimierung des pädagogischen bzw. therapeutischen Gesprächsverhaltens. In den erfassten Ansätzen wird mehrheitlich das Lernen durch individuelle praktische Erfahrungen auf der Basis einer kritischen Selbstexploration betont. Dieser nicht allein an theoretischer Auseinandersetzung orientierte Lernprozess verlangt nach Anleitung durch qualifizierte Trainer, da diese praktische und erfahrungsbezogene Ausbildung durch keine noch so detaillierte Beschreibung von Übungsmöglichkeiten ersetzt werden kann. Als Ergebnis wird festgehalten, dass eine langfristige und anhaltende Veränderung des angestrebten Gesprächsverhaltens nur erreicht werden kann, wenn das jeweilige Trainingsprogramm das Lernen auf verschiedenen Ebenen ermöglicht: Neben der Auseinandersetzung mit den theoretischen Grundlagen und dem Erfahren der therapeutischen Grundhaltungen muss ebenso das Üben des konkreten Gesprächsverhaltens auf der Basis der Selbstexploration des Lernenden im Mittelpunkt stehen. Veränderungen des Gesprächsverhaltens bedürfen daher längerfristigen Ausbildungszeiträumen und sind mit Hilfe von einzelnen Fortbildungsveranstaltungen nicht zu erreichen.

2.5 Möglichkeiten und Grenzen des Pädagogischen Gesprächstrainings

Aus den bisherigen Überlegungen und der zusammenfassenden Darstellung der vorhandenen Modelle zur pädagogischen bzw. therapeutischen Gesprächsführung lassen sich Prämissen für den trainingspraktischen Ansatz des *Pädagogischen Gesprächstrainings (PGT)* auf der Basis einer pädagogisch-therapeutischen Konzeption formulieren. Die Reflexion der Möglichkeiten und Grenzen eines solchen Ansatzes ist gerade aufgrund der Bedeutung für die praktische Arbeit vonnöten, um einerseits einer Selbstüberschätzung der in diesem Überschneidungsbereich tätigen Pädagogen vorzubeugen, aber auch andererseits den Mut zu fördern, die erworbenen Kenntnisse und Fähigkeiten den alltäglich-praktischen Bedürfnissen entsprechend einzusetzen.

Die im Rahmen dieses Gesprächstrainings zu erwerbenden Kompetenzen knüpfen an die Forderung der im pädagogischen Handlungsfeld Tätigen nach einer übergreifenden Gesprächs- und Beratungskompetenz für die Gestaltung von schwierigen Situationen, in denen die betreffenden Klienten den Wunsch nach konkreter Hilfe und Unterstützung während der Bearbeitung ihrer individuellen Schwierigkeiten und Probleme direkt oder indirekt ausdrücken. Durch gezielte Interventionen auf der Basis des oben erläuterten Menschenbildes lässt sich das Erreichen pädagogischer Zielsetzungen unterstützen.

Dabei muss die anzustrebende Zielsetzung, die Handlungs- und Diagnosekompetenz zu erweitern, durch die Förderung von persönlicher Kompetenz für die pädagogisch Tätigen begleitet werden. Auf der Basis, das Lernen für die berufliche Praxis mit dem Lernen für die eigene Person zu verbinden, ergeben sich Perspektiven für die Entwicklung eines pädagogischen Selbstverständnisses, das neben den vorhandenen fachlichen und methodischen Kompetenzen die Auswirkungen des belastenden und teilweise überfordernden pädagogischen Alltags sowie die Möglichkeiten und Grenzen des Handelnden im Interesse der jeweiligen Zielgruppe ganzheitlich berücksichtigt. Das *Pädagogische Gesprächstraining (PGT)* muss die zu vermittelnde humanistische Auffassung vom Menschen und die damit verbundenen Grundannahmen auch innerhalb der konzeptionellen Struktur verwirklichen. Es gilt, Widersprüche zwischen den Grundlagen und der Vorgehensweise im Training zu vermeiden. Den Pädagogen muss die Möglichkeit geboten werden, die humanistischen Grundideen zu erfahren, um eine persönliche Kompetenz zu entwickeln.

Diese im pädagogisch-therapeutischen Handlungsfeld über den Rahmen von Gesprächssituationen hinaus bedeutsame persönliche Kompetenz stellt die Grundlage jeglichen Handelns dar. Die Entwicklung der individuellen Persönlichkeit des Pädagogen bestimmt seine subjektiven Voraussetzungen, innerhalb seines Aufgabenfeldes zu agieren. Ebenso werden die Entwicklung individueller Theorien für den beruflichen Alltag, das Umsetzen erlernter Methoden und Techniken in die Praxis und nicht zuletzt auch die Echtheit des Beziehungsangebotes an die betreffenden Klienten durch die individuellen Persönlichkeitsstrukturen beeinflusst. Ohne eine ständige reflektierende Auseinandersetzung mit der eigenen Person können erlerntes Wissen und trainierte Methoden nicht 'mit Leben gefüllt' werden und gelangen so zu einer *seelenlosen Technik* (vgl. Brack 1975, 3). Die Entwicklung und ständige Aktualisierung pädagogischen Handelns ist unabdingbar mit der Auseinandersetzung um die persönlichen Lebensumstände und einer ständigen Selbsterfahrung und -exploration verbunden (vgl. Geißler, Hege 1978, 248; Pallasch et. al. 2001, 227 ff.). Nur so ist ein kongruentes Begleiten der Hilfe- und Ratsuchenden bei der Bearbeitung ihrer Fragestellungen und Probleme für den Pädagogen möglich.

Die Rücksichtnahme auf die persönlichen Möglichkeiten und Grenzen des jeweiligen Klienten ist im Rahmen des *Pädagogischen Gesprächstrainings (PGT)* begrenzt - begrenzt durch die Person des Pädagogen. Auch wenn im Folgenden das Gesprächsverhalten in einzelne *Bausteine* unterteilt wird, ist dieses pädagogisch-therapeutische Verhalten nur bedingt operationalisierbar und kann das persönliche Beziehungsangebot zwischen Pädagogen und Hilfesuchendem nicht ersetzen. Wenn der pädagogisch-therapeutisch Tätige sich durch das Gegenüber, die Situation oder die angesprochene Problematik in seiner Kompetenz überfordert fühlt, lässt sich dieses nicht mit 'professionellen' Verhaltensweisen überspielen. Die Grenzen des *Pädagogischen Gesprächstrainings* sind erreicht, wenn der Pädagoge befangen ist, sein Handeln nicht mehr verantworten und in seiner Persönlichkeit und seinen Entscheidungen keine Transparenz mehr für sein Gegenüber herstellen kann (vgl. Karmann 1987, 339). Dies ist auch der Fall, wenn der Pädagoge Einstellungen und Ziele vermitteln möchte, die er selbst noch nicht oder nur zu einem kleinen Teil verwirklicht hat (vgl. Bürgermann, Reinert 1984, 117).

Zusammenfassend:

Das *Pädagogische Gesprächstraining (PGT)* ist ein in Trainingsform konzipierter Ansatz, der dem Pädagogen konkrete diagnostische, wahrnehmungs- und handlungsorientierte Hilfen für pädagogische und pädagogisch-therapeutische Gesprächssituationen anbietet. Dabei steht der Ratsuchende (Klient), der sich während der Bearbeitung und Lösung seiner Schwierigkeiten und Probleme an den Pädagogen (Berater) wendet, im Mittelpunkt der Betrachtung. Das Gesprächsverhalten fußt auf drei Grundlagen:

1. Auf der kongruenten Persönlichkeit des Beraters, die sich durch Transparenz, Offenheit und Machtverzicht auszeichnet;

2. auf den interdisziplinär angelegten Grundhaltungen (Kongruenz, Akzeptanz, Empathie) und Einstellungen, die der Berater selbst erfahren und für sich angenommen haben muss;

3. auf konkreten Interventionstechniken (Bausteinen) für die praktische Arbeit mit Klienten.

3. Hinweise zur Durchführung des Trainingsprogramms

Die Darstellung unseres methodischen Vorgehens bei der Durchführung des Gesamtprogramms bzw. einer Trainingseinheit beschränkt sich nur auf die wesentlichen Gesichtspunkte. Wir geben nur das grobe Raster unserer trainingspraktischen Arbeit wieder. Der potentielle Anwender sei darauf hingewiesen, dass eine eigenständige Durchführung des Trainingsprogramms allein auf der Basis der folgenden Darstellung nur in eingeschränktem Rahmen möglich ist. Vielmehr setzt eine Trainertätigkeit in umfassender Weise eigene Erfahrungen mit den zu vermittelnden Inhalten voraus. Das Trainingsprogramm verlangt besonders ausgebildete Trainer, die entweder Pädagogen mit psychologischer oder aber Psychologen mit pädagogischer Zusatzausbildung sein sollten.

Adressaten

Das pädagogisch-therapeutische Gesprächstraining ist für Pädagogen aller Berufsfelder konzipiert, die über den Rahmen der reinen Lehre hinaus pädagogisch arbeiten und ihre Handlungs- und Diagnosekompetenz für pädagogisch schwierige Situationen erweitern wollen. Des Weiteren eignet dieses Training sich für Psychologen parallel zur oder im Anschluss an ihre universitäre Ausbildung als Vorstufe für eine sich anschließende Therapieausbildung. Es sei jedoch an dieser Stelle auf die Tatsache hingewiesen, dass fachlich ausgebildete Laien, die oft als Laientherapeuten bezeichnet werden und deren Qualifikation in etwa der im Rahmen des pädagogisch-therapeutischen Gesprächstrainings zu erwerbenden Kompetenz liegt, genauso erfolgreich, manchmal sogar erfolgreicher beraten (auch: therapieren) können als ausgebildete Fachtherapeuten (vgl. Zielke 1980).

Die inhaltliche ebenso wie die methodische Konzeption des Trainingsprogramms zielt darauf ab, potentielle Teilnehmer auf zwei Ebenen anzusprechen. Zum einen sind dies Adressaten, die das im Rahmen des Trainings Gelernte direkt in ihrer pädagogischen Praxis anwenden wollen. Zum anderen bietet das Trainingsprogramm die Möglichkeit, als bereits tätiger oder auch zukünftiger Ausbilder im Bereich pädagogisch-psychologischer Gesprächsführung die eigenen Kompetenzen zu erweitern.

Eine erfolgreiche Durchführung des Trainingsprogramms setzt von Seiten der Teilnehmer keine über die Inhalte eines pädagogischen und/oder psychologischen Grundstudiums hinausgehenden speziellen Vorkenntnisse voraus. Jedoch ist es unseren Erfahrungen nach für eine vertiefende Trainingsarbeit erforderlich, Teilnehmern, die sich zum gleichen Zeitpunkt in einer Therapie befinden oder die an einer anderen therapeutischen Ausbildungsmaßnahme teilnehmen, von der Teilnahme abzuraten. In beiden Fällen kommt es in der Regel zu starken Interferenzen, so dass große Schwierigkeiten bestehen, sich unbefangen und im erforderlichen Maße auf die Trainingsarbeit einzulassen.

Ziele

Das *Pädagogische Gesprächstraining (PGT)* ist, wir erwähnten dies bereits, keine Ausbildung in Gesprächspsychotherapie. Es geht aber in seinen Zielsetzungen und Inhalten weit über das hinaus, was allgemein als *pädagogische Gesprächsführung* bezeichnet wird. Das Ziel ist die Vermittlung pädagogisch-psychologischer bzw. pädagogisch-therapeutischer Gesprächs- und Beratungskompetenz, die es den Teilnehmern ermöglichen soll, im Rahmen pädagogisch schwieriger Situationen verantwortlich handeln zu können. Leitlinie ist dabei die Anbahnung personenzentrierter (klientenzentrierter) Haltungen und Einstellungen für den Erziehungs- und Bildungsbereich sowie die Vermittlung pädagogisch-therapeutischen Basisverhaltens als Handlungskompetenz.

(1) Diagnosekompetenz

Es ist einerseits das Ziel dieses Gesprächstrainings, die Diagnosekompetenz der Teilnehmer zu erweitern, d.h. sie in die Lage zu versetzen, den jeweiligen Problemträger in seiner Situation besser zu verstehen und differenzierter wahrzunehmen. Auf diese Weise wird ihnen die Möglichkeit eröffnet, entweder selbst auf pädagogisch-therapeutischer Ebene gezielt Maßnahmen ergreifen zu können oder aber die eigenen Kompetenzgrenzen zu erkennen und entsprechend der jeweiligen Problematik an externe Fachkompetenz weiter zu verweisen.

(2) Handlungskompetenz

Es ist andererseits das Ziel dieses Gesprächstrainings, die Handlungskompetenz der Teilnehmer zu erweitern, d.h., ihnen für pädagogisch schwierige Situationen das geeignete sprachliche und methodische Handwerkszeug an die Hand zu geben, um pädagogisch-therapeutisch intervenieren zu können.

Handlungs- und Diagnosekompetenz stehen dabei in einem interdependenten Verhältnis zueinander. Die Teilnehmer müssen im Bereich ihrer diagnostischen Fähigkeiten weit mehr Kenntnisse erwerben als sie auf der Handlungsebene realisieren. Ihr theoretischer und emotionaler Lernzuwachs wird dabei in der Regel die eigene praktische Kompetenzfähigkeit übersteigen. Ein Analogiebeispiel mag dies verdeutlichen: Der Allgemeinmediziner ist kein Chirurg. Dennoch besitzt er Grundkenntnisse und Grundfertigkeiten in der Chirurgie. Kleine chirurgische Eingriffe wird er selbst vornehmen, schwierige aber wird er an den Spezialisten überweisen. Voraussetzung hierfür ist jedoch, dass der Allgemeinmediziner weiß, was der Spezialist in diesem speziellen Fall erreichen kann. Die Überweisung an den Spezialisten selbst ist also schon eine Art Behandlung (Therapie), der eine gründliche Diagnose vorausgegangen sein muss. Je mehr Kenntnisse der Allgemeinmediziner von angrenzenden Fachgebieten besitzt, desto zutreffender werden seine Überweisungen sein.

Baustein-System

Das *Pädagogische Gesprächstraining (PGT)* ist als *Baustein-System* aufgebaut. Fast alle Bausteine verstehen sich als geschlossene, beschreib- und trainierbare Einheiten. Die Bausteine sind nach ihrer Intention betitelt, sie enthalten Ziele, Erläuterungen und gegebenenfalls auch konkrete Durchführungshinweise. Die formulierten Ziele sprechen den (übenden) Berater an.

Das gesamte Baustein-System ist, wie folgt, aufgegliedert bzw. in thematische Schwerpunkte unterteilbar:

Übersicht der thematischen Schwerpunkte für die Bausteine
Grundlagen: Bausteine (1) bis (15)
Strukturierung: Bausteine (16) bis (23)
Bearbeitung: Bausteine (24) bis (51)
Entspannung: Bausteine (52) bis (54)
Lösungsexploration: Bausteine (55) bis (64)
Selbstexploration des Beraters: Bausteine (65) bis (68)

Die vollständige Übersicht aller Bausteine findet sich zu Beginn der Darstellung des *Lern- und Trainingsprogramms* (siehe Kap. 4).

Den Bausteinen für die *Selbstexploration des Beraters* kommt im Gesamtzusammenhang eine besondere Bedeutung zu, da sie sich - in Abgrenzung zu den anderen Bausteinen - auf die Person des Beraters beziehen bzw. für den Einsatz in der Trainingssituation konzipiert sind.

Diese Aufgliederung versteht sich als Angebot, das Gesamtprogramm übersichtlicher zu gestalten. Die Aufgliederung kann unter anderen thematischen Gesichtspunkten selbstverständlich anders vorgenommen werden. Trotz des scheinbar additiven Charakters der Bausteine bleibt das gesamte System in sich flexibel. Die von uns vorgenommene Anordnung der Bausteine ist als Empfehlung zu verstehen, und daher für die Ausbildung bzw. das Training nicht bindend. Aus didaktischen Gründen wurden einige komplexe Inhalte in mehrere Bausteine aufgeteilt, um das schrittweise Vorgehen bei der kognitiven Aufnahme, Verarbeitung und Übung zu erleichtern.

Die Trainingspraxis zeigt: Je mehr Bausteine die Teilnehmer gelernt haben, desto flexibler und integrativer werden sie umgesetzt. Dabei verlieren die einzelnen Bausteine im Laufe der Zeit zunehmend ihre gesonderte Eigenständigkeit; sie werden mehr und mehr zu integrierten Bestandteilen im Gesprächsverhalten des Lernenden. Mit diesem Prozess der Aneignung verlieren die Bausteine auch den Charakter von isoliert zu lernenden Fertigkeiten, und die zu Beginn für manche Trainingsteilnehmer anmutende Künstlichkeit der Gesprächsführung verfliegt nach relativ kurzer Zeit. Auch hier mag ein Analogiebeispiel den Prozess verdeutlichen: Wenn ein Fahrschüler Auto fahren lernt, wird er sich zunächst darauf konzentrieren müssen, z.B. das Lenken, das Schalten der Gänge oder das Bedienen der Pedale zu üben. Das langfristige Ziel muss es dann aber für ihn sein, alle Einzelfertigkeiten so in sein routinemäßiges und 'automatisiertes' Verhalten zu integrieren, dass er sich letztlich wirklich auf den Straßenverkehr konzentrieren kann.

Die individuelle Auseinandersetzung mit dem pädagogisch-therapeutischen Gesprächsverhalten findet auf der Grundlage der bereits erläuterten therapeutischen Grundhaltungen (Basisvariablen) - Kongruenz, Akzeptanz und Empathie - statt, die als unabdingbare Voraussetzungen und als durchgängiges und vorrangiges Prinzip jeden beraterischen Gesprächs angesehen werden. Sie können nicht als definierte Fertigkeiten künstlich erlernt, sondern nur durch das praktische Tun als *Einstellung* und *Haltung* erworben werden.

Die mit Hilfe der Bausteine zu erlernenden Fertigkeiten und Techniken entsprechen spezifischen Interventionen, die in das Gesprächsverhalten bzw. in das pädagogische Gesamtkonzept des Lernenden integriert werden müssen. Die folgende, eher sozial-technologische Definition einer (pädagogischen bzw. pädagogisch-therapeutischen) Intervention hat als instrumentelle Arbeitsgrundlage den Vorteil, immer das konkret benennen zu müssen, was und warum trainiert werden soll. Die betreffenden Inhalte werden auf diese Weise präzisiert.

Für die konkrete Trainingsarbeit ist eine *pädagogische* bzw. *pädagogisch-therapeutische Intervention* als erlernbare Fertigkeit:

– funktional definiert eine Intervention, die in pädagogischen bzw. pädagogisch-therapeutischen Situationen situativ angemessen, personen-, problem- und zieladäquat eingebracht wird, um das Gespräch zu optimieren;
– operational definiert eine Intervention, die durch verschiedene Handlungen bzw. Methoden (A, B, C usw.) bestimmt wird (z.B. durch A: Widerspiegeln nonverbaler Signale, B: Angebote formulieren, C: Widersprüche ansprechen);

– verhaltenspsychologisch definiert eine Intervention, die eine methodische (pädagogische oder pädagogisch-therapeutische) Strategie im Gesamtverhalten des Beraters ausmacht.

Aufbau einer Trainingseinheit

Es empfiehlt sich, das gesamte Trainingsprogramm in einzelne Trainingseinheiten aufzugliedern. Jede Trainingseinheit enthält einen oder mehrere thematisch zusammenhängende Bausteine. Die Zusammenstellung der Bausteine für eine Trainingseinheit richtet sich nach dem jeweiligen Ausbildungsstand der Teilnehmergruppe. Die über viele Jahre gesammelten Erfahrungen zeigen, dass die Trainingseinheiten entweder als wöchentliche Veranstaltungen (drei bis vier Zeitstunden) oder als Kompaktseminare (jeweils zwei bis drei Tage) angeboten werden sollten.

Die Skizzierung des methodischen Vorgehens bezieht sich in der folgenden Übersicht auf eine drei- bis vierstündige Trainingseinheit:

❶ Erzählen und Berichten

❷ Vorstellen der Bausteine/Theorie

❸ Üben und Trainieren in Gruppen
Phase 1: Durchführen eines Übungsgesprächs
Phase 2: Aufarbeiten des Übungsgesprächs
1. Schritt: Die Basisvariablen
2. Schritt: Die Bausteine
3. Schritt: Die Inhalte
4. Schritt: Das Sharing
5. Schritt: Das subjektive Empfinden

❹ Abschließende Reflexion im Plenum

Zu (1): Erzählen und Berichten
Jede Sitzung beginnt in der Großgruppe. Die Teilnehmer werden aufgefordert, sich gegenseitig mitzuteilen, welche Erfahrungen sie mit dem bis dahin Gelernten in Bezug auf sich selbst oder mit anderen Personen gemacht haben. Dieser interaktive Austausch fördert zudem das Gruppenzugehörigkeitsgefühl.

Für ein effektives Arbeiten am Thema und an der eigenen Person zwischen den einzelnen Sitzungen haben sich drei Vorgehensweisen bewährt:

(1) Es hat sich als lerneffektiv erwiesen, den Teilnehmern nach den einzelnen Trainingseinheiten Anregungen *(Hausaufgaben)* für Übungen außerhalb des Seminars zu geben. Sie sollen das bis dahin Gelernte 'draußen', in normalen Alltagssituationen, anwenden und üben.

(2) Eine weitere effektive Möglichkeit ist das *Mitschneiden von Übungsgesprächen* mittels Tonband mit dem Ziel, die Aufzeichnungen zu nutzen, um im zeitlichen Abstand und mit Distanz zur Übungssituation das eigene Gesprächsverhalten zu reflektieren. Da alle Teilnehmer in der ersten Sitzung aufgefordert werden, alles von anderen Teilnehmern Erfahrene vertrauensvoll zu behandeln, gibt es in der Regel gegen das Mitschneiden wenig Einwände.

(3) Als prozess- und lernbegleitendes Instrument hat es sich bewährt, dass die Teilnehmer ein *Trainingstagebuch* anfertigen, in dem subjektive Kommentare zum Gelernten, Erlebten, Erfahrenen, Durchlittenen oder Neuen festgehalten werden. Zu einem späteren Zeitpunkt erweist sich das auf diese Weise entstandene Material nicht nur als äußerst interessant und lesenswert, sondern es bietet die Möglichkeit, den prozessorientierten Lernzuwachs ergebnisorientiert zu resümieren.

Zu (2): Vorstellen der Bausteine/Theorie
Entsprechend dem jeweiligen Lernstand der Gruppe werden - in der Regel nach dem 'Erzählen und Berichten' - ausgewählte theoretische Grundlagen des pädagogisch-therapeutischen Gesprächsverhaltens, anhand von zusätzlichem Arbeitsmaterial, vermittelt bzw. erarbeitet. Im Anschluss werden die zu übenden neuen Bausteine vorgestellt und erklärt, indem sie von den Trainern in der Großgruppe 'praktisch demonstriert' werden.

Zu (3): Üben und Trainieren in Gruppen
Im Anschluss an eine (zumeist unter gruppendynamischen Aspekten durchgeführte) Einteilung in Kleingruppen folgt der eigentliche Schwerpunkt der trainingspraktischen Arbeit, das konkrete Üben der neuen Bausteine. Jede Kleingruppe wird von einem Trainer betreut. Die Kleingruppen werden für jede Trainingseinheit neu gebildet. Obwohl das Bilden immer neuer Kleingruppen zu Beginn oft auf Widerstände der Teilnehmer stößt, da sie den inzwischen erworbenen Vertrautheitsgrad vermissen, hat sich ein Wechsel aus lernpsychologischen und gruppendynamischen Gründen bewährt.

Die Arbeit in der Kleingruppe gliedert sich in *zwei Phasen*, die pro Sitzung mehrfach durchlaufen werden können, und von denen die zweite in *fünf Schritte* unterteilt ist.

1. Phase: Durchführen eines Übungsgesprächs
Je nach thematischer Zielsetzung und individueller Situation der einzelnen Teilnehmer werden unter Anleitung des Trainers ein oder mehrere Übungsgespräche innerhalb einer Trainingseinheit durchgeführt. Ein Teilnehmer übernimmt die Rolle des *Klienten* und ein Zweiter die des *Beraters*, die anderen Teilnehmer sind *Beobachter* mit spezifischen Aufgaben. Die beiden Begriffe 'Berater' und 'Klient' werden als Arbeitsbegriffe benutzt. Andere Begriffspaare wären ebenso denkbar, etwa: Helfer - Hilfesuchender, Ratsuchender, Problemträger.

Der Trainer weist vor Beginn des Übungsgespräches darauf hin, dass sowohl der Klient als auch der Berater das Gespräch zu jeder Zeit unterbrechen und beenden können. Darüber hinaus kann (und muss) der Trainer gegebenenfalls das Gespräch abbrechen, wenn der übende Berater mit der Thematik überfordert ist.

Das Üben der in den Trainingseinheiten vorgegebenen Ziele bzw. Interventionen ist nur an 'Inhalten' - d.h. an Themen, die einen Klienten veranlassen, eine Beratung in Anspruch zu nehmen - möglich. Es hat sich nach unseren Erfahrungen bewährt, hier nicht auf Rollenspiele zurückzugreifen, sondern mit 'echten' Anliegen der Teilnehmer zu arbeiten, um 'realistisch' üben zu können. Die Inhalte (Problemkonstellationen, problematische Alltagssituationen, aktuelle Probleme der Teilnehmer):

a. werden vom Trainer vorgeschlagen (z.B. Thematisierung von Alltagssituationen), die der Klient dann 'übernimmt' und auf seine Zusammenhänge überträgt;

b. werden von den Teilnehmern aus den vorgeschlagenen *Einstiegsthemen für Übungsgespräche* (siehe Arbeits- und Trainingsbögen, Kap. 5) ausgewählt;

c. werden von einem Teilnehmer, als für ihn zu diesem Zeitpunkt aktuelle Problematik, angeboten.

Aktuelle Probleme sollten als Themen prinzipiell bevorzugt werden, da dadurch die Authentizität der Trainingssituation erhöht wird. Sollte bei der Bearbeitung einer aktuellen, also realen Problematik eines Teilnehmers während des Übungsgesprächs etwas 'psychisch aufbrechen', womit sich der übende Berater überfordert fühlt, muss für den betroffenen Teilnehmer die Möglichkeit bestehen, das Gespräch sofort abzubrechen und mit einem Trainer seiner Wahl sofort oder zu einem späteren Zeitpunkt fortzuführen.

Die Zuordnung der zu trainierenden Bausteine und Interventionen zu den (angebotenen) Inhalten ist nicht immer einfach. Aufgabe der Trainer ist es, zwischen den zu erlernenden Interventionen und den Inhalten eine Passung zu finden. Im Mittelpunkt des Trainings steht die zu übende Intervention (der zu übende Baustein) und nicht der Inhalt (das Problem), andererseits darf bei 'echten Problemstellungen' des Klienten der Inhalt gegenüber dem 'reinen Üben' nicht vernachlässigt werden. Mit zunehmender Trainingsdauer und dem Erwerb immer neuer und komplexer Interventionstechniken löst sich diese anfängliche Schwierigkeit auf.

Während des Übungsgespräches halten die Beobachter ihre Beobachtungen und Wahrnehmungen (Eindrücke, Vermutungen, Empfindungen) mit Hilfe eines Gesprächsprotokollbogens (siehe Arbeits- und Trainingsbögen, Kap. 5) schriftlich fest, wobei es sich empfiehlt, möglichst viele sprachliche Interventionen des Beraters wörtlich, und die Klientenäußerungen zusammengefasst oder zitierend mitzuschreiben, um die im Anschluss an das Gespräch stattfindende Aufarbeitung (Nachbesprechung) zu erleichtern und effektiv zu gestalten.

2. Phase: Aufarbeiten des Übungsgesprächs
Nach Beendigung des Übungsgesprächs kehren alle Gruppenmitglieder wieder in den üblicherweise zu Beginn einer Gruppenarbeitsphase gebildeten Stuhlkreis zurück. Dies gilt insbesondere für den Klienten und den Berater. Durch diesen 'lokalen' Wechsel wird ihre Wahrnehmungsstruktur bezüglich der vorangegangenen Gesprächssituation unterbrochen und neu fokussiert. Beide sollen mit einer gewissen Distanz zu dem Gespräch und ihren damit verbundenen vorherigen Rollen die nun folgende Auswertung und Aufarbeitung verfolgen und erleben können. Verblieben sie an ihren Plätzen, könnte dies zu Irritationen zwischen ihnen als natürliche Personen und ihren zuvor eingenommenen Rollen als Klient bzw. Berater führen.

Die Nachbesprechung wird in der Regel vom Trainer geleitet, strukturiert und in fünf Schritte untergliedert. Während der ersten vier Schritte der Aufarbeitung hat es sich bewährt, die übenden Berater und Klienten nie mit ihren persönlichen Namen anzusprechen, sondern immer nur von '*der Beraterin*'/'*dem Berater*' bzw. '*der Klientin*'/'*dem Klienten*' in der 'dritten Person' zu sprechen. Mit dieser scheinbar formalen Regelung wird angestrebt, dass die Beobachter ihre Wahrnehmungen 'personenunabhängig' formulieren lernen und diese auch (möglichst) unbefangen äußern. Berater und Klient fungieren im Übungsgespräch als Lernmodelle, die zwar auch als natürliche Personen wahrgenommen werden, in erster Linie jedoch in ihren Rollen beobachtet werden sollen. Weiterhin ist es erfahrungsgemäß sinnvoll, dass der Berater und der Klient zu den Rückmeldungen der Beobachter nicht sofort Stellung nehmen, sondern während der ersten vier Schritte der Nachbesprechung schweigen (und sich gegebenenfalls Notizen machen). Dieses Vorgehen ist zwar mitunter für die Übenden schmerzlich, da sie vieles hören und nichts dazu sagen bzw. kommentieren dürfen, hat sich aber bezogen auf die Verarbeitung der Rückmeldungen sehr bewährt. Würden sowohl der Berater als auch der Klient schon während der ersten vier Schritte ihre Gefühle, Empfindungen und Gedanken mitteilen, würden sie die Rückmeldungen (Wahrnehmungen) der Beobachter beeinflussen bzw.

diese in ihren Rückmeldungen verunsichern. Hinzu kommt, dass die Wahrnehmungen des Klienten oder des Beraters zwar subjektiv 'richtig' sind, für die Nachbesprechung und den beraterischen Prozess aber nicht unbedingt förderlich bzw. 'richtig' sein müssen.

Im Folgenden werden die fünf Schritte der Aufarbeitung (Nachbesprechung) genauer erläutert:

1. Schritt: Die Basisvariablen
Im ersten Schritt geben die Beobachter und der Trainer dem Berater bezogen auf die *Basisvariablen* (Kongruenz, Akzeptanz, Empathie) eine erste subjektive Rückmeldung: Wie haben die Beobachter und der Trainer den Berater gesehen, wahrgenommen, empfunden oder erlebt? Welche Basisvariablen wurden nach dem subjektiven Empfinden der Beobachter vom Berater realisiert? An welchem Verhalten des Beraters ließe sich dies festmachen? Was ist im Verhalten des Beraters (noch) aufgefallen? Wie hat er auf die Beobachter gewirkt? Welchen persönlichen Eindruck hat er gemacht? Wie hätten die Beobachter sich, wenn sie Klient gewesen wären, bei ihm gefühlt?

Es werden also absichtsvoll die sehr subjektiven Eindrücke, Wahrnehmungen und Empfindungen geäußert. Der Berater erhält auf diese Weise Rückmeldungen zu seinem Fremdbild, das er mit seinem Selbstbild abgleichen kann.

2. Schritt : Die Bausteine
Beobachter und Trainer geben dem Berater nun Rückmeldung über die angewandten bzw. eingesetzten Bausteine und deren Umsetzung im Beratungsgespräch. Im Mittelpunkt stehen diejenigen Bausteine (Interventionen), die in der Trainingseinheit geübt werden sollten: Welche Bausteine wurden vom Berater eingesetzt? Waren sie situations-, personen-, problem- und zieladäquat? Wurden die Bausteine (Interventionen) in ihrer Methodik richtig erklärt und eingesetzt? Welche Auswirkungen hatten die Interventionen für den Gesprächsverlauf? Welche Bausteine hätten alternativ eingesetzt werden können?

Im Verlauf des Trainings werden es naturgemäß immer mehr Bausteine (Interventionen) sein, die vom Berater berücksichtigt werden können. Um die Künstlichkeit der Gespräche - besonders zu Beginn des Trainings - zu reduzieren, können und sollen nicht alle Bausteine (Interventionen) sofort umgesetzt werden, weil der Inhalt (die Problematik) dies meistens nicht erlaubt. Dies bedeutet eine gewisse Einschränkung der Übungsdichte, die aber im Laufe des Trainingsfortschritts abnimmt. Zwischen den zu übenden Bausteinen und den thematisierten Inhalten muss immer eine Passung angestrebt werden.

3. Schritt: Die Inhalte
Aufgegriffen und besprochen werden die vom Klienten geäußerten Inhalte (Probleme, Konflikte, Schwierigkeiten, Verstrickungen, Bezüge, psychische

Zusammenhänge usw.). Es soll in diesem Schritt jedoch eine Interpretation, Bewertung und Diskussion der Inhalte strikt vermieden werden. Auch die Versuchung, über Lösungen zu spekulieren, sollte unterbleiben. Vielmehr wird prozessorientierten Fragen nachgegangen: Wenn die Beobachter an dieser oder jener Stelle im Gespräch als Berater tätig gewesen wären, was hätten Sie inhaltlich aufgegriffen? Welche unterschiedlichen Themen wurden herausgehört? Wie hätten die Beobachter das Gespräch weitergeführt - und warum? Was ist den Beobachtern für die weitere thematische Bearbeitung wichtig oder vorrangig? Welche Einzelaspekte und Nuancen waren innerhalb einzelner Themen zu erkennen? Welche emotionalen Bezüge (zu Personen, Erlebnissen, Situationen) hat der Klient erkennen lassen? Welche unterschiedlichen Stränge haben die Beobachter herausgehört, die in einer nächsten Sitzung aufgegriffen werden könnten? Welchen Arbeitshypothesen oder Vermutungen ist der Berater nachgegangen? Welche Arbeitshypothesen haben die Beobachter? Welches künftige methodische Vorgehen lässt sich aus diesen Arbeitshypothesen ableiten? Hat der Klient bereits direkt oder indirekt potentielle Lösungsansätze oder -ideen für sein Problem geäußert?

Abschließend kann gefragt und besprochen werden, ob die Phasen des Beratungsgesprächs erkannt wurden: Welche Phasen der Beratung wurden im Gespräch durchlaufen? Woran wurde jeweils der Beginn bzw. das Ende einer Phase deutlich? In welcher Phase endete das Gespräch, fand ein angemessener Abschluss statt?

Es geht in diesem Bearbeitungsschritt also darum, herauszufinden, wie die Beobachter das vom Klienten Geäußerte einordnen und wie sie möglicherweise vorgegangen wären. Ziel dieser Aufarbeitung ist es, alternative Möglichkeiten für die Bearbeitung des Problems zu erkennen bzw. zu erarbeiten.

4. Schritt: Das Sharing
In der Regel werden in den Übungsgesprächen Inhalte (Themen) angesprochen, die auch den Beobachtern sehr vertraut sind, die sie selbst (noch) betreffen oder die sie selbst durchlebt haben. Im Sharing kann jeder Beobachter - im Sinne der eigenen Selbstexploration - seine eigene Betroffenheit (seine Probleme, Gefühle, Empfindungen, Einstellungen, Haltungen, Ängste, Befürchtungen) und somit seine eigenen Anteile äußern, sofern er im 'Hier und Jetzt' dazu bereit und fähig ist. Die sehr persönlichen Äußerungen werden nicht kommentiert und nicht besprochen, sie bleiben 'im Raum stehen'.

Das Sharing bietet jedem Beobachter auch die Möglichkeit, sich mit der Frage auseinander zu setzen, wie er sich in der Rolle des Beraters verhalten hätte, wenn die vom Klienten angesprochene Problematik bei ihm Betroffenheit ausgelöst oder persönliche Anteile angesprochen hätte: Welche eigenen Anteile wurden bei den Beobachtern angesprochen? Was haben sie bei den Beobachtern ausgelöst? Welche dieser Anteile haben die Beobachter für sich bereits bearbeitet, gelöst oder bewältigt? Welche Anteile haben sie für sich noch nicht bearbeitet oder gelöst, welche haben sie bisher verdrängt? Welche Anteile möchten oder müssen die Beobachter in nächster Zukunft thematisieren?

5. Schritt: Das subjektive Empfinden
Während Berater und Klient bei der Bearbeitung der ersten vier Schritte 'zum Schweigen verurteilt' waren, erhalten sie nunmehr ausreichend Gelegenheit, sich über ihre Wahrnehmungen (Gefühle, Empfindungen, Ängste, Befürchtungen usw.) und Beobachtungen während des Übungsgesprächs zu äußern. Beide schildern, wie es ihnen miteinander ergangen ist, wie sie sich gefühlt haben und was ihnen unangenehm bzw. angenehm war. Sie geben sich nun auch gegenseitig Rückmeldung über ihr in der Übungssituation gezeigtes Verhalten.

Wenn nach Abschluss der Trainingseinheit noch ausreichend Zeit zur Verfügung steht, kann mit einem weiteren Übungsgespräch begonnen werden.

Zu (4): Abschließende Reflexion im Plenum
Abschließend treffen sich alle Kleingruppen im Plenum (in der Gesamtgruppe).Das Plenum dient dem Informationsaustausch der bis dahin in den Kleingruppen getrennt voneinander arbeitenden Teilnehmern. Erkenntnisse, Lernerfahrungen, Probleme, Schwierigkeiten oder Fragen, die das gesamte Lern- bzw. Trainingsprogramm betreffen, werden ausgetauscht, besprochen oder vertiefend behandelt. In groben Zügen wird sich gegenseitig über die Kleingruppenarbeit informiert, wobei die von den 'übenden Klienten' angesprochenen Inhalte (Probleme) der 'Schweigepflicht' unterliegen.

Ergänzende Anmerkungen: Methodische Varianten

Das gesamte Trainingsprogramm kann durch zusätzliche methodische Varianten ergänzt werden. Diese gilt sowohl für die Arbeit im Plenum als auch in den Kleingruppen.

Formalisierte Übungen
Viele Interventionstechniken lassen sich zu Übungszwecken in so genannten *formalisierten Übungen* trainieren. In diesen Übungen werden, in Gruppen von zwei bis fünf Teilnehmern, gezielt isolierbare Einzelfertigkeiten an vorgegebenen Themen geübt und trainiert, etwa: 'Aktiv zuhören', 'Verbalisieren', 'Paraphrasieren', 'Zusammenhänge visualisieren', 'Positionsstühle'. Formalisierte Übungen haben den Vorteil, nur die soziale Technik, die einzelne Fertigkeit oder die Methode in den Mittelpunkt der Arbeit zu stellen, ohne dabei auf den Inhalt achten zu müssen. Sie können relativ schnell eingesetzt werden und zeichnen sich durch eine intensive Übungsdichte aus; alle Teilnehmer können in der Regel gleichzeitig aktiv tätig werden.

Co-Berater
Für die Übungsgespräche hat es sich unter lerntheoretischen Gesichtspunkten zu einem fortgeschrittenen Zeitpunkt des Trainingsprogramms als sinnvoll erwiesen, neben dem Berater einen Co-Berater am Gespräch mit dem Klienten zu beteiligen. Der Co-Berater nimmt seitlich versetzt hinter dem Berater, aber dennoch dem Klienten gegenüber, Platz, vermeidet zunächst den Blickkontakt zum Klienten und verfolgt das Gespräch aus der Beobachterposition. Es gibt dann zwei Varianten:

Die Konsultation: Der Berater unterbricht mit Erlaubnis des Klienten das Gespräch für eine kurze Zeit und berät sich dem Co-Berater über das weitere Vorgehen.

Der Rollenwechsel: Der Co-Berater übernimmt die Rolle des Beraters zu einem Zeitpunkt, wo dieser nicht mehr weiß, wie er weiterarbeiten soll. Der Co-Berater führt das Gespräch weiter. Dieser Rollenwechsel geschieht ausschließlich unter lerndidaktischen Gesichtspunkten. Wichtig ist eine genaue Absprache zwischen Berater und Co-Berater vor dem Übungsgespräch und das Einholen der Erlaubnis des Klienten, mit zwei Beratern zu arbeiten. Berater und Co-Berater müssen sich als homogenes Team gegenüber dem Klienten verhalten. Der lernpsychologische Vorteil liegt bei diesem Verfahren für den Co-Berater darin, ohne direkte Beteiligung besser über das geschilderte Problem und mögliche Vorgehensweisen nachdenken zu können, um darauf aufbauend effektiv intervenieren zu können.

Reflecting Team
Das Arbeiten mit einem *Reflecting Team* stammt ursprünglich aus der systemischen Familientherapie, wird aber zunehmend von anderen Therapie- bzw. Beratungssettings übernommen. Das Reflecting Team (drei bis vier Teilnehmer) wird vom Berater aus dem Kreis der Beobachter zusammengestellt. Es sitzt in unmittelbarer Nähe des Beraters, aber getrennt von den Beobachtern und unterstützt den Berater aus dem Hintergrund als 'Supervisionsinstanz'. In Absprache mit dem Klienten kann der Berater zu jeder Zeit das Gespräch unterbrechen und das Reflecting Team konsultieren. Ob der Klient die Konsultation mithören soll oder nicht, entscheidet der Berater.

Gruppendynamische Übungen
Zur Aufarbeitung der sich zwischen den Teilnehmern auf der Beziehungsebene entwickelnden Prozesse sind unterschiedliche gruppendynamische Übungen ebenso wie individuelle Feedback- oder auch Gruppen-Feedback-Übungen eine sinnvolle Ergänzung zum Trainingsprogramm. Diese werden allerdings nur dann eingesetzt, wenn genügend Zeit für ihre Aufarbeitung zur Verfügung steht.

Pencil-Paper-Arbeit
Einige sich aus den Bausteinen ergebenden Aufgaben eignen sich auch zum schriftlichen Training. Anhand von Arbeits- und Trainingsbögen (siehe Kap. 5) erhalten die Teilnehmer die Gelegenheit, sich gedanklich mit einzelnen Bausteinen oder verschiedenen Teilaspekten pädagogischer bzw. pädagogisch-therapeutischer Situationen auseinander zu setzen, um auf diese Weise ihr theoretisches Wissen zu vervollständigen oder alternative Interventionen zu erarbeiten.

Video- oder Tonbandaufzeichnung
Zeitaufwendig aber lernintensiv sind Videoaufzeichnungen von den Übungsgesprächen. Sie können Sequenz für Sequenz besprochen und bearbeitet werden. Ausgewählte Teilaspekte, wie das nonverbale Verhalten von Klient und Berater oder spezifische Interventionen, können gezielt und effektiv analysiert und aufgearbeitet werden. Dass die Beobachter sehr unterschiedlich und selektiv wahrnehmen, wird bei dieser Methode besonders deutlich. Ein weiterer wesentlicher Vorteil ist die Möglichkeit, Gespräche zu einem beliebigen Zeitpunkt zu besprechen. So kann ein besonders geeignetes Gespräch, beispielsweise von einem Trainer oder einem professionellen Berater geführt, in mehreren Veranstaltungen auch als Übungsmaterial dienen.

Auf die Möglichkeit des Einsatzes von Tonbandgeräten wurde bereits an anderer Stelle genauer eingegangen.

Induktionsschleife
Die *Induktionsschleife* ist ein Verfahren, bei dem der Berater ein kleines Hörgerät ins Ohr gesetzt bekommt ('kleiner Mann im Ohr'), über das er vom Trainer Anweisungen und Instruktionen erhalten kann. Der Berater bleibt mit seinem Klienten allein in einem speziell eingerichteten Raum, der durch ein Ein-Weg-Fenster von den Beobachtern getrennt ist. Die Beobachter sitzen also - für Berater und Klient unsichtbar - im Nebenraum und verfolgen das Gespräch per Übertragung. Dieses Verfahren sollte jedoch erst in einem fortgeschrittenen Stadium der Trainingsarbeit durchgeführt werden, weil sonst häufig eher Unsicherheit gestiftet als Sicherheit vermittelt wird.

4. Lern- und Trainingsprogramm: Bausteine

Die Handhabung der Bausteine wurde bereits im vorangegangenen Kapitel erläutert.

Die Gesamtheit der Bausteine lässt sich aufgliedern bzw. in thematische Schwerpunkte unterteilen:

Übersicht der Bausteine
Grundlagen
(1) Zuhören
(2) Pausen ertragen
(3) Inhalt neutral wiedergeben
(4) Gesprächsstörer vermeiden
(5) Direkte Fragen vermeiden
(6) Diskussion vermeiden
(7) Distanz zum Inhalt
(8) Widerspiegeln
(9) Hineinversetzen und Nachvollziehen
(10) Negation konstruktiv umsetzen
(11) Psychische Repräsentanz
(12) Aspekte heraushören
(13) Nonverbale Signale
(14) Angebote formulieren
(15) Empathie versus Konfrontation
Strukturierung
(16) Anliegen klären
(17) Stränge heraushören und benennen
(18) Einen Strang verfolgen
(19) Arbeitshypothesen formulieren
(20) Gespräch in Phasen unterteilen
(21) Einsatz von Methoden
(22) Führen durch Strukturieren
(23) Erkenntnisse herausstellen
Bearbeitung
(24) Widersprüche ansprechen
(25) Erlebnis konkret beschreiben
(26) Erlebnis ins 'Hier und Jetzt'
(27) Entscheidungszwang
(28) Positionsstühle
(29) Inneres Team

(30) Zusammenhänge visualisieren
(31) Informationen geben
(32) Freie Assoziation
(33) Gefühlsgegensätze thematisieren
(34) Doppeln
(35) Staccato
(36) Interpersonale Barriere thematisieren
(37) Intrapersonale Barriere thematisieren
(38) Barriere als Problemindikator
(39) Kognitive Aufarbeitung
(40) Kognitive Umstrukturierung
(41) Zukünftige Lebensgestaltung
(42) Zirkuläres Befragen
(43) Ausnahmen suchen
(44) Wunderfrage
(45) Blick in die Zukunft
(46) Körperbewegungen bewusst verstärken lassen
(47) Körperkontakt aufnehmen
(48) Gefühlsimplosion
(49) Psychodramatische Konkretisierung
(50) Körperempfindungen aufspüren
(51) Innere Bilder erleben

Entspannung
(52) Entspannung I
(53) Entspannung II
(54) Entspannung III

Lösungsexploration
(55) Lösungen aufgreifen
(56) Lösungsmatrix: Lösungen erschließen
(57) Lösungen anbieten
(58) Lösungen aufzeigen
(59) Lösungsbrainstorming
(60) Lösungen konkretisieren
(61) Lösungen übertragen
(62) Lösungen probehandeln
(63) Hausaufgaben
(64) Erlebte Realisation aufarbeiten

Selbstexploration des Beraters
(65) Eigenen emotionalen Bezug artikulieren
(66) Sich schmerzhafte Punkte der eigenen Biographie vergegenwärtigen
(67) Sich selbst überprüfen
(68) Alter Ego

Die dargestellte Reihenfolge ist nicht bindend und kann je nach Bedarf modifiziert werden (siehe auch *Baustein-System*, Kap. 3).

Aus Gründen der Handhabbarkeit für potentielle Anwender werden einige Ziele, inhaltliche Erläuterungen, Aspekte oder Hinweise in mehreren Bausteinen gleichzeitig angeführt.

Grundlagen

Baustein 1: Zuhören

> **Ziele:**
> 1. Dem Klienten ohne Unterbrechung zuhören;
> 2. eigene spontane Reaktionen kontrollieren (zurückhalten);
> 3. Überprüfen der eigenen Aufnahmefähigkeit und Speicherkapazität;
> 4. den Klienten durch 'minimale Ermutigungen' zum Sprechen motivieren;
> 5. die vom Klienten beabsichtigte (Haupt-)Intention erfassen.

Erläuterungen
Wir alle sind von uns überzeugt, zuhören zu können. Wir können es aber nicht! Wir können es zumindest dann nicht, wenn das Zuhören selbst zum aktiven Sprechverhalten gehört, wenn also das Zuhören selbst so wichtig ist wie das Sprechen des Gegenübers.

In alltäglichen Gesprächssituationen werden unmerklich und fortwährend die Rollen zwischen Sprecher und Zuhörer getauscht. Der eine Partner beginnt etwas zu erzählen, der andere hört zu. An irgendeiner Stelle wird vom zuhörenden Partner ein Reizwort als eigenes Stichwort zum Selbsterzählen aufgefangen, und ungeduldig wartet er nun darauf, seinerseits erzählen zu können. Und so geht dieses Pingpong-Gespräch weiter; Fakten und Erlebnisse werden ausgetauscht, Interpretationen werden geliefert und Ratschläge werden erteilt. Beide hören sich gegenseitig kaum noch zu, jeder weiß sofort etwas anderes, meistens von sich selbst, zu berichten. Dieses Gesprächsverhalten dient im alltäglichen Leben der Psychohygiene; es ist gut so und besitzt seinen eigenen kommunikativen Stellenwert. Das Fatale an dieser sich einschleifenden Gesprächshaltung ist nur, dass wir das aktive, personen- und themenzentrierte Zuhören verlernen, ohne dass wir es bemerken. Der Baustein *Zuhören* will diese simple Fertigkeit wieder aktiv schulen.

Für den Berater gilt es zunächst, dem Klienten geduldig und ohne Unterbrechung zuzuhören. Er soll dabei an sich selbst überprüfen, wie aufnahmefähig er ist, d.h. wie viele Informationen er überhaupt speichern kann bzw. ihm andererseits entgehen. Der Berater schult sein Gedächtnis durch konzentriertes Aufnehmen. Er soll darüber hinaus an sich selbst überprüfen, welche Inhalte (Informationen) er relativ schnell speichert bzw. welche Inhalte ihm verloren gehen. Diese Überprüfung mag ein Hinweis auf seinen

Selektionsmechanismus sein: Bestimmte Informationen werden, aufgrund der subjektiven Wahrnehmungsfilter, bevorzugt, andere kaum wahrgenommen! Diesen (unbewussten oder vorbewussten) Selektionsmechanismus kann der Berater für sich selbst überprüfen, denn das, was er vom Klienten als das Wesentliche, das Wichtige oder das Entscheidende heraushört, muss nicht die (Haupt-)Intention des Klienten sein. Die Aufgabe des Beraters muss es sein, die Absicht der momentanen Mitteilung des Klienten zu erfassen. Diese kann beispielsweise sein: 'Ich möchte mal alles loswerden, hören Sie nur mal zu!'; 'Ich erzähle das alles, weil ich Ihren Rat brauche!' oder 'Ich erzähle alles, um von Ihnen eine Bestätigung für meine Ideen zu bekommen!'

Der Berater muss darüber hinaus lernen, sich in seinen spontanen Reaktionen zu kontrollieren. Nicht der Berater steht im Mittelpunkt, nicht seine Sichtweise, seine Antworten und Ansichten, sondern die des Klienten.

Zuhören bedeutet nun andererseits nicht, stumm und regungslos dazusitzen. Die aktive Zuwendung des Beraters dem Klienten gegenüber kann sich durch 'minimale Ermutigungen zum Sprechen' zeigen, wie z.B. kleine Gesten (Kopfnicken oder körperliche Zuwendung durch entsprechende Sitzhaltung), ermunternde Worte ('Mmh' oder 'Ja') oder aber kurze eingeschobene Informationsfragen. Zuhören bedeutet also nicht Stummsein, sondern soll signalisieren: 'Ich höre Ihnen aufmerksam, zugewandt und konzentriert zu. Sie können in aller Ruhe alles das erzählen, was Sie möchten!'

Übungen

(1) Einseitiges Zuhören
Zwei Teilnehmer setzen sich zusammen und übernehmen die Rollen des Klienten und des Beraters. Der Klient hat die Aufgabe, etwas von sich zu erzählen (soviel und solange er mag oder will), die Aufgabe des Beraters besteht allein darin, dem Klienten gegenüber aufmerksam und zugewandt zuzuhören. Ihm wird nur erlaubt, Verständnisfragen zu stellen. Nach Beendigung der Übung werden die Rollen getauscht.

Diese Übung mag sehr unausgewogen und 'langweilig' erscheinen, aber um die in den Erläuterungen angesprochenen Aspekte wahrnehmen zu können, ist es erforderlich, dass der Berater in der Tat lange und 'stumm' zuhört.

(2) Wiederholen I
Zwei Teilnehmer übernehmen wieder die Rollen des Klienten und des Beraters. Nach jeder (oder nach jeder dritten) Klientenäußerung (Beitrag, Statement) wiederholt der Berater den Inhalt des vorher Gesagten. Danach spricht der Klient weiter.

Beispiel: Klientin: „Wie Sie sehen, bin ich schwanger, und ich habe ganz schön Angst, was da so auf mich zukommt. Ob ich das auch alles schaffe mit Kind und Arbeit." Beraterin: „Sie bekommen ein Kind, und Sie sind sich nicht ganz sicher, ob Sie das alles schaffen."

Baustein 2: Pausen ertragen

Ziele:
1. Siehe auch Baustein *Zuhören*;
2. in Sprechpausen des Klienten nicht eingreifen, sondern warten und Stille ertragen können;
3. auch in Pausen dem Klienten Aufmerksamkeit entgegenbringen;
4. mögliche Betroffenheit des Klienten abklingen lassen;
5. die Ursache der Pause erfassen.

Erläuterungen

So simpel es scheint, Pausen ertragen zu können, so schwierig ist diese Fertigkeit zu realisieren. Sie ist so schwierig, wie die Fertigkeit *Zuhören*. Da wir gemeinhin gewohnt sind, ständig und ohne Unterbrechung zu sprechen, wirken ungewollte Pausen während eines Gespräches belastend und peinlich. Vielfach bemüht man sich, die Pausen auf irgendeine Art zu überwinden. Wir haben verlernt, mit Pausen sinnvoll umgehen zu können, wir interpretieren Pausen als Schwäche oder Hilflosigkeit. Auch Lehrende, die schon aus didaktischen Gründen gelernt haben sollten, Pausen bewusst einlegen zu können, stehen nicht eingeplanten Pausen manchmal ratlos gegenüber.

Das *Pausen ertragen* ist eine über den didaktischen Rahmen hinausgreifende, grundlegende kommunikative Basisfertigkeit, die sich jeder pädagogisch-therapeutisch Tätige (wieder) aneignen muss.

Der Berater sollte in Sprechpausen des Klienten nicht sofort hineinreden oder eingreifen, sondern sollte dem Klienten die Gelegenheit zum Nachdenken geben. Die Stille mag für beide zunächst belastend wirken; sie könnte auch vom Klienten als Schwäche oder Hilflosigkeit des Beraters missverstanden werden, aber mit der Zeit wird der Klient diese Pausen schon richtig deuten und auch schätzen lernen. Pausen verschaffen nicht nur Stille und Ruhe, die entspannend wirken können, Pausen ermöglichen Nachdenken, Resümieren, Sammeln, Konzentrieren und 'Luft holen'. Aber Pausen signalisieren auch Spannung, Angst oder 'Ruhe vor dem Sturm'. Pausen sind Hinweise auf geäußerte Inhalte ('Es schmerzt, darüber zu sprechen!'), sind Hinweise auf die momentane Befindlichkeit ('Ihnen gegenüber fällt es mir sehr schwer, darüber weiterzusprechen!') oder sind Hinweise auf die momentane Situation ('In diesem Raum fühle ich mich nicht wohl. Es fällt mir schwer, hier zu sprechen!') (siehe auch Baustein *Psychische Repräsentanz*).

Es ist die Aufgabe des Beraters, zu 'erspüren', welche Bedeutung bzw. welche Ursache die Pause für den Klienten haben kann. Dabei hilft es besonders, die (körperlichen, motorischen) Signale des Klienten zu beachten. Diese signalisieren, in welchem gefühlsmäßigen Zustand sich dieser befindet. Der Klient signalisiert auch über das Aufnehmen von Blickkontakt zum Berater, dass die Pause beendet werden kann. Dabei gibt die Blickrichtung des Klienten in aller Regel Anhaltspunkte für das Ertragen oder Abbrechen einer Pause. Wenn der Blick in den Raum geht (z.B. Fenster, Decke, Fußboden), deutet dieses meist darauf hin, dass der Klient nachdenkt oder das Gesagte nachwirken lässt - hier ist das Ertragen der Pause angezeigt. Wenn der Klient allerdings Blickkontakt zum Berater aufnimmt und nicht durch ihn 'hindurch schaut', besteht hier häufig ein Zusammenhang zur Aufforderung an das Gegenüber, etwas zu sagen - der Berater kann in das Gespräch eingreifen bzw. es weiterführen.

In bestimmten, für den pädagogisch-therapeutischen Prozess entscheidenden Phasen kann es sehr sinnvoll sein, wenn der Berater bewusst lange, mitunter sehr lange, schweigt. Die lange Pause 'zwingt' den Klienten zu arbeiten, sie signalisiert ihm beispielsweise, dass er von selbst aktiv werden muss; sie macht ihm klar, dass er nicht immer auf andere Helfer warten oder hoffen kann; sie bedeutet ihm, dass nur er für sich etwas tun kann.

Ein Klient, dem eine Pause unerträglich wird, äußert dies in den meisten Fällen auch. Diese 'Unerträglichkeit' kann der Berater thematisieren, wenn es für die Bearbeitung des Problems bedeutend ist bzw. zur Klärung der Berater-Klient-Beziehung und der Form des Miteinander-Arbeitens beiträgt.

Pausen ertragen bedeutet nun aber nicht, stumm und regungslos abzuwarten. Der Berater muss dem Klienten gerade in Pausen durch eine zugewandte Sitzposition und einen kontinuierlichen Blickkontakt seine Aufmerksamkeit und Zuwendung besonders deutlich machen, weil ihm verbale Möglichkeiten nicht zur Verfügung stehen. Der Klient muss jederzeit (Blick-)Kontakt zum Berater herstellen können, wenn er diesen benötigt.

Übungen

(1) Pausen ertragen
Zwei Teilnehmer setzen sich zusammen und übernehmen die Rollen des Klienten und des Beraters. Der Klient hat die Aufgabe, etwas von sich zu erzählen (soviel und solange er mag oder will), die Aufgabe des Beraters besteht nur darin, dem Klienten gegenüber aufmerksam und zugewandt zuzuhören. Immer wenn der Klient eine Pause macht, muss der Berater eine 'Zwangspause' von zehn Sekunden machen (in Gedanken bis Zehn zählen). Entweder spricht der Klient in dieser Zeit weiter oder der Berater darf dann Verständnis- oder Informationsfragen stellen.

Nach Beendigung der Übung werden die Rollen getauscht.

Diese Übung mag sehr künstlich und konstruiert wirken, aber das *Pausen ertragen* muss gezielt eingeübt werden.

(2) Auf Blickrichtung achten
Zwei Teilnehmer setzen sich wieder zusammen und übernehmen die Rollen des Klienten und des Beraters. Immer wenn der Klient im Erzählen eine Pause macht, achtet der Berater auf dessen Blickrichtung. Wenn der Klient den Berater anschaut, darf dieser etwas sagen, wenn aber der Blick des Klienten in den Raum geht (z.B. Fenster, Decke, Fußboden), hält der Berater die Pause ein, bis der Klient ihn anguckt oder weiterspricht.
Nach Beendigung der Übung werden wieder die Rollen getauscht.

Baustein 3: Inhalt neutral wiedergeben

Ziele:
1. Das vom Klienten Gesagte aufnehmen und speichern;
2. sich ganz auf den Inhalt des Gesagten konzentrieren - eigene Stellungnahmen, Meinungen und Wertungen zurückhalten;
3. dem Klienten das 'zurücksagen' (wiedergeben), was verstanden wurde;
4. dem Klienten gegenüber den Inhalt des Gesagten zusammenfassen, dabei den Inhalt kurz und präzise fassen;
5. dem Klienten herausgehörte wichtige Aussagen und Schlüsselworte wortwörtlich wiedergeben.

Erläuterungen
Besonders in Eingangssituationen von pädagogisch-therapeutischen Gesprächen wird vom Klienten sehr viel erzählt und beschrieben. Die Erzählung, die Schilderung, die Beschreibung oder der Bericht des Klienten ist dabei nicht immer sehr logisch aufgebaut; viele Ereignisse oder Erlebnisse werden miteinander verwoben. Oft will der Klient nur alles einmal loswerden. Die Artikulation seiner Anliegen und Probleme ist für ihn eine Art Befreiung. In solchen Gesprächssituationen muss sich der Berater sehr stark auf den Inhalt konzentrieren, um die vielen Informationen zu speichern. In geeigneten Momenten soll der Berater nun dem Klienten das Gesagte kurz und präzise wiedergeben, um festzustellen, ob er alles richtig verstanden hat. Die Wiedergabe des Inhalts erfolgt ohne Wertung durch den Berater, sie konzentriert sich nur auf das Gesagte. Es ist dabei in vielen Fällen hilfreich, die Worte des Klienten selbst zu benutzen. Der Klient erhält durch das *Inhalt neutral wiedergeben* das Gefühl, er wird mit seinem Gesagten vom Berater angenommen, er kann das vom Berater Wiederholte überprüfen (ob er es so gesagt oder gemeint hat), er kann Modifikationen oder Ergänzungen vornehmen bzw. bestimmte Passagen präzisieren.

Ein Beispiel für das (zusammenfassende) *Inhalt neutral wiedergeben* soll als Formulierungshilfe dienen. Nachdem ein Klient, Erzieher in einer Kindertagesstätte, zunächst erzählt hat, sagt der Berater: „Sie haben bisher berichtet, dass Sie noch ganz am Anfang Ihrer Berufstätigkeit stehen und gerade in den ersten Wochen Ihrer neuen Stelle mit sehr vielen Schwierigkeiten konfrontiert worden sind. Zunächst fällt es Ihnen schwer, ihren Tages- und Arbeitsablauf zu finden, weil Ihnen noch so viele Informationen fehlen. Dann ist es mit Ihren Kollegen schwierig, weil sie nicht genügend Rücksicht auf Ihre Situation nehmen und sie mit Aufgaben zudecken, mit denen Sie sich noch nicht auskennen. Und dazu haben Sie das Gefühl, dass eines der Kinder aus Ihrer Gruppe Sie immer provozieren will. Wenn man alles zusammen nimmt, wächst Ihnen das im Moment über den Kopf."

Nach längeren Ausführungen des Klienten kann der Berater dem Klienten gegenüber eine wiederholende Zusammenfassung des Gesagten auch 'zwischendurch' anbieten. Diese Zusammenfassung dient der Überprüfung, bevor der Klient weiterspricht. Der Berater vergewissert sich, ob er - aus der Sicht des Klienten - bis dahin alles Wesentliche mitbekommen und auch verstanden hat; der Klient kann seinerseits seinen eigenen Gedankengang noch einmal nachvollziehen, und möglicherweise fallen ihm dabei noch andere Zusammenhänge und ergänzende wichtige Fakten ein. Beim Nachfragen soll sich der Berater auf 'neutrale' Verständnis- oder Informationsfragen beschränken und dabei eigene Stellungnahmen und Wertungen zurückhalten.

Im weiteren Verlauf der Gespräche ist es an geeigneten Stellen sinnvoll, dass der Berater die Worte des Klienten zitierend wiederholt, um damit dessen Aufmerksamkeit auf das Gesagte zu lenken. Das *Inhalt neutral wiedergeben* bezieht sich in diesen Fällen besonders auf zentrale Aussagen zum Problem, sich häufig wiederholende Schlüsselworte, Erkenntnisse im Verlauf der Bearbeitung und spontan geäußerte, mögliche Lösungen. Eine gezielte Thematisierung dieser Äußerungen des Klienten erschließt die meist unausgesprochenen, 'dahinterliegenden' Bedeutungen und Perspektiven.

Beispiele für das (zitierende) *Inhalt neutral wiedergeben* sollen auch hier als Formulierungshilfe dienen. Der Berater wiederholt an verschiedenen Stellen im Gespräch die Worte des Klienten (Erzieher in einer Kindertagesstätte): Klient: „Manchmal denke ich, ich werde bewusst klein gehalten." Berater: „Sie werden bewusst klein gehalten.";

Klient: „Wenn ich genau darüber nachdenke, verhalten sich meine Kolleginnen meistens fair, die Leitung macht mir Druck." Berater: „Die anderen Mitarbeiterinnen verhalten sich fair, alleine die Leitung macht Ihnen Druck.";

Klient: „Wenn ich mir so die Aufgaben betrachte, die ich im Laufe eines Tages bekomme, muss ich wohl bei bestimmten Aufgaben einfach mal 'Nein' sagen." Berater: „Sie müssen bei bestimmten Aufgaben einfach mal nein sagen."

Siehe Bausteine *Widerspiegeln, Erkenntnisse herausstellen* und *Lösungen formulieren*.

Übungen

(1) Wiederholen II
Bei dieser Übung wird nur das vom Klienten Geäußerte in wenig veränderten Worten wiederholt. Der Klient stimmt dann entweder zu und erzählt weiter oder berichtet oder präzisiert das Wiederholte (siehe auch Übung 'Wiederholen I'/Baustein *Zuhören*).

Beispiel: Klient: „Ich möchte gerne etwas vom letzten Wochenende bei uns zu Hause erzählen. Da war nämlich der Teufel los, als ich mit meinem Freund ankam." Berater: „Sie sind letztes Wochenende mit Ihrem Freund bei sich zu Hause gewesen, und da war der Teufel los." Die übenden Teilnehmer können dieses Beispiel fortsetzen.

(2) Wiederholen und Hinzufügen
Bei dieser Übung geht es darum, dem Wiederholten durch den Berater noch etwas mit der Absicht hinzuzufügen, den Klienten durch diesen Zusatz zu öffnen.

Beispiel: Klientin: „Wie Sie sehen, bin ich schwanger, und ich habe ganz schön Angst, was da so auf mich zukommt. Ob ich das alles schaffe mit Kind und Arbeit." Beraterin: „Sie bekommen ein Kind und sind sich nicht ganz sicher, ob Sie die Belastung mit Kind und Arbeit schaffen. Sie können sich noch gar nicht freuen." Klientin: „Ja, ich kann mich noch gar nicht freuen; ich weiß gar nicht, was mit mir so passiert." Beraterin: „Sie wissen noch gar nicht, was mit Ihnen passiert. Beruflich ist noch alles offen bei Ihnen." Die übenden Teilnehmer können auch dieses Beispiel fortsetzen.

(3) Zentrale Aussagen wiederholen
Bei dieser Übung geht es darum, aus dem vom Klienten Gesagte die zentralen Aussagen herauszuhören und sie wortwörtlich bzw. zitierend wiederzugeben.

Beispiel: Klient: „Mit meinem Arbeitskollegen ist es richtig schwierig. Wenn wir zusammen arbeiten, kommandiert er mich immer 'rum, obwohl ich genau so gut bin, wie er. Und ich lasse das auch immer mit mir machen." Beraterin: „Sie lassen das auch immer mit sich machen." Klient: „Ja, ich weiß auch gar nicht genau, warum ich nicht einfach sage, hör' endlich auf, mich 'rumzukommandieren."

Die übrigen Teilnehmer geben im Anschluss Rückmeldung, welches, aus ihrer Sicht, die zentralen Aussagen waren.

(4) Inhalt neutral wiedergeben
Siehe Übungsbogen 'Mögliche Reaktionen des Beraters' (Arbeits- und Trainingsbögen, Kap. 5).

Baustein 4: Gesprächsstörer vermeiden

Ziele:
1. Gesprächsstörer im eigenen Verhalten wahrnehmen:
   a. Direkte Fragen stellen/Ausfragen
   b. Bewerten/Stellungnahmen abgeben
   c. Ursachen aufzeigen/Diskutieren
   d. Ratschläge geben/Lösungen anbieten
   e. Von sich reden
   f. Herunterspielen/Nicht-ernst-Nehmen;
2. die Bedeutung der Gesprächsstörer für den Gesprächsverlauf erkennen und einschätzen;
3. eigenes, für den Gesprächsverlauf als hinderlich oder störend eingeschätztes Gesprächsverhalten und besonders voreilige und 'ungefragte bzw. unaufgeforderte' Gesprächsstörer vermeiden;
4. eigenes Gesprächsverhalten kontrollieren und gegebenenfalls verändern.

Erläuterungen

In Situationen, in denen ein Klient konkrete Hilfe und Unterstützung während der Bearbeitung seiner Probleme erwartet, fällt es uns in der Regel nicht leicht, angemessen und hilfreich zu reagieren. Zusätzlich kommt bei der Auseinandersetzung mit dem eigenen Beraterverhalten erschwerend hinzu, dass es für dieses Verhalten in den oben genannten Situationen kein 'richtig' oder 'falsch', sondern höchstens ein 'angemessen' oder 'unangemessen' gibt.

Allerdings lassen sich für die pädagogisch-therapeutische Gesprächssituation aus den alltäglichen Erfahrungen in der Arbeit mit verschiedenen Klienten und deren individuellen Problemen Verhaltensweisen aufzeigen, die für den Gesprächsverlauf in den meisten Fällen ungünstig sind. Diese Gesprächsstörer haben die Tendenz, weiterführende Gespräche zwischen Berater und Klient zu behindern oder gar zu blockieren und den therapeutischen Prozess teilweise oder völlig zu unterbinden. Dieses 'störende' Verhalten des Beraters führt in der Regel beim jeweiligen Klienten zu dem Gefühl, dass nicht auf ihn eingegangen wird, so dass er sich nicht angenommen und verstanden fühlt. Außerdem wird im Gespräch häufig eine Richtung eingeschlagen, die nicht mehr durch die Bedürfnisse und Interessen des Klienten bestimmt ist (vgl. Weisbach u.a. 1979, 37 ff.; Gordon 1989, 51 ff.).

Auf die beiden Gesprächsstörer *Direkte Fragen stellen* und *Diskutieren* wird im Rahmen der nächsten Bausteine noch einmal gesondert eingegangen, da sie für das Training des zu erlernenden Gesprächsverhaltens besondere Beachtung verdienen.

Aufgrund der beschriebenen Tendenzen hat der Berater während der Gespräche die Aufgabe, sein eigenes Gesprächsverhalten bewusst wahrzunehmen und auf die Reaktionen des Klienten zu achten. Dabei ist es wichtig, eigene Gesprächsstörer zu erkennen bzw. einzuschätzen, welche Bedeutung sie für den Gesprächsverlauf in der betreffenden Situation und für die subjektive Befindlichkeit des jeweiligen Klienten haben, und diese gegebenenfalls zu vermeiden.

Ob der Klient sich in der konkreten Situation durch bestimmte Äußerungen des Beraters aber wirklich gestört fühlt - und diese dadurch zum Gesprächsstörer werden - kann nur er selbst entscheiden. Dennoch soll im Folgenden der Versuch unternommen werden, Verhaltensweisen aufzuzeigen und zu beschreiben, die in Beratungsgesprächen eher hinderlich und ungünstig sind. In der trainingspraktischen Arbeit hat sich diese Auflistung als geeigneter Leitfaden für die Auseinandersetzung mit den eigenen Defiziten und das Üben eines angemesseneren Gesprächsverhaltens erwiesen. Die typischen Gesprächsstörer sind:

(a) Direkte Fragen stellen/Ausfragen
Der institutionelle Rahmen für die Arbeit im pädagogisch-therapeutischen Arbeitsfeld ist häufig mit einer diagnostischen oder beurteilenden Tätigkeit verbunden (z.B. als Sozialpädagoge, Lehrkraft). Dabei beschränken sich die Betreffenden in vielen Fällen allein auf das Erfragen von Informationen anhand bestimmter Kriterien. Beratung wird als ein Erfragen der vorhandenen persönlichen Situation und der Rahmenbedingungen des Klienten mit abschließendem 'professionellen' Ratschlag verstanden.

Grundsätzlich besteht bei einem ausfragenden Gesprächsverhalten die Gefahr, dass der Berater vorrangig seiner Neugier und seinem Interesse folgt und damit das Gespräch in eine für ihn wichtige Richtung lenkt. Direkte Fragen beinhalten in der Regel Vorannahmen über mögliche Antworten des Klienten. Dieser wird in seinen Möglichkeiten, sich seinem Problem entsprechend zu äußern, eingeschränkt, fühlt sich unter Umständen missverstanden und in seinen Bedürfnissen übergangen.

Beispiel zur Verdeutlichung des Gesprächsstörers: Klient: „Immer, wenn mir Prüfungen bevorstehen, dann kann ich schon zwei Wochen vorher nicht mehr richtig schlafen und fühl' mich den ganzen Tag nur schlapp und kann mich dann noch schlechter auf die Prüfung vorbereiten." Berater *(ausfragend):* „Was ist denn das für eine Prüfung? Ist das Gefühl wirklich genauso wie immer? Wann können Sie die Prüfung wiederholen, wenn Sie durchfallen?"

Siehe auch Baustein *Direkte Fragen vermeiden*.

(b) Bewerten/Stellungnahmen abgeben
Häufig verspürt der Berater den Druck, zu dem vom Klienten Gesagten eine Meinung, Stellungnahme oder Wertung abzugeben. Dies ist meistens eine nicht an den Bedürfnissen des Klienten orientierte Reaktion, da sie von seinem eigentlichen Problem ablenkt und die Gedanken des Beraters in den

ordergrund rückt. Der Klient gerät unter Rechtfertigungszwang und sieht sich einem ihn kritisierenden und überlegenen Berater gegenüber. Das Gespräch gerät in die Gefahr, in eine ungewollte Diskussion abzugleiten.

Beispiel zur Verdeutlichung des Gesprächsstörers: Klient: „Immer, wenn mir Prüfungen bevorstehen, dann kann ich schon zwei Wochen vorher nicht mehr richtig schlafen und fühl' mich den ganzen Tag nur schlapp und kann mich dann noch schlechter auf die Prüfung vorbereiten." Berater *(bewertend)*: „Das find' ich ganz schön schlimm, dass Ihnen das immer so geht. Aber das ist sicherlich nicht immer ganz genau gleich. Das müssen wir behandeln!"

(c) Ursachen aufzeigen/Diskutieren
Wenn der Berater für sich in Anspruch nimmt, dem Klienten aufgrund seines Wissens und seiner Erfahrungen vermeintliche Ursachen für dessen Probleme aufzeigen zu können, fühlt sich dieser häufig durchleuchtet, analysiert und 'in eine Schublade gesteckt'. Dies gibt ihm neben seiner als Belastung empfundenen Situation zusätzlich das Gefühl, ohne die 'professionelle' Unterstützung des Beraters hilflos und als Person mit den eigenen Möglichkeiten wertlos zu sein. Die Gespräche verlieren sich infolge dieses analysierenden Verhaltens des Beraters oft in langen, rationalisierenden Diskussionen über die Gültigkeit der aufgezeigten Ursachen für die persönliche Situation des Klienten, die vom eigentlichen Problem und den damit verbundenen Gefühlen wegführen können.

Beispiel zur Verdeutlichung des Gesprächsstörers: Klient: „Immer, wenn mir Prüfungen bevorstehen, dann kann ich schon zwei Wochen vorher nicht mehr richtig schlafen und fühl' mich den ganzen Tag nur schlapp und kann mich dann noch schlechter auf die Prüfung vorbereiten." Berater *(Ursachen aufzeigend und diskutierend)*: „Das ist ein physiologisch normaler Vorgang. Das vegetative Nervensystem reagiert sehr sensibel. Man sollte dem nicht zuviel Aufmerksamkeit widmen, dann wird es noch schlimmer."

Siehe auch Baustein *Diskussion vermeiden*.

(d) Ratschläge geben/Lösungen anbieten
In Situationen, in denen der Berater mit dem direkt oder indirekt formulierten Wunsch des Klienten nach Hilfe, Ratschlägen oder Lösungsmöglichkeiten konfrontiert wird, erscheint es auf den ersten Blick oft sinnvoll, diesem Wunsch schnell nachzukommen. Es kommt aber beim Klienten genauso oft zu dem Gefühl, dass die genannten Ratschläge nicht 'passen'. Der Berater gerät so ungewollt in einen Teufelskreis, in dem er immer neue Ratschläge anbieten muss. Der Klient wartet jeweils auf den nächsten (un)passenden Lösungsvorschlag und geht am Ende häufig mit dem Gefühl nach Hause, dass es keine Patentrezepte für seine Probleme gibt und die 'professionellen' Ratschläge genauso pauschal und für seine persönliche Situation unbrauchbar sind wie die der vorher befragten Freunde und Bekannten.

Voreilige und besonders 'ungefragte' Ratschläge und Lösungsvorschläge erweisen sich in der Regel bestenfalls als kurzfristig beruhigend, erzeugen aber langfristig häufig den unbefriedigenden Eindruck, dass der Berater sich nicht näher mit den Problemen des Klienten beschäftigen will. Diesem wird dadurch die Möglichkeit genommen, sich intensiver mit seinen Schwierigkeiten auseinander zu setzen oder gar eigene Lösungen zu entwickeln. Andererseits kann beim Berater in diesen Situationen das Gefühl der Verantwortlichkeit für die Person, Situation und/oder das Problem des Klienten entstehen. Indem er dessen Selbstverantwortlichkeit kaum zulässt, entsteht beim Klienten der Eindruck, dass der Berater sich in seine Angelegenheiten einmischt und ihn nicht allein entscheiden lässt.

Beispiel zur Verdeutlichung des Gesprächsstörers: Klient: „Immer, wenn mir Prüfungen bevorstehen, dann kann ich schon zwei Wochen vorher nicht mehr richtig schlafen und fühl' mich den ganzen Tag nur schlapp und kann mich dann noch schlechter auf die Prüfung vorbereiten." Berater *(Ratschläge gebend):* „Autogenes Training ist in Ihrer Situation genau das Richtige. Sie müssen mal richtig entspannen, dann schlafen Sie auch ein."

(e) Von sich reden
Indem der Berater nicht zuhört und nicht bei den Äußerungen des Klienten bleibt, sondern lediglich darauf wartet, selbst im Gespräch zu Wort zu kommen und seine eigenen Erfahrungen, Meinungen und Ansichten mitzuteilen, fühlt sich der Klient in seiner Person unberücksichtigt, übergangen und unwichtig. In diesen Fällen kann der Berater oft seinen eigenen Bezug zum angesprochenen Problem und seine eigene Betroffenheit nicht zurückstellen und verspürt den Zwang, sich selbst darzustellen.

Beispiel zur Verdeutlichung des Gesprächsstörers: Klient: „Immer, wenn mir Prüfungen bevorstehen, dann kann ich schon zwei Wochen vorher nicht mehr richtig schlafen und fühl' mich den ganzen Tag nur schlapp und kann mich dann noch schlechter auf die Prüfung vorbereiten." Berater *(von sich redend):* „Das kann ich gut verstehen. Mir ging es damals genauso. Sie müssen wissen, dass ich unter Prüfungsangst ganz fürchterlich gelitten habe, aber ich habe damals eine geniale Idee gehabt."

Siehe auch Baustein *Distanz zum Inhalt*.

(f) Herunterspielen/Nicht-Ernst-Nehmen
Dieser Gesprächsstörer tritt in beraterischen Situationen, auf den ersten Blick gesehen, nur selten auf. Er soll an dieser Stelle aber ebenfalls genannt werden, weil er im Gespräch in vielen kleinen Äußerungen des Beraters versteckt sein kann, vom Klienten in der Regel jedoch gefühlsmäßig schnell als Störung wahrgenommen wird. Dieser verspürt bei Äußerungen wie 'Dieses schmerzliche Gefühl, das Sie gerade empfinden, ist ganz normal und geht in der Regel schnell vorbei!', 'Das geht vielen so, das nächste Mal wird's schon klappen!' oder 'Nun beruhigen Sie sich doch erst einmal wie-

der und erzählen Sie dann, was wirklich vorgefallen ist!' häufig das Gefühl, nicht verstanden und ernst genommen zu werden, weil seine Probleme vom Berater indirekt heruntergespielt und klein gemacht werden. Dabei verbirgt sich hinter diesen Äußerungen häufig nur der Versuch, den Klienten zu trösten und ihn emotional zu entlasten. Das Gespräch wird aber damit in vielen Fällen vorzeitig beendet, weil es dem Klienten schwer fällt, weiterzureden und seine Gefühle in das Gespräch einzubringen, denn bei ihm entsteht der Eindruck, dass das vorhandene Problem sachlich und kurz besprochen (abgehandelt) werden soll.

Beispiel zur Verdeutlichung des Gesprächsstörers: Klient: „Immer, wenn mir Prüfungen bevorstehen, dann kann ich schon zwei Wochen vorher nicht mehr richtig schlafen und fühl' mich den ganzen Tag nur schlapp und kann mich dann noch schlechter auf die Prüfung vorbereiten." Berater *(herunterspielend):* „Das ist ganz normal vor Prüfungen. Da brauchen Sie sich keine Sorgen zu machen. Und wenn Sie wieder nicht schlafen können, gehen Sie einfach mal 'raus an die frische Luft."

Siehe auch Baustein *Hineinversetzen und Nachvollziehen*.

Eine Anmerkung zur Einordnung dieses Bausteins in die Gesamtkonzeption ist an dieser Stelle von besonderer Wichtigkeit: Einerseits wird durch die vielen Querverweise zu anderen Bausteinen deutlich, welche zentrale Bedeutung dem Baustein *Gesprächsstörer vermeiden* für das beraterische und pädagogisch-therapeutische Gesprächsverhalten zukommt. Die im Theorieteil skizzierten Ausgangspunkte und Grundüberlegungen des zugrunde liegenden Menschenbildes finden besonders Berücksichtigung, wenn die beschriebenen Gesprächsstörer vermieden werden.

Andererseits werden in der Folge mehrere Bausteine vorgestellt, die an dieser Stelle noch als Gesprächsstörer gelten, unter bestimmten Voraussetzungen aber gerade im weiteren Verlauf von Beratungsprozessen - gezielt eingesetzt - Sinn machen. Dem Berater obliegt es dann in der Praxis, wann er sich auf das grundlegende Gesprächsverhalten besinnt oder wann er weiterführende Interventionsmöglichkeiten nutzt.

Abschließend sollen konstruktive Berateräußerungen für das durchgängig verwendete Beispiel genannt werden: Klient: „Immer, wenn mir Prüfungen bevorstehen, dann kann ich schon zwei Wochen vorher nicht mehr richtig schlafen und fühl' mich den ganzen Tag nur schlapp und kann mich dann noch schlechter auf die Prüfung vorbereiten." Berater: „Da läuft bei Ihnen immer wieder das gleiche ab, wenn eine Prüfung ansteht." oder „Die körperlichen Beeinträchtigungen hindern Sie wiederum bei den Vorbereitungen - das ist wie ein Teufelskreis."

Übungen

(1) Gespräch stören
Die Übung wird in Paaren durchgeführt. Zunächst erzählt der Klient von einer Begebenheit aus den letzten Tagen und der Berater versucht, alle Gesprächsstörer einzusetzen, die ihm einfallen. Danach wechseln beide die Rollen. Nachdem die 'Störgespräche' reflektiert wurden, beginnen beide Gespräche noch einmal und der Berater versucht nun, Gesprächsstörer zu vermeiden.

(2) Fragen umformulieren
Siehe Übungsbogen 'Direkte Fragen vermeiden' (Arbeits- und Trainingsbögen, Kap. 5).

Baustein 5: Direkte Fragen vermeiden

Ziele:
1. Siehe auch Baustein *Gesprächsstörer vermeiden*;
2. dem Klienten (möglichst) keine direkten Fragen stellen;
3. Fragen als Informations- oder Verständnisfragen stellen;
4. Fragen als Setzungen, als Aussagen oder als Vermutungen umformulieren.

Erläuterungen
Obwohl wir ständig Fragen stellen, ist das richtige und angemessene 'Fragen stellen' eine Kunst. Und sicher signalisieren Fragen das Interesse gegenüber dem Anderen, denn wer gefragt wird, wird ernst genommen. Solange solche Fragen keinen inquisitorischen Charakter annehmen, ist dagegen auch nichts einzuwenden. Ebenso ist auch der Einsatz von 'didaktischen Fragen' während eines Unterrichtsgesprächs vertretbar.

Hier geht es aber um andere Fragen. Für das pädagogisch-therapeutische Gespräch gilt die Leitlinie: Der Klient möchte nicht ausgefragt werden! Wie im Baustein *Gesprächsstörer vermeiden* bereits erläutert, geht es um das Vermeiden von Fragen, die der Klient in der Regel gar nicht beantworten kann - um derentwillen er zu diesem Gespräch gekommen ist, etwa:

– 'Wie erklären Sie sich die schlechte Beziehung?'
– 'Was glauben Sie, woran das liegt?'
– 'Warum hatten Sie denn damals Angst?'
– 'Warum haben Sie das gemacht?'
– 'Woran liegt es, dass es nicht klappt?'

Diese oder ähnliche Fragen bringen den Klienten in eine fatale Situation. Zum einen sind sie widersinnig, wenn er sie nämlich zu beantworten wüsste, würde er nicht professionelle Hilfe in Anspruch nehmen. Mit Hilfe des Beraters möchte er sich gerade über diese Fragen Klarheit verschaffen. Zum anderen suggeriert diese Art von Fragen, es gäbe nur einen Grund, nur ein Motiv oder nur eine Ursache, und wenn man diese Gründe, Motive oder Ursachen fände, wäre das Problem gelöst. Wir wissen, dass das so nicht stimmt. Viele Klienten sind zwar dieser Meinung, weil sie sich durch das Finden des Grundes eine schnelle Lösung erhoffen, aber im Laufe der Zeit werden sie die Vernetzung und Verzahnung der vielfältigsten Faktoren erkennen. Im Beratungsgespräch muss es dazu kommen, dass der Klient von sich aus - mit Hilfe und Unterstützung des Beraters - erzählt.

Nun heißt das nicht, der Berater dürfe überhaupt keine Fragen stellen. Fragen, die zum Verstehen einer Situation ('Sie waren damals noch allein?') oder zur Einordnung des Gesagten in einen Zusammenhang ('Das war noch vor Ihrer Scheidung?') dienen, können selbstverständlich gestellt werden. Fragen, die der sachlichen Klärung dienen, können sogar sehr nützlich sein.

Demgegenüber vermitteln W-Fragen (Warum? Weshalb? Wieso?) oft den Eindruck, alles (oder doch das meiste) sei über Kausalketten zu erklären und zwar nach dem Muster: Wenn A auftritt, dann folgt unweigerlich B. Man unterstellt hierbei vielfach die lineare Annahme, dass ein bestimmtes Ereignis im Leben eines Menschen konsequenterweise zu einem bestimmten problembehafteten Verhalten führen muss. Käme man diesem Ereignis auf die Spur und könnte man eine Erklärung dafür anbieten, dann würde sich auch das erworbene Verhalten ändern.

Mit dieser Art der Fragestellung bzw. Fragehaltung eng verknüpft ist das Indikationsproblem. Mit einer Indikation meint man eine Maßnahme, die geeignet erscheint, einen Sachverhalt (z.B. eine Krankheit, ein Problem, einen Konflikt) angemessen zu verändern. Bevor jedoch eine Indikationsstellung erfolgt, muss erst eine Diagnose vorliegen. Diese wiederum ist stark abhängig von der Art der fragenden Haltung bzw. Einstellung des Beraters. Der Hinweis auf die Indikationsproblematik soll darauf aufmerksam machen, dass die Art der Fragestellung und Fragehaltung des Beraters entscheidenden Einfluss auf die pädagogisch-therapeutischen Interventionen hat. Eine zu enge Fragestellung kann in die Irre führen. Der Klient kann unter Umständen in eine Richtung gedrängt werden, die der Problematik nicht gerecht wird.

Es wird hier nicht grundsätzlich gegen mögliche Kausalzusammenhänge Stellung bezogen, sondern nur gegen ihre Simplifizierung und gegen den überzogenen Glauben an ein Kausalerklärungsmuster. Für unseren Zusammenhang sind diese Überlegungen deshalb wichtig, weil direkte Fragen sehr häufig den Blick für mögliche Verzweigungen verstellen können, oft nicht weiterhelfen, sondern eher das Gegenteil bewirken!

Als Berater kommt man ohne Fragen nicht aus. Das Problem stellt sich nun, wie trotzdem Frage-Impulse eingebracht werden können, ohne dass der Klient sich ausgefragt fühlt. Viele Fragen lassen sich als Setzung, Vermutung oder als Aussage umformulieren. Nun mag man sich aus 'grammatikalischer' Sicht streiten, ob das nicht verkappte Fragen sind. Entscheidend ist jedoch nicht die Form, sondern die Intention des Senders, die dem Empfänger mittels Sprachmelodie und anderen sprachlichen Begleitreizen vermittelt wird. Ein Schüler wird den Satz des Lehrers: „Kannst Du mal die Tafel wischen?" immer eher als Aufforderung denn als Frage verstehen. Übertragen auf die beraterische Situation bedeutet dies, dass der Klient die Aussage: „Sie können sich an viele Einzelheiten von damals erinnern (?)" viel mehr als Aufforderung, mehr und genauer zu erzählen, versteht, als die enge, direkte Frage: „Wie steht es bei Ihnen mit der Erinnerung an Einzelheiten von damals?"

Darüber hinaus vermittelt der Berater dem Klienten durch das Formulieren in Setzungen vielmehr das Gefühl, verstanden zu werden, denn Verstehen heißt, sich in den Klienten hineinzuversetzen und auf die Fragen, die der Berater im Kopf hat, selbst zu antworten, statt den Klienten auszufragen (vgl. Bodenheimer 1986, 36).

Direkte Fragen zwingen hingegen immer zum (Nach-)Denken, sie sprechen demnach in erster Linie den Verstand, den Intellekt (die Kognition) an. Direkte Fragen erzwingen darüber hinaus oft nur ein 'Ja' oder ein 'Nein', sie suggerieren ein 'Richtig' oder ein 'Falsch'. Der Klient wird infolge darum bemüht sein, eine 'richtige', eine 'gute' oder eine 'zufriedenstellende' Antwort zu geben, manchmal nur deshalb, um beim Berater 'gut anzukommen' und dessen Sympathie zu gewinnen. Diese Antworten helfen jedoch nur in den seltensten Fällen weiter, denn die meisten Probleme sind im emotionalen Bereich angesiedelt. Das Nachdenken über bestimmte Fragen führt von den Emotionen weg und verleitet zur Diskussion oder zu einem 'Sprechen über die Problematik'.

Der Baustein *Direkte Fragen vermeiden* will nicht die Fragen des Beraters vernachlässigen oder gar verbieten, er will aber die Fragehaltung und in spezifischen Situationen die Fragestellungen bewusster machen. In der Folge werden auch Bausteine vorgestellt, die auf einer bestimmten Fragetechnik basieren. Nach dem Einsatz dieser dort beschriebenen Interventionstechniken ist es anschließend in der Regel sinnvoll, wieder in ein Fragen vermeidendes Gesprächsverhalten zurück zu kehren (siehe z.B. die Bausteine *Kognitive Aufarbeitung* und *Zirkuläres Befragen*).

Übungen

(1) Fragen umformulieren
In dieser Übung geht es darum, direkte Fragen in Setzungen, Vermutungen oder in Aussagen umzuformulieren. Eine reale, pädagogisch-therapeutische Situation ist für die Übung nicht erforderlich; das Üben kann an einzelnen, fiktiven Fragen vollzogen werden.

Den Teilnehmern wird eine Frage vorgegeben, z.B.: 'Warum haben Sie die Beziehung aufgegeben?'

Sie sollen anschließend mögliche Setzungen, Vermutungen oder Aussagen überlegen, die die Frage umformulieren. Dabei gelten folgende Anweisungen für das Umformulieren:

a. Die Teilnehmer stellen sich die Frage in Gedanken selbst: 'Warum hat der Klient (vermutlich) die Beziehung aufgegeben?'

b. Anschließend formulieren sie die vermutete Antwort als Setzung in Aussageform, z.B.: 'Sie hatten einen handfesten Grund, die Beziehung aufzulösen!' oder 'Sie fühlten sich in der Beziehung überfordert!' oder 'Sie konnten es in der Beziehung nicht mehr aushalten!' oder 'Sie fühlten sich in der Beziehung Ihrem Partner gegenüber unterlegen!'

Dieses Vorgehen schützt den übenden Berater vor vorschnellen Fragen, da dieser dem Klienten zunächst erst einmal zuhören muss, um überhaupt Vermutungen formulieren zu können.

(2) Direkte Fragen umformulieren
Siehe Übungsbogen 'Direkte Fragen vermeiden' (Arbeits- und Trainingsbögen, Kap. 5).

Baustein 6: Diskussion vermeiden

Ziele:
1. Siehe auch Baustein *Gesprächsstörer vermeiden*;
2. mit dem Klienten über seine Anliegen, Probleme, Konflikte und Schwierigkeiten nicht diskutieren;
3. keine eigenen Bewertungen oder Standpunkte einbringen;
4. eigene Bewertungen oder Standpunkte als Setzungen, als Aussagen oder als Vermutungen umformulieren;
5. als Berater darauf achten, wann das Gespräch nicht mehr weiterführend ist und sich im Kreis zu drehen beginnt;
6. die Diskussionsangebote des Klienten und ihre Bedeutung gegebenenfalls als solche selbst thematisieren und klären.

Erläuterungen
Jeder, der ein Problem oder eine Schwierigkeit hat, möchte mit einer vertrauten Person darüber sprechen; er möchte - wenn möglich - Ratschläge für sein Problem oder eine nachträgliche Bestätigung für eine schon vollzogene Entscheidung oder Handlung bekommen. Er hat den Wunsch, sich mit der vertrauten Person darüber auszusprechen bzw. über das Problem zu diskutieren. Gegen dieses Bedürfnis ist in alltäglichen Situationen prinzipiell nichts einzuwenden.

In pädagogisch-therapeutischen Zusammenhängen erhalten diese alltäglichen 'Prozeduren' jedoch einen anderen Stellenwert. Wenn wir davon ausgehen, dass die zu besprechende Problematik gravierender ist als die alltägliche, dann helfen Diskussionen wenig. Eine Diskussion setzt voraus, dass beide Partner über die gleiche (psychische) Ausgangssituation verfügen. Dies ist in der Beratungssituation nicht der Fall. Ihre (psychischen) Ausgangssituationen sind sehr unterschiedlich. Damit wird nicht gesagt, dass der Klient unqualifiziert oder inkompetent ist, aber er begibt sich in die Beratungssituation, weil er für eine spezifische Problematik einen Experten benötigt.

In Diskussionen werden Meinungen und Standpunkte ausgetauscht, es werden die jeweiligen Sichtweisen und Bewertungen deutlich, und der eine versucht, den anderen zu überzeugen. In Diskussionen wird häufig gekämpft, und zwar nach dem Prinzip: Die besseren Argumente sollen siegen! Gefühle haben keinen Platz, es soll sachlich und nüchtern zugehen. Schließlich schleichen sich häufig Ratschläge für den Partner ein, um diesen zu überzeugen.

Genau dies ist nicht die Aufgabe des Beraters. Er soll seine Meinung, seine Bewertung oder seine Einschätzung nicht offen legen. Die Angebote, die er dem Klienten unterbreitet, dienen als Hilfe für eine neue Sichtweise des Problems; die Angebote des Beraters sollen keine Diskussionsbeiträge sein.

Der Berater muss als wichtiges Handwerkszeug lernen, sich nicht auf Diskussionen einzulassen - sich innerlich distanzieren und äußerlich heraushalten zu können. Er muss darüber hinaus verstehen, dass Diskussionen 'auf der kognitiven Ebene' ablaufen und dass diese Ebene sehr häufig nicht das Problematische des Klienten trifft. Versucht ein Klient mit dem Berater über sein Problem zu diskutieren, dann sollte der Berater das Diskussionsangebot thematisieren, d.h. ihn fragen, ob er sich über eine Diskussion eine Lösung verspricht bzw. welchen Stellenwert die Diskussion bei bisherigen Lösungsversuchen hatte. Da die Klienten in den meisten Fällen keine Vorstellung von einem pädagogisch-therapeutischen Prozess haben, können sie auch nicht wissen, dass Diskussionen kaum hilfreich sind. Der Berater muss hier sehr einfühlsam vorgehen, um den Klienten nicht abzublocken. Es kommt hinzu, dass aus dessen Sicht Diskussionen bisher immer ein probates Mittel gewesen sind, um anstehende Probleme 'wegzuschieben', und dass diese Methode kurzfristig hilfreich war. Der Klient muss also mit Unterstützung des Beraters begreifen, dass eine Diskussion nur in Ausnahmefällen emotionale Probleme löst.

Übung

(1) Diskussionen provozieren
Die Übung wird in Paaren durchgeführt. Beide legen ein Thema fest, welches sie berührt, betroffen macht, fasziniert etc. Zunächst begibt sich ein Teilnehmer in die Rolle sein Gegenüber zu Diskussionsbeiträgen zu provozieren. Dieser versucht hingegen, den 'Inhalt neutral wiederzugeben' und sich jedweder Stellungnahme zu enthalten. Nach einer vereinbarten Zeit

wechseln die Rollen. Abschließend reflektieren beide ihre Empfindungen und Erfahrungen.

Baustein 7: Distanz zum Inhalt

Ziele:
1. Als Berater den eigenen emotionalen Bezug zum Inhalt zurückhalten;
2. die eigene Betroffenheit (die eigenen Erlebnisse, Einstellungen, Wertungen, Meinungen) wahrnehmen und kontrollieren, dabei die eigenen Probleme von den Problemen des Klienten unterscheiden;
3. mit dem Klienten über den Inhalt seiner Probleme sprechen und bei dem von ihm Gesagten bleiben;
4. als Berater den Einfluss der eigenen Betroffenheit und Befangenheit auf den Gesprächsverlauf einschätzen und das Gespräch gegebenenfalls abbrechen.

Erläuterungen
Dieser Baustein mag auf den ersten Blick Entsetzen auslösen. Ist es nicht gerade angebracht, einem Gesprächspartner gegenüber die eigene Anteilnahme und das eigene Mitgefühl zu zeigen; ihm zu übermitteln, dass man sich sehr gut in seine Situation hineinversetzen kann und vieles aus eigenem Erleben kennt? Hilft es ihm nicht gerade, wenn man seine eigenen Gefühle mitteilt? Einem Gesprächspartner (Freund, Kollegen) gegenüber mag das alles in alltäglichen Gesprächen hilfreich sein.

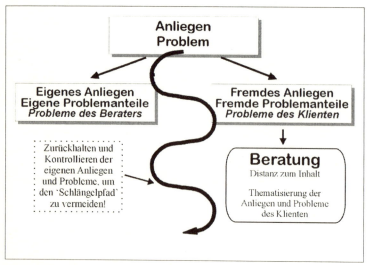

Abb. 1: Distanz zum Inhalt

In einer pädagogisch-therapeutischen Gesprächssituation sind solche Verhaltenseinstellungen oder Verhaltensweisen nicht hilfreich. Der Berater muss lernen, die eigenen Probleme und Fragestellungen bewusst wahrzunehmen und gegebenenfalls zu bearbeiten. Nur dann ist es für ihn möglich, sie von den Problemen und Fragestellungen des Klienten klar zu unterscheiden, zu trennen und abzugrenzen. Der *Entscheidungsbaum für Gespräche* (vgl. Kölln 2001, 6 ff.) verdeutlicht die Notwendigkeit, sich in Beratungsgesprächen allein auf die Probleme des Klienten zu konzentrieren.

Das - meist nicht- oder vorbewusste - Einbringen eigener Anteile (ungeklärter Probleme und Fragestellungen) des Beraters führt häufig im Verlauf der Beratung zu einem 'Schlängelpfad', der einen konstruktiven Verlauf der Beratung gefährdet, da er vom Anliegen des Klienten ablenkt. Eine bewusste wie kontinuierliche Auseinandersetzung mit der eigenen Person und dem eigenen Fühlen, Denken und Handeln (Selbstexploration) ist als Basis für die Tätigkeit als Pädagoge im allgemeinen und besonders als Berater im Speziellen unerlässlich.

Dies bedeutet nicht, dass der Berater dem Klienten gegenüber deshalb Desinteresse an dessen Problematik signalisieren soll. Im Gegenteil: Durch die vorhandene Distanz zum Inhalt ist es ihm viel besser möglich, eine angemessene Nähe zur Person des Klienten mit dessen Problemen und Sichtweisen herzustellen. Es gilt für den Berater das Prinzip, (im Sinne der Empathie) mitzufühlen, aber nicht mitzuleiden. Die Kontrolle der eigenen Betroffenheit - unterstellen wir einmal den Fall, der Berater fühle sich durch die Problematik des Klienten selbst berührt, weil er beispielsweise das gleiche Problem aus der eigenen Lebensgeschichte kennt - bewahrt ihn davor, dem Klienten sofort mit Ratschlägen oder Hilfestellungen zu Hilfe zu eilen. Selbst die Schilderung der eigenen Betroffenheit des Beraters würde dem Klienten auf lange Sicht nicht helfen. Möglicherweise fühlt sich der Klient dem Berater im Moment näher, möglicherweise glaubt er auch, gerade dieser Berater könne ihm besonders helfen, weil er ja die Problematik kenne. Es ist grundsätzlich nicht auszuschließen, dass das förderlich sein kann; in der Regel sind solche 'Verbrüderungen' für den pädagogisch-therapeutischen Prozess jedoch hinderlich. Der Klient muss sein Problem auf seine Weise lösen; er kann nur auf die Ressourcen zurückgreifen, über die er selbst verfügt.

Der Berater muss also, wie im Baustein *Gesprächsstörer vermeiden* bereits angedeutet, lernen, seine eigene Betroffenheit, seine eigenen Wertungen oder Meinungen zurückzuhalten. Sie können den Klienten nur verwirren, sie bringen ihn auf Nebengleise, sie machen ihn möglicherweise neidisch oder abhängig bzw. noch abhängiger.

Distanz zum Inhalt bedeutet daher keineswegs Teilnahmslosigkeit - das Gegenteil ist der Fall. Durch das Zurückstellen eigener Gefühle, Meinungen oder Wertungen wird der Berater dem Klienten gegenüber freier, unbefangener und somit offener.

Siehe Bausteine *Eigenen emotionalen Bezug artikulieren* und *Sich selbst überprüfen*.

Übungen

(1) Sie-Satz-Übung
Bei dieser Paarübung soll der Berater versuchen, alle seine Sätze mit dem Wort 'Sie' beginnen zu lassen. Damit soll vermieden werden, dass er sich als Person mit seinen Gedanken und Erfahrungen in das Gespräch einbringt. Das Wort 'ich' ist z.B. nur in folgenden Formulierungen erlaubt: 'Ich habe vorhin herausgehört, dass Sie ...' oder 'Wenn ich Sie richtig verstanden habe, wollen Sie ...'

(2) Basisvariablen einschätzen
Siehe Übungsbogen 'Kongruenz - Akzeptanz - Empathie' (Arbeits- und Trainingsbögen, Kap. 5).

Baustein 8: Widerspiegeln

Ziele:
1. Sich ganz auf das vom Klienten Gesagte konzentrieren und im Gespräch dabei bleiben;
2. die wichtigen Inhalte, Aussagen und Schlüsselbegriffe aus dem vom Klienten Gesagten heraushören;
3. die gefühlsmäßigen Anteile der Aussagen bzw. die Gefühle des Klienten sensibel wahrnehmen;
4. dem Klienten entweder die inhaltlichen (sachlichen) Anteile (Paraphrasieren) oder die gefühlsmäßigen Anteile (Verbalisieren) widerspiegeln;
5. das Herausgehörte ordnen, zusammenfassen und mit eigenen Worten kurz und in Aussageform widerspiegeln.

Erläuterungen

Das Widerspiegeln stellt die bedeutendste Interventionsform dar und ist damit einer der wichtigsten Bausteine der pädagogisch-therapeutischen Gesprächsführung. Mit Hilfe des Widerspiegelns werden Gespräche initiiert und Beratungsprozesse gestaltet.

Im Rahmen eines Gesprächs wird der Berater oft mit einer unstrukturierten und zum Teil in sich widersprüchlichen Darstellung des Problems seines Klienten konfrontiert. Dieser fühlt sich zwar durch das Problem belastet, hat dessen eigentlichen Kern für sich aber noch nicht erkannt und versucht mehr oder weniger bewusst, mit Hilfe des Gesprächs zu einer Klärung zu gelangen. Der Berater hat die Aufgabe, sich aktiv in die Person des Klienten hineinzuversetzen, dessen Sichtweise nachzuvollziehen und auf diese Weise dessen inneren Bezugsrahmen zu erfassen. Indem er - aufbauend auf dem Baustein *Inhalt neutral wiedergeben* - auf die Äußerungen des Klienten eingeht und sie mit eigenen Worten wiedergibt, hat dieser die Möglichkeit, zu einer konkreteren und präziseren Erfassung seines Problems zu gelangen. Der Berater soll seine Äußerungen in Aussageform formulieren, um den Klienten in die Lage zu versetzen, frei Stellung zum Widergespiegelten nehmen zu können und das Gespräch nicht durch Fragen in eine bestimmte inhaltliche Richtung zu bringen (siehe Baustein *Direkte Fragen vermeiden*). Der Klient wird durch das Widerspiegeln nochmals mit den von ihm angesprochenen Inhalten bzw. den damit verbundenen Gefühlen konfrontiert und hat somit die Möglichkeit, noch einmal über das Gesagte nachzudenken bzw. den Gefühlen nachzuspüren, um nach dieser Prüfung gegebenenfalls Korrekturen und Präzisierungen vorzunehmen. Mit jeder Äußerung des Beraters und der anschließenden Überprüfung durch den Klienten wird immer deutlicher, worum es diesem im Kern geht und wo seine Schwierigkeiten und Probleme liegen. Dabei ist es nicht erforderlich, dass die Berateräußerung das vom Klienten Gemeinte immer treffen muss, da auch eine 'Verneinung' zur weiteren Konkretisierung beiträgt (siehe auch Baustein *Negation konstruktiv umsetzen*).

Das Widerspiegeln lässt sich in die Komponenten 'Paraphrasieren' und 'Verbalisieren' unterteilen:

Beim *Paraphrasieren* spiegelt der Berater die sachlichen Anteile und Aussagen des Klienten mit eigenen Worten wider. Indem er paraphrasiert und zusammenfasst, gibt er dem Klienten die Möglichkeit, sich mit den paraphrasierten Inhalten auseinander zu setzen und diese im weiteren Gesprächsverlauf zu konkretisieren, zu präzisieren oder zu korrigieren. Missverständnisse werden frühzeitig vermieden oder beseitigt. Obwohl dieses Vorgehen unter Umständen sehr zeitintensiv ist, gewährleistet es das richtige Verstehen des vom Klienten Gesagten und Erlebten einerseits, sowie eine intensive Auseinandersetzung des Klienten mit seinen angesprochenen Anliegen und Problemen andererseits. Der Baustein *Inhalt neutral wiedergeben* wird mit dem Paraphrasieren weitergeführt, in dem der Berater nicht mehr nur die Worte des Klienten wiederholt, sondern durch die Auswahl, die Schwerpunktsetzung und die Zusammenfassung mit eigenen Worten das Problem und die Problembearbeitung voranbringt.

Mit zunehmender Übung und Erfahrung des Beraters verliert das paraphrasierende Wiederholen seine echohafte Wirkung.

Über die bloße Beachtung des Inhalts der Äußerungen des Klienten hinaus ist es wichtig, dass der Berater begleitende emotionale Anteile wahrnimmt und widerspiegelt. Beim *Verbalisieren* wird die emotionale Aussage des Klienten durch die Worte des Beraters widergespiegelt und damit in das Bewusstsein des Klienten geholt. Dieser kann seine momentanen Gefühle äußern und überhaupt zulassen. Der Berater muss darauf achten, dass er beim Widerspiegeln den 'richtigen Ton' trifft und jegliche Interpretation vermeidet. Durch dieses in der Fachliteratur auch als 'Verbalisieren emotionaler Erlebnisinhalte' bezeichnete Verhalten des Beraters wird der Klient mit seinen oft unbewussten und teilweise verdrängten Gefühlen konfrontiert. Das Gespräch wird so von einer ausschließlich kognitiven, eventuell das Problem nur unzulänglich erfassenden, auf eine weitergehende, auch emotionale Aspekte berücksichtigende Ebene verlagert (siehe auch Baustein *Hineinversetzen und Nach-*

vollziehen). Das Verbalisieren dient - analog dem Paraphrasieren - auch der Konkretisierung, Präzisierung und Korrektur der, vielfach von den Klienten zwischen den Zeilen angesprochenen gefühlsmäßigen Anteile.

Kommen wir im Sinne des Verbalisierens auf das oben genannte Beispiel zurück: Ein Klient schildert seine Situation: „Ich weiß auf der Arbeit in letzter Zeit einfach nicht mehr weiter! In letzter Zeit überschlagen sich die Ereignisse. Ich weiß gar nicht mehr, wo mir der Kopf steht. Und zu Hause könnte es jetzt noch richtig Ärger geben, da mein Chef mir nach der Beauftragung mit der Projektleitung eröffnet hat, dass ich ins Ausland gehen soll. Deshalb so viel vorbereitende Arbeiten. Aber meine Frau spielt bestimmt nicht mit." Berater: „Sie fühlen sich durch die Situation überfordert." oder „Sie fühlen sich in Bezug auf die anstehende Entscheidung verunsichert."

Übungen
(1) Spiegeln: Paraphrasieren und Verbalisieren
Es werden Paare gebildet, die sich einander gegenübersetzen. Ein Partner beginnt, indem er spontan das ausspricht, was ihm durch den Kopf geht. Das Gegenüber hat nun entweder die Aufgabe, im Sinne des Paraphrasierens das Gesagte in eigenen Worten zusammenzufassen und zu wiederholen, oder in Form von Verbalisierungen die wahrgenommenen Gefühle in Worte zu fassen und widerzuspiegeln. Das Gespräch wird solange fortgesetzt, bis dem Gegenüber keine neuen Aussagen mehr einfallen, die er dem Gesprächspartner widerspiegeln könnte. Anschließend werden die Rollen getauscht. Abschließend teilen sich die Beteiligten gegenseitig mit, wie es ihnen während der Übung ergangen ist.

(2) Widerspiegeln
Siehe Übungsbögen 'Widerspiegeln' und 'Mögliche Reaktionen des Beraters' (Arbeits- und Trainingsbögen, Kap. 5).

Baustein 9: Hineinversetzen und Nachvollziehen

Ziele:
1. Die Sichtweise, den Bewertungszusammenhang und die Problemwahrnehmung des Klienten nachvollziehen;
2. die subjektive Realität und die daraus resultierenden Wahrnehmungen des Klienten als solche anerkennen;
3. sich als Berater in die 'Welt des Klienten' einfühlen und dessen inneren Bezugsrahmen erfassen.

Erläuterungen
Unterstellen wir einmal, dass zwei Menschen ein 'gleiches' Problem haben, so werden sie es aber immer subjektiv unterschiedlich bewerten. Das ist völlig natürlich und nichts Außergewöhnliches. Jeder sieht sein Problem durch seine 'Brille', jeder stellt seine spezifischen Bezüge oder Verbindungen her.

Jedes Problem steht in einem eigenen Bezugssystem oder Bezugsrahmen. Den Bezugsrahmen liefert der Problemträger (Klient). Um den Klienten mit seiner subjektiven Realität erfassen zu können, ist eine Umsetzung der Basisvariablen des Menschenbildes der pädagogisch-therapeutischen Gesprächsführung unabdingbar: Der Berater ist kongruent (echt, in Übereinstimmung mit sich selbst) und zeigt Akzeptanz (bedingungsfreie Wertschätzung) sowie Empathie (einfühlendes Verstehen) gegenüber dem Klienten. Der Beratungsprozess fußt auf dem *Hineinversetzen und Nachvollziehen* der subjektiven Bewertungszusammenhänge des Klienten.

Die Aufgabe des Beraters besteht nun darin, diesen Bezugsrahmen zu entschlüsseln, die Sichtweise des Klienten zu verstehen und dessen Bewertungen, Einstellungen, Empfindungen, Motive oder Handlungen nachzuvollziehen.

Verstehen heißt für den Berater nicht unbedingt auch, dass er das angesprochene Problem für sich akzeptieren muss - verstehen heißt nachvollziehen bzw. sich in die Situation des Klienten hineinversetzen können! Für diesen ist es sehr wichtig, vom Berater verstanden zu werden; er muss das Gefühl erhalten, dass der Berater ihm folgen, seine Bewertungen verstehen und seine Handlungen einordnen kann.

Der Berater muss lernen, das Problem 'durch die Brille' des Klienten zu sehen. Versteht er den inneren Bezugsrahmen, kann er auch besser auf den Klienten eingehen, ihn vielleicht auf Zusammenhänge aufmerksam machen, die dieser zwar als Fakten geäußert, aber nicht im Gesamtbild gesehen und eingeordnet hat. Es kommt oft vor, dass der Klient durch sein Problem in eine Lebenssituation gerät (verstrickt ist), die es ihm unmöglich macht, seinen eigenen Bezugsrahmen klar zu sehen oder zu erkennen. Je besser und genauer der Berater die einzelnen Sicht-, Betrachtungs- und Bewertungsweisen seines Gegenübers erfasst und ihm diese wieder vor Augen führt, desto leichter gewinnt der Klient wieder Ordnung in seinem System und Zutrauen zu sich selbst.

Den 'inneren Bezugsrahmen' kann man sich wie ein Bild vorstellen, das der Klient von der Welt hat. Dieses Bild kennt der Berater nicht. Um es 'sehen' zu können, muss er Mosaiksteinchen für Mosaiksteinchen zusammentragen, damit er es annähernd erkennen und verstehen kann. Die Wissenschaftsrichtung des Radikalen Konstruktivismus geht in diesem Zusammenhang noch einen Schritt weiter. Übertragen auf die Beratungssituation stellt sie die These auf, dass der Klient nicht nur in einer subjektiven Realität lebt, sondern sich diese konstruiert. Demnach werden die Wahrnehmungen und Erkenntnisse durch diese Konstruktionen überlagert. Für den Berater ist ein Nachvollziehen der Konstruktionen des Klienten nur bedingt möglich, nämlich nur insofern er mit dem Klienten kohärente, sich überschneidende Erfahrungsfelder hat (vgl. Maturana 1994, 47 f., 54). Der Berater kann sich aufgrund dieser Überlegungen nie sicher sein, ob er den inneren Bezugsrahmen des

Klienten wirklich erfasst. Er muss sich, trotz oder gerade wegen dieser Einschränkungen, ständig bemühen, seine Konstruktionen und die daraus resultierenden Arbeitshypothesen über den Klienten ständig zu aktualisieren.

Der Berater soll lernen, in möglichst anschaulicher Sprache den Bezugsrahmen des Klienten widerzuspiegeln.

Siehe Bausteine *Widerspiegeln* und *Arbeitshypothesen formulieren*.

Übungen

(1) Subjektive Konstruktionen nachvollziehen
Die Teilnehmer bilden Paare und verteilen die Rollen 'Klient' und 'Berater'. Der Klient legt für sich ein allgemeines Thema fest, über das er zunächst alles erzählt, was ihm einfällt (z.B. Familie, Schule, Geld, Sicherheit, Leben nach dem Tod etc.). Nachdem der Klient erzählt hat, versucht der Berater die subjektiven Bewertungszusammenhänge des Klienten in Bezug auf das gewählte Thema in Thesenform zu formulieren. Der Klient konkretisiert, präzisiert oder korrigiert, bis er selbst mit den Thesen zufrieden ist. Im Anschluss werden die Rollen getauscht.

(2) Grundhaltungen umsetzen
Siehe Übungsbogen 'Kongruenz - Akzeptanz - Empathie' (Arbeits- und Trainingsbögen, Kap. 5).

(3) Hineinversetzen und Nachvollziehen
Siehe Übungsbogen 'Mögliche Reaktionen des Beraters' (Arbeits- und Trainingsbögen, Kap. 5).

Baustein 10: Negation konstruktiv umsetzen

> **Ziele:**
> 1. Negation des Klienten nicht als Niederlage werten;
> 2. Negation als konstruktives Element umsetzen;
> 3. Negation zur Präzisierung verwenden.

Erläuterungen
Jeder Berater möchte vor allem in der Anfangsphase seiner pädagogisch-therapeutischen bzw. beraterischen Tätigkeit sofort alles gut und richtig machen. Das subjektive Empfinden des Beraters ist hierbei in hohem Maße von der Reaktion des Klienten auf seine Äußerungen abhängig, d.h. davon, inwieweit ihm dieser signalisiert, dass er sich angenommen und verstanden fühlt. Nun kann es geschehen, dass der Berater Setzungen formuliert oder Angebote macht, die der Klient verneint, weil sie nicht zutreffen. Ein Berater sollte diese Negationen nicht als Niederlage werten und denken, er habe etwas falsch gemacht und hätte in seiner pädagogisch-therapeutischen Arbeit versagt. Wie bereits im Baustein *Hineinversetzen und Nachvollziehen*

dargelegt, gibt es aufgrund der Subjektivität von Wahrnehmungen und Einschätzungen sowie der jeweils subjektiven Konstruktion von Realität nur in beschränktem Maße die Möglichkeit, sich in die Sichtweisen und Problemzusammenhänge des Klienten hineinzudenken oder hineinzufühlen. Der Berater kann durch Zuhören versuchen, diese Zusammenhänge zu erfassen, er wird aber immer wieder vom Klienten hören, dass seine Formulierungen nicht genau, nur am Rande oder gar nicht zutreffen.

Wir alle sind durch unsere Erziehung in der Regel zu sehr auf die Pole 'Richtig' und 'Falsch' fixiert. Wir versuchen, immer alles richtig zu machen und vermeiden es, uns ein 'Falsch' einzuhandeln, weil dieses 'Falsch' in der Regel mit Niederlage oder Versagen verknüpft wird. Diese Einstellung ist das Produkt schulischer Sozialisation, denn als Schüler wird man über Jahre mit Lehrern konfrontiert, die stets nach 'Richtig' ('Gut') und 'Falsch' ('Schlecht') unterscheiden und Leistung im Bereich schulischen Lernens an diesen Kriterien messen. Völlig außer Acht gelassen werden hierbei die positiven Funktionen solcherlei Bewertung und Kategorisierung.

Ein simples Beispiel mag dies verdeutlichen: Wenn sich jemand von den Farben Blau, Grün und Rot eine auswählt, und das Gegenüber soll die gewählte Farbe herausfinden, dann hat es drei Möglichkeiten. Nehmen wir an, es geht um die Farbe Blau. Tippt das Gegenüber auf Grün, dann negiert der Partner die Wahl. Eine Reaktion im oben angeführten Sinne wäre es nun, enttäuscht zu sein und das Gefühl zu haben, etwas falsch gemacht zu haben. Denkbar wäre es aber auch zu sagen, also wenn es nicht Grün ist, dann bin ich ein Stück weitergekommen, denn nun kann es nur noch Blau oder Rot sein.

Überträgt man dieses Beispiel auf die Beratungssituation, so wird deutlich, dass jede Negation den Berater und damit auch den Klienten weiterbringt, denn wenn das eine nicht zutrifft, dann entfällt es und es kann ein anderer Punkt angesprochen werden.

Ein Klient schildert, dass er ohne Vorankündigung von seiner Ehefrau verlassen worden ist. Berater: „Sie sind im Moment entsetzt und gelähmt." Klient: „Entsetzt nicht." Pause. „Nein, nicht entsetzt. Ich bin mehr erstaunt, dass sie den Mut hatte, nach so einer langen gemeinsamen Zeit. Ich hätte den Mut nicht gehabt."

Die Negation kann dabei in zweierlei Hinsicht konstruktiv umgesetzt werden. Zum einen kann sie der Verstärkung dienen, etwa in dem Sinne, dass mittels der Wiederholung der Negation durch den Berater der Klient zum nochmaligen Überprüfen der Aussage aufgefordert wird. Zum anderen besagt die Negation, dass dieser Punkt nicht wichtig ist, nicht zutrifft und von daher vernachlässigt werden kann. Der Klient wird jedoch nicht immer eindeutig mit 'Ja' oder 'Nein' reagieren, weil es selten solche Eindeutigkeiten gibt. Die Reaktion des Klienten wird häufig zwischen diesen beiden Polen liegen, so dass der Berater ihm durch weitere Angebote die Möglichkeit bieten kann, Präzisierungen vorzunehmen. Diese positive Funktion von Negationen, der Unterscheidung (Diskrimination) zu dienen, ist im Bereich der Lernpsychologie (Diskriminationslernen) von besonderer Bedeutung.

Der Berater muss also lernen, Verneinungen nicht als persönliche Niederlagen zu werten und wissen, dass er nicht immer und sofort den Kern einer Sache oder eines Gefühls beim Klienten trifft. Denn wüsste dieser den Kern, dann würde er ihn auch sofort benennen. Weil gerade dieses nicht der Fall ist, liegt die Kunst des Beraters darin, dem Klienten anhand von Angeboten Hilfen zur Differenzierung und Präzisierung zu geben.

Wenn allerdings der Klient mehrere Setzungen und Angebote hintereinander negiert, sollte der Berater sich zunächst zurückhalten und erst einmal wieder genauer zuhören, um dem Klienten nicht durch die vielen Verneinungen den Eindruck zu vermitteln, dass er ihn nicht versteht bzw. seine Schilderungen nicht nachvollziehen kann.

Übung
(1) Dipol-Übung
Zwei Teilnehmer setzen sich zusammen und übernehmen die Rolle des Klienten bzw. des Beraters. Falls der Klient kein eigenes Problem besprechen will, schlägt der Berater ein Einstiegsthema vor. Im Laufe des Gesprächs soll der Berater immer dann zu der von ihm formulierten Setzung genau das Gegenteil anbieten, wenn der Klient die Setzung negiert.

Ein Beispiel: Berater: „Und das hat Ihnen Spaß gemacht." Klient: „Nein, also Spaß war das nicht gerade." Berater: „Es hat Ihnen also keinen Spaß gemacht." Klient: „Na ja, also, ein bisschen Freude hat es mir schon gemacht, aber Spaß hört sich so lustig an." Berater: „Lustig fanden Sie das nicht." Klient: „Nicht besonders." Berater: „Das fanden Sie überhaupt nicht lustig." Klient: „Na, also ein Trauerspiel war das auch nicht gerade. Also, ich ärgere ja nun nicht pausenlos andere Leute. Ich fand es nur nicht schlecht, auch mal das letzte Wort zu haben."

Baustein 11: Psychische Repräsentanz

Ziele:
1. Die momentane psychische Repräsentanz des Klienten erfassen und widerspiegeln;
2. mögliche emotionale und kognitive Blockaden des Klienten ansprechen und offen legen;
3. 'innere und äußere' Blockierungen, die den Verlauf des Gesprächs behindern, mit dem Klienten zusammen abbauen;
4. die psychische Repräsentanz während des gesamten Gesprächs im Blick behalten.

Erläuterungen

Wenn man in einem kalten Raum sitzt und arbeiten muss, dann kann die Kälte unangenehm die Stimmung beeinflussen; wenn hingegen draußen die Sonne scheint, kann einen das beflügeln; wenn der Chef mürrisch auftritt, vergeht einem die Lust zu arbeiten. Diese 'von außen' einwirkenden Faktoren nennen wir *äußere Wirkfaktoren*; sie beeinflussen die momentane Stimmung, die momentane Verfassung und somit die momentane Befindlichkeit.

Wenn man eine freudige Botschaft erhalten, eine Arbeit mit einem guten Ergebnis abgeschlossen oder das Gefühl hat, im Moment gelinge einem einfach alles, fühlt man sich wohl, optimistisch und energiegeladen. Diese 'von innen' wirkenden Faktoren nennen wir *innere Wirkfaktoren*; sie beeinflussen ebenso die momentane Stimmung, die momentane Verfassung und damit die momentane Befindlichkeit.

Innere und äußere Wirkfaktoren beeinflussen sich wechselseitig und bestimmen daher auch die momentane Befindlichkeit des Klienten innerhalb der Beratungssituation.

Wir bezeichnen diese momentane geistige, körperliche und/oder seelische Befindlichkeit oder Verfassung als *Psychische Repräsentanz*; sie bezieht sich auf das 'Hier und Jetzt' in der pädagogisch-therapeutischen Situation. Das heißt im Einzelnen: Das Auftreten, das Sich-Geben des Klienten während des Gesprächs wird zum einen von den die Situation bestimmenden Variablen beeinflusst: der Lage des Raumes, den anwesenden Personen, den Lichtverhältnissen. Zum anderen ist das Sich-Geben von den in die Situation eingebrachten Variablen abhängig: den momentan vorherrschenden Gefühlen, der momentanen Verfassung oder dem Energiezustand. Im Wesentlichen jedoch wird die momentane Befindlichkeit des Klienten von einer Kombination der verschiedenen Variablen bestimmt.

In der Beratungssituation spielt die psychische Repräsentanz des Klienten eine entscheidende Rolle. In der Regel sind dem Berater die äußeren Bedingungen bekannt und vertraut, nicht aber dem Klienten: Der Raum kann dem Berater Wärme, Ruhe und Sicherheit vermitteln, wohingegen er für den Klienten Kälte, Unruhe und Unsicherheit bedeuten kann. So ist zum Beispiel das Lehrerzimmer für einen Lehrer ein vertrauter Raum, während es für den Schüler angstbesetzt sein kann. Nur wenn die Atmosphäre im Rahmen der Beratungssituation angstfrei und entspannt ist, kann ein für den Klienten positives Gespräch stattfinden. Der Berater muss demnach alle Signale des Klienten erkennen und ansprechen, die darauf hindeuten, dass sich dieser nicht wohlfühlt. Das können recht triviale Dinge sein wie zum Beispiel ein unbequemer Stuhl oder grelles Gegenlicht. Es können jedoch auch Beeinflussungsfaktoren sein, die der Berater aus seinem Selbstverständnis heraus zunächst als nicht belangvoll ansieht, wie zum Beispiel sein eigenes Auftreten, seine Kleidung, sein Gebaren oder aber seine Sprache.

Gerade der Einfluss von Störfaktoren in der Klient/innen-Berater/innen-Beziehung wird häufig aber zu wenig berücksichtigt und thematisiert. Der Altersunterschied, das Geschlecht bzw. die 'Geschlechtskombination' oder das Aussehen können aber prinzipiell oder themengebunden beim Klienten Blockaden auslösen.

Nur selten wird der Klient von sich aus störende Momente ansprechen, um so sensibler muss von daher der Berater für die momentane Befindlichkeit des Klienten sein, da jede Störung von außen den beraterischen Prozess behindert. Gerade im Wahrnehmen der psychischen Repräsentanz vermittelt der Berater dem Klienten seine positive Wertschätzung und Empathie.

Neben den situativen Komponenten, den inneren und äußeren Wirkfaktoren, die den Klienten in der therapeutischen Situation beeinflussen, kann die so genannte problembezogene Komponente für dessen psychische Repräsentanz maßgeblich bestimmend sein. Darunter sind jene das Gespräch beeinträchtigenden Faktoren zu verstehen, die sich aus der Bearbeitung des Problems selbst ergeben können. Nehmen wir an, ein Klient arbeitet mit einer Beraterin, und das Gespräch weitet sich auf sexuelle Fragen aus. Ihm wird plötzlich klar, dass er mit einer (fremden) Frau noch nie über seine Sexualität gesprochen hat, und er erschrickt. Hemmungen, Ängste oder Misstrauen tauchen bei ihm plötzlich auf, und das Gespräch kommt nicht mehr voran, weil er sich innerlich sperrt. Seine psychische Befindlichkeit verändert sich, weil er mit seiner Thematik einer Frau gegenübersitzt und ihn diese Tatsache verunsichert. Nun kann diese Hemmung selbst einen Teil seines Problems ausmachen, das zu bearbeiten wäre oder zur zu bearbeitenden Problematik gehört. Für die Beraterin bedeutet es aber, zunächst wahrzunehmen, dass sich eine Situation ergeben hat, die es dem Klienten schwer macht, angstfrei und unbefangen weitersprechen zu können. Sie muss die Veränderung seiner Befindlichkeit ansprechen, damit diese in ihrer Bedeutung als Blockade für den weiteren Gesprächsverlauf überwunden werden kann.

Zusammenfassend lässt sich sagen, dass es während des gesamten pädagogisch-therapeutischen Prozesses die Aufgabe des Beraters ist, die psychische Repräsentanz des Klienten wahrzunehmen. Dennoch gibt es spezifische Situationen, in denen diese besonders beachtet werden muss:

(1) *Eingangssituation oder Kontaktaufnahme*: Jeder Beginn einer Beratungssitzung - besonders die erste Kontaktaufnahme zwischen Klient und Berater - kann für den weiteren Verlauf des Gesprächs mitentscheidend sein. Der Berater sollte daher darauf achten bzw. darauf eingehen (ansprechen), was der Klient von außen in die Eingangssituation mitbringt. Das können Erlebnisse des Tages sein, die ihn noch beschäftigen, das kann ein körperliches Unwohlsein sein, das ihn nicht konzentriert arbeiten lässt oder er benötigt erst einige Minuten zur Entspannung nach einer langen Autofahrt.

(2) *Störende Umgebungsreize* (Sitzgelegenheit, Lichtverhältnisse, Raumtemperatur, Geräusche usw.) werden häufig vom Klienten nicht sofort, sondern meist erst später bewusst wahrgenommen. Der Berater sollte daher in gewissen Abständen das Befinden im 'Hier und Jetzt' thematisieren, um störende Reize möglichst auszuschalten.

(3) *Klient-Berater-Beziehung*: Häufig passen Klient und Berater 'menschlich' nicht zueinander (zu großer Altersunterschied, Geschlechterrolle usw.). Klienten äußern ihre Vorbehalte bzw. Gefühle, die sie der Beraterin bzw. dem Berater gegenüber haben, aus Angst nicht angenommen zu werden, jedoch nicht sofort oder gar nicht. Man kann dieses Unbehagen bzw. ihre Gefühle allenfalls aus ihrem Verhalten erschließen. Pädagogisch-therapeutische Arbeit ist aber nur dann effektiv, wenn es zwischen Klient und Berater 'menschlich stimmt'. Die Beraterin bzw. der Berater sollte sich deshalb zum geeigneten Zeitpunkt selbst als Person zur Disposition stellen und wahrgenommene Störungen ansprechen.

(4) *Therapeutische Problemindikatoren*: Während des pädagogisch-therapeutischen Prozesses kommt es nicht selten zu brisanten oder heiklen Situationen (sehr belastende Themen, intime Problembereiche, schmerzhafte Punkte, unerwartete Selbstaussagen usw.), in denen sich der Klient äußerst unwohl fühlt. Äußerliche Anzeichen (z.B. Sitzhaltung verändert sich, stockende Sprechweise, körperliche Reaktionen) signalisieren eine sich verändernde, besondere Befindlichkeit im 'Hier und Jetzt'. Der Berater sollte diese Signale bewusst wahrnehmen und gegebenenfalls gezielt ansprechen, um dem Klienten die Möglichkeit zu geben, seine momentane Befindlichkeit zu artikulieren und damit Spannungen abzubauen.

Übungen
(1) Neue Perspektiven
Alle Teilnehmer werden aufgefordert, sich im Raum einen anderen Platz zu suchen und dort eine Weile zu verharren. Sie sollen sich nun aus dieser neuen Raumperspektive heraus ihrer Befindlichkeit bewusst werden, indem sie die folgenden Fragen für sich beantworten: Wie wirkt der Raum? Wie nehme ich die übrigen Teilnehmer wahr? Wie fühle ich mich auf diesem Platz? Was tut mir gut? Was ist mir unangenehm? Was könnte ich jetzt tun? Was könnte ich jetzt nicht tun?

Im Anschluss daran können die Teilnehmer für sich allein den Raum 'erfühlen', d.h. sie können herausfinden, welche Plätze ihnen besonders angenehm bzw. unangenehm sind. Abschließend werden sie aufgefordert, sich gegenseitig ihre Wahrnehmungen mitzuteilen.

(2) Äußere und innere Wirkfaktoren
Siehe Übungsbogen 'Psychische Repräsentanz' (Methodeninventar, Kap. 5).

Baustein 12: Aspekte heraushören

Ziele:
1. Die Äußerungen des Klienten in ihren verschiedenen Aspekten erfassen:
   a. Sachinhalt
   b. Selbstoffenbarung/Selbstkundgabe
   c. Beziehung
   d. Appell;
2. aus dem vom Klienten Gesagten heraushören, welcher Aspekt seiner momentanen Intention bzw. seinem Anliegen am nächsten kommt;
3. dem Klienten den wahrgenommenen 'Hauptaspekt' widerspiegeln.

Erläuterungen
In jeder zwischenmenschlichen Kommunikation gibt es jeweils einen Sender und einen Empfänger. Zwischen beiden werden Botschaften ausgetauscht, die eine Kommunikation erst ermöglichen. Diese Nachrichten enthalten immer mehrere Aspekte, auch wenn diese nicht direkt ausgesprochen werden. Sie sind vielmehr in einer Nachricht versteckt, oft verschlüsselt oder nur angedeutet. Die Art der Sprache, die Sprachmelodie, die Betonung einzelner Wörter oder die Intonation weisen auf bestimmte Aspekte hin oder heben sie hervor.

Nach dem Modell zwischenmenschlicher Kommunikationsprozesse von Schulz von Thun (vgl. 1987, 14 ff.) beinhalten alle Mitteilungen, die ein Sprechender (Sender) an einen Zuhörer (Empfänger) richtet, in der Regel vier verschiedene Aspekte:

(a) Sachinhaltsaspekt
Dieser Aspekt umfasst den konkret beschreibbaren Inhalt der Mitteilung. Damit sind alle sachlichen Informationen gemeint, die offensichtlich in einer Nachricht enthalten sind. Der Sachinhaltsaspekt einer Äußerung kann mit der Hilfsfrage 'Um welchen Inhalt geht es?' erschlossen werden.

Beispiel zur Verdeutlichung des Sachinhaltsaspekts: Klientin: „Unser Chef bevorzugt meinen Kollegen. Er bekommt alle attraktiven Aufgaben und wird dann auch noch viel mehr gelobt." Die Klientin teilt mit, dass der Kollege vom Vorgesetzten in ihren Augen bevorzugt wird und die attraktiven Aufgaben zugewiesen bekommt. *Widerspiegeln des Sachinhaltsaspekts durch die Beraterin*: „Ihr Chef bevorzugt Ihren Kollegen." oder „Ihr Kollege bekommt die attraktiven Aufgaben."

(b) Selbstoffenbarungsaspekt/Selbstkundgabeaspekt
Die Mitteilung enthält in der Regel auch Anteile, in denen der Sender über sich selbst und seine Beziehung zur Sache/zum Problem Auskunft gibt. Diesen Anteil zu erkennen, ist ausgesprochen wichtig, da das Streben nach positiver Selbstdarstellung und die Angst, etwas Unangenehmes von sich preiszugeben, zahlreiche Kommunikationstechniken wie z.B. Imponier- o-

der Fassadentechniken bedingen und einer für beide Seiten befriedigenden Kommunikation häufig im Wege stehen. Der Selbstoffenbarungsaspekt einer Äußerung kann mit den Hilfsfragen 'Welche Beziehung hat der Sender zur Sache, über die er redet?' und 'Was sagt der Sender über sich selbst aus?' erschlossen werden.

Beispiel zur Verdeutlichung des Selbstoffenbarungsaspekts: Klientin: „Unser Chef bevorzugt meinen Kollegen. Er bekommt alle attraktiven Aufgaben und wird dann auch noch viel mehr gelobt." Die Klientin teilt mit, dass sie (vielleicht) neidisch auf den Kollegen ist und sich vom Vorgesetzten (vielleicht) missachtet und übergangen fühlt. *Widerspiegeln des Selbstoffenbarungsaspekts durch die Beraterin*: „Sie halten das Vorgehen des Chefs für ungerechtfertigt.", „Sie sind neidisch auf Ihren Kollegen." oder „Sie fühlen sich übergangen von Ihrem Chef."

(c) Beziehungsaspekt
Dieser Anteil der Nachricht beschreibt das Verhältnis, in dem der Sender zum Empfänger steht, was er von ihm hält und wie er sich von ihm behandelt fühlt. Der Aspekt wird in vielen Fällen nicht offen ausgesprochen, sondern drückt sich häufig nur indirekt in den nonverbalen Signalen des Senders aus oder ist in der sprachlichen Mitteilung zwischen den Zeilen versteckt. Der Beziehungsaspekt einer Äußerung kann mit der Hilfsfrage 'Welche Beziehung hat der Sender zum Empfänger?' erschlossen werden.

Beispiel zur Verdeutlichung des Beziehungsaspekts: Klientin: „Unser Chef bevorzugt meinen Kollegen. Er bekommt alle attraktiven Aufgaben und wird dann auch noch viel mehr gelobt." Die Klientin teilt mit, dass sie das Vertrauen hat, mit der Beraterin über dieses Thema zu sprechen. *Widerspiegeln des Beziehungsaspekts durch die Beraterin*: „Sie möchten darüber mal mit mir sprechen." oder „Sie erzählen mir das aus einem bestimmten Grund."

(d) Appellaspekt
Viele Mitteilungen haben vorrangig die Bedeutung, auf den Empfänger einzuwirken, bzw. sie enthalten eine versteckte Aufforderung des Senders. In diesem Aspekt werden die Erwartungshaltungen deutlich, die der Sender dem Empfänger gegenüber auszudrücken versucht. Der Appellaspekt einer Äußerung kann mit der Hilfsfrage 'Was erwartet der Sender vom Empfänger?' erschlossen werden.

Beispiel zur Verdeutlichung des Appellaspekts: Klientin: „Unser Chef bevorzugt meinen Kollegen. Er bekommt alle attraktiven Aufgaben und wird dann auch noch viel mehr gelobt." Die Klientin teilt mit, dass sie den Ärger über die empfundene Ungerechtigkeit loswerden und gegebenenfalls Hilfestellung von der Therapeutin bei der Lösung des Problems erwartet. *Widerspiegeln des Appellaspekts durch die Beraterin*: „Sie möchten den Ärger darüber einfach mal loswerden." oder „Sie erwarten von mir Lösungsvorschläge, wie Sie mit Ihrem Chef in Zukunft umgehen sollen."

Im Beratungsprozess ist der Klient der Sender und der Berater der Empfänger. Natürlich gilt das auch umgekehrt. Uns interessiert in diesem Zusammenhang jedoch vorrangig nur die oben genannte Richtung, denn es geht hier primär darum, dass der Berater lernt, die Nachrichten des Klienten weitestgehend vollständig und situationsgemäß zu entschlüsseln, um darauf angemessen reagieren zu können.

Die gleichzeitige Überlagerung der verschiedenen Aspekte in einer Mitteilung machen die Kommunikation auch in der Beratungssituation zu einem komplizierten und vielschichtigen Vorgang, da der Berater die Aufgabe hat, die Bedeutung aller Aspekte in den Äußerungen des Klienten zu erfassen.

Im Rahmen dieser Gespräche wird vom Berater häufig nur der Inhaltsaspekt der jeweiligen Mitteilung bewusst wahrgenommen, obwohl der konkrete Inhalt oft nur Hilfsmittel ist, um das eigentliche Problem auszudrücken oder die eigentlichen Anliegen mitzuteilen. Von daher ist es wichtig, aus dem Gesagten herauszuhören, welcher der vier Aspekte dem augenblicklichen Anliegen oder Problem des Klienten am nächsten kommt.

Den herausgehörten 'Hauptaspekt' spiegelt der Berater dem Klienten wider, um so besser auf dessen momentane Befindlichkeit eingehen zu können. Selbst wenn er beim Widerspiegeln nicht den vom Klienten intendierten Aspekt trifft, eröffnet sich dem Klienten damit die Möglichkeit, sein Problem bzw. Anliegen zu konkretisieren, zu präzisieren oder zu korrigieren.

Übungen

(1) Aspektstühle
Die Teilnehmer stellen in Kleingruppen fünf Stühle so auf, dass ein Klienten-Stuhl vier Berater-Stühlen gegenüber steht. Die vier Berater-Stühle stehen symbolisch für die vier Aspekte der Kommunikation. Zunächst nimmt ein Teilnehmer auf dem Klienten-Stuhl Platz und berichtet von einem aktuellen Ereignis aus seinem Leben, welches ihn emotional berührt. Die anderen Teilnehmer überlegen nacheinander, welches ihrer Meinung nach der Hauptaspekt ist, treten hinter den jeweiligen Aspekt-Berater-Stuhl, sagen zunächst, was sie konkret herausgehört haben, nehmen dann auf dem Stuhl Platz und spiegeln diesen Aspekt dem Klienten wieder. Der Klient antwortet kurz darauf, ohne dass das Gespräch richtig fortgesetzt wird. Nach mehreren Alternativen wechselt die Klientenrolle.

Diese Übung trennt gezielt das Heraushören der Aspekte (hinter dem Stuhl) vom Widerspiegeln der Aspekte (auf dem Stuhl), um diese Schritte bewusst üben zu können.

(2) Reduktion auf einen Aspekt
Die Teilnehmer finden sich in Paaren zusammen, die Rollen 'Klient' und 'Berater' werden verteilt. Der Klient berichtet von einem ihn bewegenden Ereignis der letzten Wochen. Nachdem der Berater zugehört hat, ist es seine

Aufgabe, nur auf einen vorher festgelegten Aspekt zu hören und diesen widerzuspiegeln. Nach einer vereinbarten Zeit wechseln die Rollen. Diese 'künstliche' Übungsform soll das Heraushören und Widerspiegeln der einzelnen Aspekte trainieren.

Beispiel: Widerzuspiegelnder Aspekt: Appellaspekt. Klient: „Vorgestern ist mir an einer Ampel doch jemand hinten auf mein Auto draufgefahren. Und dann hat der auch noch gesagt, ich hätte doch noch fahren können." Berater: „Sie möchten erst mal erzählen." Klient: Ja, stellen Sie sich vor, der meint, er könnte sich rausreden." Berater: „Sie wollen von mir hören, was ich dazu denke." Klient: Eigentlich nicht, der Sachverhalt ist für mich klar." Berater: „Sie möchten hier besprechen, wie sie sich jetzt verhalten sollen." Klient: „Ja, genau."

(3) Aspekte heraushören
Siehe Übungsbogen 'Aspekte heraushören' (Arbeits- und Trainingsbögen, Kap. 5).

Baustein 13: Nonverbale Signale

Ziele:
1. Körpersignale wahrnehmen und gegebenenfalls ansprechen;
2. Körpersignale deuten und die wahrgenommene Bedeutung dem Klienten als Angebot widerspiegeln;
3. Körpersignale in Beziehung zum geäußerten Inhalt überprüfen;
4. Diskrepanzen bzw. Widersprüche zwischen verbalen und nonverbalen Signalen erkennen und ansprechen;
5. grundsätzliche Zusammenhänge zwischen körperlichen Signalen und geäußerten sprachlichen Inhalten erkennen;
6. die Kongruenz bzw. Inkongruenz dieser wahrgenommenen Zusammenhänge ansprechen.

Erläuterungen
Kommunikation kann grundsätzlich in zwei Bereiche unterteilt werden, nämlich in die verbale (sprachliche) und die nonverbale (nicht-sprachliche). Die verbale Kommunikation ist ohne die nonverbale nicht denkbar; die nonverbale Kommunikation kommt jedoch ohne die verbale aus. Es gilt der axiomatische Satz nach Watzlawick 'Man kann nicht nicht kommunizieren!'.

Im Verlauf von Gesprächen liegt der Schwerpunkt der Aufmerksamkeit meist auf der sprachlichen Ebene. Die nicht-sprachliche Ebene hingegen bleibt weitgehend unberücksichtigt. Im Allgemeinen wird jedoch parallel zur verbalen auf nonverbaler Ebene intensiver und schneller kommuniziert. Die verbale Kommunikation läuft in der Regel kontrollierter ab. Besonders in didaktischen Lehrsituationen sind die Äußerungen häufig auf die eventuell zu erwartende Reaktion des Gegenüber abgestimmt. Die körperlichen

Signale (nonverbale Ebene) dagegen sind, auch wenn sie noch so gewollt eingesetzt werden, weniger kontrollierbar. So machen sie häufig Widersprüche deutlich oder betonen auch besondere Bedeutungen in den verbalen Aussagen. Die nonverbalen Signale sind damit in der Regel 'echter', d.h. weniger bewusst gesteuert.

Die Körpersprache umfasst jede bewusste oder unbewusste Bewegung eines Körperteils. Durch sie äußern sich in der Regel das allgemeine emotionale Befinden und die situativ gebundenen Gefühle des Gesprächspartners. Diese durch nonverbale Signale ausgedrückten Gefühle beziehen sich vor allem auf die jeweilige Gesprächssituation, müssen aber außerdem vor dem Hintergrund der persönlichen Wesensart und Lebensgeschichte des jeweiligen Menschen gesehen werden. Die kulturelle Umgebung und der gesellschaftliche Rahmen sind für die jeweilige Gesprächssituation von untergeordneter Bedeutung, da sie den Beteiligten in der Regel gemeinsam sind. Es sollten aus diesem Grund nicht vorrangig die typischen Körperhaltungen des Klienten, sondern vielmehr die sich im Gesprächsverlauf im Zusammenhang mit den Äußerungen ergebenden Bewegungen und Veränderungen im Blickpunkt stehen.

Gerade für pädagogisch-therapeutische Gespräche ist es besonders wichtig, die nonverbalen Signale des Klienten wahrzunehmen, dabei die 'Aussagen' der einzelnen Körperregionen miteinander zu vergleichen und sie gegebenenfalls anzusprechen. Aus dem Zusammenhang mit dem geäußerten Inhalt ergeben sich dann eventuell Wertigkeiten und Bedeutungen für den Klienten. Das erleichternde Seufzen oder Ausatmen nach Aussagen macht häufig erst die Bedeutungsschwere der Worte klar. Der Berater sollte dann - nach eigenem Ermessen und Einschätzen - die möglichen Diskrepanzen bzw. Zusammenhänge ansprechen, etwa beim Seufzen: „Das erleichtert Sie, das mal auszusprechen." oder „Sie spüren den Druck jetzt wieder ganz deutlich." Dem Klienten wird damit die Möglichkeit gegeben, die Aussage in ihren emotionalen Bezugsrahmen einzuordnen bzw. den Grad der Bedeutung besser wahrzunehmen. Darüber hinaus erlauben die nonverbalen Signale Hinweise und Rückschlüsse darauf, ob eine augenblickliche ('Er macht mich mit seinem Gerede nervös!') oder eine grundsätzliche, langandauernde ('Er ist mir unsympathisch!') Beziehung vom Klienten zum thematisierten Inhalt ausgedrückt wird, bzw. welche emotionale Qualität sich hinter den Worten verbirgt.

Wenn der Berater es für sinnvoll und weiterführend hält und die nonverbalen Signale ansprechen will, ist es in der Regel eher unangemessen, alleine nur das wahrgenommene Signal zu thematisieren. Ein Erröten des Klienten wird z.B. wenig hilfreich mit folgender Setzung angesprochen: „Sie erröten jetzt." Der Klient fühlt sich dadurch kompromittiert. Es ist in den meisten Fällen sinnvoll, für den Klienten unterstützend und für das Gespräch voranbringend, wenn der Berater die wahrgenommene Bedeutung des nonverbalen Signals widerspiegelt: „Es fällt Ihnen im Moment schwer, über diese Situation zu sprechen." oder „Es ist Ihnen peinlich, darüber zu sprechen." Der Berater bietet dem Klienten seine Interpretation als eine mögliche an, ohne damit die nonverbalen Signale richtig oder falsch zu interpretieren. Er formuliert dem Klienten gegenüber lediglich seine Wahrnehmung, die dieser für sich überprüfen und gegebenenfalls richtig stellen kann.

Nonverbale Signale sind dabei zwar grundsätzlich mehrdeutig und können deshalb nicht allgemein gültig interpretiert werden, sie werden jedoch in der jeweiligen Gesprächssituation in der Regel richtig verstanden, sofern sie bewusst beachtet werden.

Nonverbale Signale können mit den verbalen deckungsgleich sein, sie können ebenso zu ihnen im Widerspruch stehen. Diese Diskrepanzen und Widersprüchlichkeiten besonders sensibel wahrzunehmen und anzusprechen, ist eine wichtige Aufgabe des Beraters. Das Ansprechen der wahrgenommenen Widersprüche gibt dem Klienten die Möglichkeit, sich damit bewusst auseinandersetzen zu können. Die Thematisierung und Bearbeitung der Widersprüche ist nicht selten der Schlüssel für das Vorankommen in der Bearbeitung der angesprochenen Probleme und Schwierigkeiten. Wir alle kennen Gesprächspartner, die sagen, wie gelassen und ruhig sie alles sehen und handhaben, und gleichzeitig jedoch ständig mit den Füßen wippen oder ihren Kugelschreiber in den Händen drehen. Die Widersprüchlichkeit bzw. Inkongruenz nehmen wir unbewusst oder vorbewusst wahr. Sie gibt uns genauere Auskunft über die Befindlichkeit des Gegenübers. Zumindest gibt sie dem Berater Auskunft darüber, dass die angesprochene Problematik oder der Sachverhalt den Klienten z.B. in einem stärkeren Maße bewegt, als er verbal zum Ausdruck bringt.

In der Beratungssituation kommt es nicht darauf an, den Klienten mit der für den Therapeuten sichtbar gewordenen Widersprüchlichkeit sofort zu konfrontieren. Seine Aufgabe ist es vielmehr, auftretende Verbindungen (Koppelungen) zwischen verbalen und nonverbalen Signalen zu beachten, zu registrieren und zu einem gegebenen Zeitpunkt (in Form von Angeboten) anzusprechen. Wichtig dabei ist, dass der Berater diese Wahrnehmungen als seine formuliert und nicht als feststehende Klassifizierungen bzw. Bewertungen. Ein Beispiel soll das verdeutlichen: Der Klient sagt, dass er in Bezug auf die bevorstehende Prüfungssituation sehr unter Druck steht und kaum noch schlafen kann. Er sitzt dem Berater aber auf dem Stuhl zusammengesunken gegenüber. Der Berater bietet dem Klienten den von ihm wahrgenommenen Widerspruch an: „Ich nehme im Moment einen Widerspruch wahr. Einerseits sagen Sie, dass Sie unter Druck stehen, andererseits sitzen Sie mir hier zusammengesunken und ohne Spannung gegenüber." Klient: „Ich glaube, dass liegt daran, dass ich eigentlich schon aufgegeben habe. Ich schaffe die Prüfung doch sowieso nicht."

Über die Berücksichtigung der einzelnen Körpersignale hinaus, ist es für pädagogisch-therapeutische Situationen von besonderer Bedeutung, auf die Gesamtwirkung der körperlichen Signale im Zusammenspiel mit den geäußerten sprachlichen Inhalten zu achten. Einen großen Teil der Wirkung eines Menschen machen neben seinen sprachlichen Äußerungen auch sein 'Erscheinen' im Spiegel seiner nicht-sprachlichen Signale und Handlungen aus. Selbst wenn wir diese nicht immer bewusst registrieren, so spielen die Körpersignale in ihrer Wirkung für den Gesamteindruck eine große Rolle. Neben dem Auftreten der oben angesprochenen, situativen Widersprüche können die körperlichen Signale und der sprachliche Inhalt grundsätzlich im Gesamterscheinen sowohl übereinstimmen (Kongruenz) als auch im Widerspruch stehen (Inkongruenz). Der Berater kann diese grundsätzlicheren Wahrnehmungen zum Anlass nehmen, um mit dem Klienten über sich daraus ergebende subjektive Grundhaltungen und -einstellungen zu sprechen.

Siehe Baustein *Psychische Repräsentanz*.

Übungen

(1) Körperbild
Den Teilnehmern werden verschiedene Situationen (z.B. 'Warten') bzw. Gefühle (z.B. 'Überraschung' oder 'Wut') - auf Zettel geschrieben - verdeckt verteilt. Die Situationen bzw. Gefühle sollen nun von den Teilnehmern nonverbal dargestellt werden. Die anderen Teilnehmer interpretieren die gezeigten Darstellungen und Körperhaltungen und formulieren mögliche Angebote.

(2) Ich-zeige-mich-so-wie-Du
Es finden sich jeweils zwei Teilnehmer zusammen. Sie legen fest, wer als erster dargestellt werden soll. Die Darsteller stellen den Darzustellenden nun nonverbal (in Form eines Standbildes) dar. Dies geschieht in der Art, dass der Darsteller den Darzustellenden so darstellt, wie er ihn wahrnimmt. Dies bezieht sich nicht auf die momentane, sondern auf die allgemeine Wahrnehmung (Wie sieht der Darsteller ihn sonst? Was ist typisch für den Darzustellenden?) Nachdem der Darsteller ein typisches Standbild eingenommen hat, ihn quasi widerspiegelt, nimmt der Darzustellende diese Körperhaltung des Darstellers auch ein. Anschließend sprechen beide über das Standbild und die mit der Körperhaltung verbundenen Gefühle. Danach werden die Rollen getauscht.

(3) Nonverbale Signale und Widersprüche thematisieren
Es finden sich jeweils drei Teilnehmer zusammen. Sie legen zunächst die Rollen fest (Klient, Berater, Beobachter). Im weiteren Verlauf der Übung tauschen sie die Rollen, so dass sich am Ende jeder Teilnehmer einmal in jeder Rolle befunden hat.

Der Klient wählt ein Thema und betont dabei im Gespräch ein von ihm gewähltes, kongruentes nonverbales Signal. Der Berater versucht, die wahrgenommene Bedeutung widerzuspiegeln. Beispiel: Klient: „In meiner Wohngemeinschaft haben wir ständig Stress wegen des Saubermachens. Ich weiß nicht, wie das weitergehen soll." Er ringt mit den Händen. Berater: „Ihre Hände sagen mir, dass sie im Moment mit sich selbst ringen." Klient: „Ja, ich weiß nicht, ob ich das Problem 'mal offen auf den Tisch bringen soll."

Anschließend zeigt der Klient ein inkongruentes nonverbales Signal und der Berater versucht, den Widerspruch zu thematisieren. Beispiel: Klient: „Aber eigentlich macht es mir gar nicht so viel aus." Er rutscht unruhig auf dem Stuhl hin und her. Berater: „Sie sagen, dass es Ihnen eigentlich nichts ausmacht, aber ich nehme bei Ihnen wahr, dass Sie ganz unruhig auf ihrem Stuhl hin und her rutschen."

(4) Körpersignale versus Sprache
Ein Teilnehmer der Übungsgruppe nimmt eine Körperhaltung ein, die einer verbalen Aussage entgegen steht, beispielsweise zu der Aussage „Ich fühle mich wohl und entspannt..." setzt sich der Teilnehmer mit an den Körper gezogenen Beinen auf den Stuhl. Oder: „Das ist ein Thema, das berührt mich sehr, das macht mich sehr nervös ...". Dazu setzt sich der Teilnehmer völlig ruhig auf den Stuhl.

Nach der Übung geben die Beobachter ihre Wahrnehmungen wieder. Der Darstellende spricht zum Abschluss über seine in der Situation wahrgenommenen Gefühle.

(5) Nonverbale Signale deuten
Siehe Übungsbogen 'Nonverbale Signale deuten' (Arbeits- und Trainingsbögen, Kap. 5).

(6) Nonverbale Signale ansprechen
Siehe Übungsbogen 'Mögliche Reaktionen des Beraters' (Arbeits- und Trainingsbögen, Kap. 5).

Baustein 14: Angebote formulieren

Ziele:
1. Durch mehrere Angebote den inneren Bezugsrahmen des Klienten differenzierter erfassen;
2. dem Klienten Möglichkeiten zum Korrigieren bzw. Präzisieren geben;
3. wahrgenommene oder assoziierte Zusammenhänge und emotionale Anteile als weiter gehenden Impuls formulieren;
4. dem Klienten eigene Wahrnehmungen, Vermutungen und Einschätzungen gegebenenfalls als Impuls in Aussageform anbieten.

Erläuterungen
Im Verlauf von Beratungsgesprächen kann es zu Situationen kommen, in denen es dem Klienten schwer fällt, seine Gedanken und Gefühle zu beschreiben. Die Gründe hierfür können auf verschiedenen Ebenen liegen. Einerseits können ihm seine Gefühle derart diffus und unklar sein, dass sie für ihn nicht erfassbar sind. Andererseits können dem Klienten einfach nur 'die Worte fehlen', um sich dem Berater verständlich zu machen. In dieser Situation macht der Berater Angebote, d.h. er versucht, die dem Klienten unklaren Zusammenhänge, Gefühle und Gedanken in präzise sprachliche Formulierungen zu fassen. Wenn diese Angebote für die Situation des Klienten zutreffend sind, können sie ihm in Form von 'Aha-Erlebnissen' seine gefühlsmäßige Situation besser vor Augen führen.

Das *Angebote formulieren* baut auf dem Baustein *Widerspiegeln* auf und geht - darüber hinaus - eine Stufe weiter: Der Berater spiegelt nicht nur das Gesagte wider, sondern hilft dem Klienten über Angebote, einen Sachverhalt oder bestimmte Gefühle in Worte zu fassen bzw. genauer zu beschreiben. Durch impulsartige Angebote, die ein Stück über das vom Klienten Gesagte hinausgehen, wird diesem die Möglichkeit gegeben, seine Probleme präziser und differenzierter zu erfassen. Es werden Assoziationsketten ausgelöst und das Erinnerungsvermögen aktiviert. Der Berater formuliert eigene Wahrnehmungen, Vermutungen, Einschätzungen und assoziierte Zusammenhänge als weitergehenden Impuls, so dass der Klient neue Aspekte, Problemzusammenhänge, Perspektiven und Sichtweisen in seine Überlegungen bzw. sein Fühlen mit einbeziehen kann.

Angebote für Empfindungen, Stimmungen und Gefühle sind im Verlauf des pädagogisch-therapeutischen Prozesses von zentraler Bedeutung, da vielen Klienten ihre Gefühle nur schwer zugänglich sind. Fokussiert der Klient seine Gefühle dabei, erschwert sich die Arbeit des Beraters. Viele Klienten haben nur vage oder dumpfe Gefühle zu bestimmten Erlebnissen. Diese Gefühle, so kann man annehmen, werden vom Klienten nie richtig zugelassen. Sie schlummern quasi im Verborgenen. Sie werden vielleicht nie ausgesprochen und können nun nicht urplötzlich klar und deutlich hervortreten. Der Klient braucht Zeit und vor allem ein einfühlendes Vorgehen, um diese verborgenen, diffusen Gefühle hervorzuholen und zuzulassen. Nicht selten erschrecken die Klienten beim Wahrnehmen ihrer echten Gefühlsregungen; sie bauen Sperren und Barrieren auf, um Schamgefühle zu verbergen. Es fällt den meisten sehr schwer, über ihre Gefühle zu sprechen bzw. sie laut auszusprechen. Die Angebote erleichtern ihnen das Annähern an ihre Gefühle. Oft bestätigen sie die angebotenen Gefühlsregungen nur nonverbal (Kopfnicken) und blicken nach unten, weil sie selbst peinlich berührt sind. Auch wenn die Angebote, die vom Klienten bejaht werden, schmerzlich treffen, im Nachhinein verspürt dieser Erleichterung und fühlt sich wohler.

Beispiele für das Formulieren von Angeboten sollen die Erläuterungen transparenter machen: Berater: „Die Situation belastet sie mehr, als Sie sich eingestehen wollen." oder „Sie empfinden tiefe Trauer über den Verlust." oder „Sie laufen vor der Verantwortung gegenüber Ihren Kindern weg." oder „Sie versuchen sich selbst im Moment davon zu überzeugen, dass das alles gar nicht so schlimm für Sie war."

Das Formulieren von Angeboten verlangt vom Berater starkes Einfühlungs- und Vorstellungsvermögen, er muss viel Phantasie und mitunter Kreativität aufbringen, um dem Klienten möglichst viele und differenzierte Angebote unterbreiten zu können. Ähnlich wie beim Widerspiegeln gibt es keine richtigen oder falschen Angebote, der Klient kann alle Aussagen des Beraters als Vorschläge aufgreifen, sie gegebenenfalls korrigieren oder verwerfen.

Da Angebote immer aus dem inneren Bezugsrahmen, d.h. dem Erfahrungshintergrund des Beraters heraus formuliert werden, bewegen sie sich oft an der Grenze zur Interpretation und Wertung. Damit besteht die Gefahr, dass der Klient sich nicht mehr bedingungsfrei akzeptiert und verstanden fühlt und sich infolgedessen verschließt. Gerade bei konfrontativeren Angeboten, die den Klienten mit Anteilen konfrontieren, die er gerne verdrängt, ist es besonders wichtig, dass diese Angebote von ihm nicht als persönliche Verletzung empfunden werden. Der Berater sollte zu jedem Zeitpunkt des Gesprächs das Bestreben haben, sich in den Klienten hineinzuversetzen und dessen Sichtweise nachzuvollziehen. Auftretende Störungen oder Missverständnisse müssen umgehend vom Berater thematisiert werden.

Siehe Bausteine *Widerspiegeln, Hineinversetzen und Nachvollziehen* und *Empathie versus Konfrontation*.

Übungen
(1) Stimmungsübung
Zwei Teilnehmer setzen sich zusammen und übernehmen die Rolle des Klienten und des Beraters. Der Klient schildert eine beliebige Situation, der Berater macht ihm daraufhin ein Angebot, wie dieser sich in der Situation gefühlt haben könnte. Trifft er mit dem Angebot die Situation des Klienten nicht, bietet der Berater eine andere Stimmung an, die auch zu dieser Situation passen könnte. Meistens ergeben sich aus den Äußerungen bzw. Reaktionen des Klienten weitere Hinweise für Angebote, die der Berater aufgreifen kann.

(2) Angebote formulieren
Siehe Übungsbogen 'Angebote formulieren' (Arbeits- und Trainingsbögen, Kap. 5).

(3) Adjektive finden
Siehe Übungsbogen 'Adjektive finden' (Arbeits- und Trainingsbögen, Kap. 5).

Baustein 15: Empathie versus Konfrontation

Ziele:
1. Erkennen, wann ein konfrontatives Vorgehen im Gesprächsverlauf geboten ist;
2. die Zumutbarkeit eines konfrontativen Vorgehens für den Klienten einschätzen und überprüfen;
3. erkennen, dass die durch die Konfrontation ausgelösten Reaktionen des Klienten das empathische Miteinanderumgehen nicht in Frage stellen;
4. die durch die Konfrontation ausgelösten Reaktionen des Klienten thematisieren, auffangen und empathisch begleiten;
5. als Berater Distanz wahren und sich nicht auf eine persönliche Konfrontation mit dem Klienten einlassen.

Erläuterungen

Eine entscheidende Grundlage für die pädagogisch-therapeutische Arbeit im Rahmen von Beratungsgesprächen sind die beraterischen Grundhaltungen Kongruenz, Akzeptanz und Empathie. Die Umsetzung dieser Basisvariablen gestaltet eine vertrauensvolle, auf Wohlwollen des Beraters gegenüber seinem Klienten basierende Arbeitsbeziehung. Der Klient kann den geschützten Raum der Beratung dazu nutzen, seine Anliegen und Probleme zu bearbeiten, neue Perspektiven zu durchdenken und Lösungsansätze zu entwickeln. Eine vertrauensvolle Klient-Berater-Beziehung ist der Ausgangspunkt für den pädagogisch-therapeutischen Prozess, der auf Selbstaktualisierung und Weiterentwicklung des Klienten abzielt. Es ist die Aufgabe des Beraters, diese konstruktive Atmosphäre zu schaffen und im Verlauf der Beratungsgespräche kontinuierlich aufrecht zu erhalten.

Über das allein unterstützende und begleitende Verhalten hinaus, ist es in einigen Situationen im Verlauf der Beratung sinnvoll, den Klienten mit sich selbst, mit den eigenen Gefühlen, den eigenen Zielen und den eigenen Verhaltensweisen zu konfrontieren, ohne das empathische Miteinanderumgehen in Frage zu stellen. Dies ist dann besonders ratsam, wenn das Gespräch sich inhaltlich im Kreis zu drehen beginnt und wenn keine neuen Gedanken vom Klienten mehr genannt werden, weil er sich 'sperrt' und sich nicht mit sich auseinandersetzen will. Der Berater muss lernen, diese Situationen wahrzunehmen, um zu entscheiden, wann und in welcher Form ein konfrontativeres Vorgehen im Verlauf der Gespräche hilfreich ist.

Im Rahmen eines konfrontativen Vorgehens formuliert der Berater Angebote, die den Klienten mit den 'konträren' Einschätzungen des Beraters in Impulsform konfrontieren (z.B. andere inhaltliche Zusammenhänge, rechtfertigendes Verhalten, unterdrückte Gefühle und Empfindungen, verleugnete Konsequenzen). Konfrontative Angebote können vielfältig im Beratungsprozess platziert werden, sie sind in der Regel nur zu Beginn von Gesprächen wenig hilfreich. Die folgenden, beispielhaften Berateräußerungen sollen ein begleitend-unterstützendes und ein konfrontatives Verhalten gegenüberstellend kennzeichnen:

Klientin: „Ich weiß nicht recht. Immer wenn ich das Lehrerzimmer betrete, und es ist jemand drin, habe ich ein komisches Gefühl. Eigentlich ist das jeden Tag gleich. Ich komme dann immer zu nichts!"

begleitend-unterstützend	konfrontativ
„Wenn Sie alleine sind, passiert das nicht."	„Sie fühlen sich der Situation im Lehrerzimmer hilflos ausgeliefert."
„Sie geraten unter Druck, wenn Sie das Lehrerzimmer betreten."	„Sie scheuen den Kontakt mit den anderen Kollegen."
„Die Kollegen gehen Ihnen auf die Nerven, mit ihrem Verhalten."	„Sie wollen eigentlich gar keine Lehrerin mehr sein."

Der Berater steht damit zu jedem Zeitpunkt der Arbeit vor der Entscheidung, sein Vorgehen vorrangig begleitend-unterstützend oder konfrontativ zu gestalten, ohne dabei zu irgendeinem Zeitpunkt die beraterischen Grundhaltungen (Kongruenz, Akzeptanz, Empathie) in Frage zu stellen. Er muss einschätzen lernen, zu welchem Zeitpunkt und in welchem Umfang eine Konfrontation für den Klienten zumutbar und weiterführend ist. Wie bereits im Baustein *Angebote formulieren* angedeutet, müssen konfrontative Interventionen sprachlich genau überlegt sein, damit sie vom Klienten inhaltlich aufgegriffen und nicht als persönliche Verletzung wahrgenommen werden. Anzeichen hierfür sind ein rechtfertigendes, sich zurückziehendes Verhalten. Da bei aller Vorsicht solche Reaktionen des Klienten nicht ausgeschlossen werden können, muss der Berater gerade diese Reaktionen auf eine Konfrontation sensibel wahrnehmen und gegebenenfalls durch empathisches Widerspiegeln gezielt auffangen und begleiten.

Zur Verdeutlichung ein Beispiel: Die Beraterin gewinnt im Verlauf des Gesprächs den Eindruck, dass der Klient Konflikten mit seinem Vorgesetzten bewusst aus dem Weg geht. Sie formuliert: „Immer wenn es zu Konflikten mit Ihrem Chef kommt, gehen Sie den direkten Auseinandersetzungen aus dem Weg." Klient: „Wie meinen Sie das. Ich bin doch nicht konfliktscheu. Wissen Sie, wie ich mit den anderen Kollegen manchmal streite." Beraterin: „Sie halten meine Einschätzung für überzogen." Klient: „Na ja, in gewisser Weise haben Sie schon recht. Aber es ist mir schon vor mir selbst peinlich, wie sehr ich mich vor meinem Chef klein mache. Das passiert mir sonst bei niemandem."

Widerstände und Blockaden weisen - wie diesem Beispiel entnommen werden kann - nicht immer auf eine Beziehungsstörung zwischen Klient und Berater, auf ein 'Persönlich-Nehmen' oder auf eine empfundene Verletzung des Klienten hin. Sie treten auch gerade in der Auseinandersetzung mit den konfrontierten Inhalten, Anteilen, Gefühlen oder Sichtweisen auf. Zu einer persönlichen Konfrontation zwischen Klient und Berater kommt es häufig nur, wenn der Berater viele konfrontative Impulse in schneller Abfolge einbringt, ohne dem Klienten genügend Zeit zur Auseinandersetzung und Einordnung zu geben, oder wenn Abwehrreaktionen nicht empathisch aufgefangen werden.

Übungen

(1) Unterstützung oder Konfrontation
Die Teilnehmer bilden Dreiergruppen; die Rollen Klient, Berater und Beobachter werden verteilt. Der Klient bekommt die Aufgabe, über ein Thema seiner Wahl zu sprechen. In den ersten zehn Minuten des Gesprächs hat der Berater die Aufgabe ausschließlich begleitend-unterstützende Interventionen zu formulieren. In den zweiten zehn Minuten soll er sich dann auf das Formulieren von konfrontativen Interventionen beschränken. Danach geben Klient und Beobachter Rückmeldung, ob ihm die Trennung gelungen ist und ob die konfrontativen Interventionen konstruktiv aufgegriffen werden konnten, ohne eine persönliche Konfrontation heraufzubeschwören.
Im Anschluss wechseln alle Beteiligten die Rollen, so dass am Ende alle einmal in jeder Position gearbeitet haben.

(2) Begleitend-unterstützende und konfrontative Interventionen
Siehe Übungsbögen 'Empathie versus Konfrontation' und 'Mögliche Reaktionen des Beraters' (Arbeits- und Trainingsbögen, Kap. 5).

(3) Grundhaltungen einschätzen
Siehe Übungsbogen 'Kongruenz - Akzeptanz - Empathie' (Arbeits- und Trainingsbögen, Kap. 5).

Strukturierung

Baustein 16: Anliegen klären

> **Ziele:**
> 1. Erfassen der beabsichtigten Intentionen und Anliegen des Klienten;
> 2. die vom Klienten genannten Anliegen heraushören und das vermutliche Hauptanliegen herausstellen;
> 3. aus dem vom Klienten Gesagten heraushören, welche Aspekte (siehe Baustein *Aspekte heraushören*) Hinweise auf die momentanen Intentionen und Anliegen des Klienten geben;
> 4. das momentane Hauptanliegen formulieren bzw. dem Klienten Angebote zur Formulierung machen;
> 5. zusammen mit dem Klienten aus den Anliegen die Zielsetzungen für das Gespräch ableiten;
> 6. das Anliegen während der Weiterarbeit als Berater kontinuierlich überprüfen und ggf. mit dem Klienten zusammen konkretisieren, präzisieren oder korrigieren.

Erläuterungen
Das Erfassen der beabsichtigten Intentionen und Anliegen des Klienten ist der Ausgangs-, Dreh- und Angelpunkt für ein effektives und erfolgreiches Beratungsgespräch. Wie schon im (ersten) Baustein *Zuhören* herausgestellt, zielt bereits das Zuhören zu Beginn auf diesen Schlüsselpunkt ab. Nur, wenn mit dem Klienten zusammen die Anliegen benannt und das Hauptanliegen für die beraterische oder pädagogisch-therapeutische Arbeit herausgestellt wurde, ist in der Folge ein zielgerichtetes Vorankommen im Beratungsprozess gewährleistet.

Die Klärung des (Haupt-)Anliegens ermöglicht dem Berater, sein Vorgehen - zusammen mit dem Klienten - festzulegen und die Vielzahl von Ansatzpunkten für die weitere Arbeit auf die entscheidenden zu reduzieren. Im Verlauf des Gesprächs bzw. der Gespräche muss das ausgewählte Anliegen immer wieder überprüft und gegebenenfalls aktualisiert werden. Die Konkretisierung, Präzisierung oder Korrektur des Anliegens bedeutet nicht, dass die Vorarbeit unzureichend, unvollständig oder ungenau war. Die Möglichkeit einer ständigen Veränderung von Anliegen und von damit verbundenen Arbeitsrichtungen ist häufig das Kennzeichen eines erfolgreichen Beratungsprozesses, da der Klient diese Veränderungen erst im Verlauf erkennt oder erkennen kann.

Alle weiteren Entscheidungen für die Strukturierung des Beratungsgespräches fußen auf der Klärung und Festlegung des im Vordergrund stehenden Anliegens: die Klärung der Bearbeitungsstränge, die Festlegung und Bearbeitung der Problemstellung, die Auswahl von spezifischen Methoden für das Vorgehen und das Erarbeiten von passenden Lösungsansätzen.

Als Hilfestellung für die Klärung des Hauptanliegens kann besonders das Heraushören der Aspekte der Kommunikation aus dem Gesagten des Klienten dienen (siehe Baustein *Aspekte heraushören*). Gerade das Erschließen der Aspekte Selbstoffenbarung/Selbstkundgabe, Beziehung und Appell ermöglichen häufig einen Rückschluss auf die nicht selten nur indirekt und 'zwischen den Zeilen' geäußerten Intentionen.

Die Klärung des Hauptanliegens legt die Hauptarbeitsrichtung für den Beratungsprozess fest. Aus den Anliegen des Klienten lassen sich die Zielsetzungen ableiten, die bei Erreichen den Erfolg der Beratung ausmachen. Im Anschluss können dann erst die zugehörigen inhaltlichen Stränge erfasst und gewichtet werden (siehe auch Baustein *Stränge heraushören und benennen*).

Ein Beispiel soll die Bedeutung der Klärung des (Haupt-)Anliegens nachvollziehbar machen. Eine Klientin berichtet unter Tränen: „Meine Situation ist momentan total aussichtslos. Ich habe vor vier Wochen mein Kind im fünften Monat verloren. Mit den körperlichen Folgen kämpfe ich noch heute. Mein Freund war so enttäuscht über den Verlust, dass er nur mit sich zu tun hatte. Wir haben uns zunächst darauf geeinigt, uns auf Zeit zu trennen, um das erst mal so zu verkraften und uns nicht noch mehr weh zu tun. Und nun drängt mich mein Arbeitgeber auch noch und fragt, wann ich wieder anfangen kann zu arbeiten, weil sie sonst eine andere Kraft einstellen müssen. Mein Chef sagt, die Arbeit kann nicht noch länger liegen bleiben. Es wächst mir alles über den Kopf."

An diesem Beispiel wird deutlich, dass die Anliegen vielfach nur verdeckt und in den Worten mit meinend genannt werden. Die Fragen: Was ist Ihr Anliegen? Woran wollen Sie arbeiten? Was steht zunächst an? können viele Klienten aufgrund des vorhandenen Leidensdruckes und dem damit verbundenen Verlust an Überblick und Klarheit spontan gar nicht gezielt und eindeutig beantworten. Die Klientin könnte in unserem Beispiel antworten: „Es ist so viel, dass ich gar nicht weiß, wo ich anfangen soll. Und dann weiß ich nicht, ob ich die Kraft habe."

Der Berater versucht, die 'zwischen den Zeilen' genannten Anliegen herauszuhören, und nimmt dabei die oben genannten Aspekte der Kommunikation zu Hilfe. Für dieses Beispiel sollen die möglichen Anliegen in einer Auflistung genannt werden, um die vielen enthaltenen Möglichkeiten zu verdeutlichen:

a. Die Klientin ist überfordert und erschöpft. Sie hat das Anliegen, sich im Gespräch zunächst erst einmal alles von der Seele zu reden.
b. Die Klientin ist verwirrt, ob der vielen verschiedenen Problembereiche, die in der aktuellen Situation ineinander greifen. Sie hat das Anliegen, die verschiedenen Problembereiche zu ordnen: Verlust des Kindes, körperliche Beschwerden, schwirige Beziehung zu ihrem Freund, Probleme mit dem Arbeitgeber.
c. Die Klientin empfindet sehr intensive Gefühle, z.B. Trauer, Wut, Ohnmacht. Sie hat das Anliegen, den Gefühlen Raum geben zu können, um sie in ihrer Intensität und Bedeutung wahrnehmen und in der Folge wieder handlungsfähiger werden zu können.
d. Die Klientin ist durch die aktuellen Ereignisse in eine umfangreichere Lebenskrise gestürzt worden. Sie hat das Anliegen, grundsätzliche Fragen, wie z.B. Will ich überhaupt Kinder? Ist mir die Familie oder die Arbeit wichtiger? Wie wichtig sind mir Beziehungen zu Männern? intensiv und gründlich im Rahmen einer therapeutischen Aufarbeitung zu thematisieren.
e. Die Klientin kann sich für das weitere Vorgehen nicht entscheiden, ob sie z.B. noch ein Kind möchte oder nicht, ob sie sich von ihrem Freund trennen soll oder nicht. Sie hat das Anliegen, vom Berater Entscheidungshilfen angeboten zu bekommen.
f. Die Klientin hat ein Informationsdefizit, z.B. in Bezug auf die Aussagen ihres Chefs und den damit verbundenen ausgeübten Druck. Sie hat das Anliegen, diese Informationen im Rahmen der Beratung zu erhalten, um die nächsten Schritte planen zu können.

g. Die Klientin ist ratlos, z.B. in Bezug auf das Verhalten ihrem Freund gegenüber. Sie hat das Anliegen, schnell eine praktikable Lösung für ihre anstehenden Probleme zu erarbeiten.

Verallgemeinernd kann man diese Anliegen den zugrunde liegenden Bedürfnissen zuordnen, die Klienten bewegen, sich in eine Beratung oder Therapie zu begeben:
 a. Begleitung und Psychohygiene
 b. Ordnung, Strukturierung, Prioritätensetzung
 c. Emotionsexploration: Zulassen und Erleben von Gefühlen
 d. (therapeutische) Bearbeitung bzw. Aufarbeitung
 e. Klärung von Entscheidungen
 f. Suche nach Informationen
 g. Lösungsexploration: Finden von praktikablen Lösungen

In der Praxis formuliert der Berater nur die wahrgenommenen Hauptanliegen und bietet sie der Klientin an, um ihr zu einer Klärung für das weitere Vorgehen zu verhelfen. Der Berater bietet der Klientin z.B. an: „Wenn ich sie richtig verstanden habe, möchten Sie sich zunächst erst einmal Raum und Zeit nehmen, ihren Gefühlen nachgehen zu können. Sie empfinden gleichzeitig ganz viele Gefühle - aber besonders Trauer."

Übungen

(1) Anliegen anbieten
Die Teilnehmer finden sich zu dritt in einer Klient-Berater-Beobachter-Konstellation zusammen und klären, wer zunächst welche Rolle übernimmt. Der Klient bekommt die Aufgabe, über ein Problem zu sprechen, ohne sein eigentliches Anliegen für das Gespräch zu nennen. Nachdem der Berater zugehört hat, versucht er die herausgehörten Anliegen dem Klienten anzubieten, um eine Klärung des Hauptanliegens herbeizuführen. Der Beobachter schildert anschließend seine Eindrücke. Danach wechseln alle Beteiligten die Rollen.

(2) Anliegen herausstellen
Die Teilnehmer bearbeiten die Übungsbeispiele (siehe Übungsbögen 'Übungsbeispiel I und II', Arbeits- und Trainingsbögen, Kap. 5) unter der Aufgabenstellung, die (möglichen) Anliegen der Klienten aus dem Text 'herauszulesen'.

Baustein 17: Stränge heraushören und benennen

Ziele:
1. Die Komplexität der vom Klienten dargelegten Inhalte und angesprochenen Problembereiche erfassen und strukturieren;

2. aus der Komplexität der Inhalte und Probleme die Stränge für die weitere Bearbeitung heraushören und benennen;
3. die einzelnen Stränge in ihrer Bedeutung für die Bearbeitung des Anliegens abwägen, gewichten und den Klienten auffordern, sich für einen Strang zu entscheiden, der für die Weiterarbeit aufgegriffen werden soll;
4. die einzelnen Stränge gegebenenfalls visualisieren.

Erläuterungen
Nach dem Erfassen und Benennen des (Haupt-)Anliegens erzählt und berichtet der Klient, welche verschiedenen Aspekte, Nuancen und Zusammenhänge für ihn mit dem Anliegen verbunden sind und was an der Vorgeschichte seines Problems von Bedeutung ist. Unter 'Strang' verstehen wir in diesem Zusammenhang die inhaltlichen Bereiche oder Schwerpunkte, die für die Bearbeitung eines Anliegens ineinander greifen und vom Klienten benannt werden. Wenn ein Klient beispielsweise in der Beratung das Anliegen 'Klärung der weiteren beruflichen Perspektiven' bearbeiten möchte, könnten sich als mögliche Stränge folgende inhaltliche Bereiche herausstellen: 'Eigene Unzufriedenheit mit der gegenwärtigen Tätigkeit', 'Informationen über Fortbildungsmöglichkeiten', 'Familiäre Situation und Gebundenheit an den Wohnort', 'Verhältnis zum Vater, der sich in die Auswahl einzumischen versucht'.

Der Klient erhält zunächst die Möglichkeit, alles was mit dem Anliegen oder Problem in Verbindung steht, erzählen, beschreiben und darstellen zu können. Dabei entwickelt sich in vielen Fällen ein hoher Grad an Komplexität in Bezug auf die dargelegten Inhalte und Problembereiche. Der Berater versucht, aus dieser Komplexität die (wesentlichen) Stränge herauszuhören und zu ordnen.

Nachdem der Klient 'zu Ende gesprochen hat', benennt der Berater die herausgehörten Stränge und fasst damit das Gesagte in seinen wesentlichen Bereichen zusammen. Für die Strukturierung des weiteren Gespräches ist es dabei von entscheidender Bedeutung, dass die angesprochenen Inhalte zu übergeordneten Strängen zusammengefasst werden, um sich nicht in Einzelheiten und Besonderheiten zu verlieren. Durch diese ordnende und strukturierende Reduktion auf die wesentlichen Stränge entsteht für den Klienten eine erste vorläufige Übersicht, über die zu bearbeitenden Problembereiche.

Durch die Klärung des Anliegens (siehe Baustein *Anliegen klären*) - als ersten - und das Benennen der wesentlichen Stränge - als zweiten Schritt - ist es im Weiteren dann möglich, gezielt Vorgehensweisen und spezifische Methoden auszuwählen, um das Anliegen mit den ausgewählten Strängen effektiv und zielorientiert zu bearbeiten. Das Fehlen dieser Strukturierung macht sich in vielen Gesprächen dadurch bemerkbar, dass der Bearbeitungsprozess sich schnell im Kreis zu drehen beginnt und Berater wie Klient den roten Faden - und somit die Arbeit am eigentlichen Problem - aus den Augen verlieren.

In der Praxis haben sich zwei Verfahren für das Finden des Hauptstranges für die Weiterarbeit bewährt: Entweder benennt der Berater alle herausgehörten Stränge, präsentiert sie zusammenfassend dem Klienten, der sich dann für einen Strang entscheidet, oder der Berater bietet den - aus seiner Sicht wahrgenommenen - Hauptstrang dem Klienten an, der diesen dann bestätigen bzw. korrigieren kann.

Die Visualisierung der verschiedenen Stränge mittels Notizen, Kärtchen oder auf einem Flipchart-Blatt erleichtert es allen Beteiligten, gerade bei komplexen Problemzusammenhängen, den Überblick zu behalten und später während der Bearbeitung auf die getroffenen Absprachen zurückgreifen zu können.

In Weiterführung des im vorigen Baustein *Anliegen klären* aufgegriffenen Beispiels soll die Darstellung und Visualisierung der einzelnen Stränge verdeutlicht werden. Die Klientin hatte das Anliegen bestätigt, ihren Gefühlen - ganz besonders der Trauer - Raum geben und sie zulassen zu können. Nachdem sie lange und ausführlich von den verschiedenen Situationen und den beteiligten Personen erzählt und dabei viel geweint hat, ergibt sich die Frage, was nun für die Weiterarbeit genauer aufgegriffen werden soll. Für den Berater haben sich in der Zwischenzeit die folgenden Stränge herauskristallisiert, die er der Klientin mit Hilfe einer Visualisierung präsentiert:

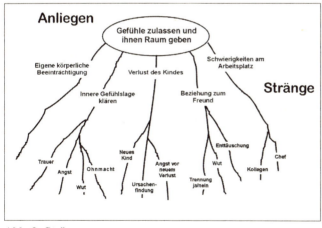

Abb. 2: Stränge

Nach den Erläuterungen der Stränge greift die Klientin den Strang 'Beziehung zum Freund' heraus, den sie für die Weiterarbeit am wichtigsten, weiterführendsten bzw. zutreffendsten hält.

Übungen

(1) Stränge visualisieren
Die Teilnehmer arbeiten in Fünfergruppen. Nachdem Klient und Berater gefunden sind, schildert der Klient möglichst eine umfassendere Problema-

tik. Während der Klient erzählt, notiert sich der Berater mittels Kärtchen die herausgehörten Stränge. Die drei Beobachter halten die von ihnen wahrgenommenen Stränge in ihren Protokollen fest. Im Anschluss an das Erzählen und Berichten des Klienten präsentiert der Berater dem Klienten die notierten Stränge und dieser entscheidet sich für einen Strang, an dem zunächst mit der Arbeit begonnen werden soll. Dann wird das Gespräch unterbrochen und die Beobachter präsentieren die von Ihnen herausgehörten Stränge und Klient und Berater vergleichen die Ergebnisse miteinander. Danach wird das Gespräch mit der Bearbeitung eines Stranges fortgesetzt.

(2) Gedankennetz
Die Arbeitsweise verläuft wie bei Übung (1). Klient, Berater und die Beobachter versuchen hier alternativ zum Notieren der Stränge auf Kärtchen, ihr Bild von der Gesamtproblematik und den Strängen in Form eines Netzplanes aufzuzeichnen (siehe Abbildung).

(3) Stränge herausstellen
Die Teilnehmer bearbeiten die Übungsbeispiele (siehe Übungsbögen 'Übungsbeispiel I und II', Arbeits- und Trainingsbögen, Kap. 5) unter der Aufgabenstellung, die vom Klienten genannten Stränge herauszustellen und zu visualisieren.

Baustein 18: Einen Strang verfolgen

Ziele:
1. Sich für einen Strang (Bereich/Inhalt) entscheiden und diesem gezielt nachgehen, z.B. durch Formulierung entsprechender Angebote;
2. den Bedeutungszusammenhang zwischen den verschiedenen Strängen und dem Problem im Gesamtgefüge herausarbeiten;
3. durch die Bearbeitung der einzelnen Stränge im Gedankennetz des Klienten zum Kernproblem vordringen.

Erläuterungen
Am Anfang einer Beratung ist dem Klienten sein Problem häufig nicht in seiner Gesamtheit und seiner Tragweite bekannt. Wäre dies so, würde er nicht professionelle Hilfe in Anspruch nehmen. Aufgrund dieser Tatsache kommen im Laufe einer pädagogisch-therapeutischen Sitzung vielfach mehrere inhaltlich verschieden gelagerte Problembereiche zur Sprache. Besonders im Rahmen des ersten Gespräches, in dem es zunächst um die Problemsondierung geht, ist dies häufig der Fall. Bei umfangreicheren bzw. tiefergehenden Problematiken muss das Kernproblem erst im Laufe der Zeit eingekreist bzw. erarbeitet werden. Von daher ist es für Klient und Berater gleichermaßen wichtig, sich zunächst nur für die Arbeit an einem Strang zu entscheiden und diesen während des Gespräches zu verfolgen. Durch diese Festlegung ist ein gezieltes Arbeiten möglich, und der Klient kann mit Hilfe des Beraters klären, ob die Bearbeitung des ausgewählten Stranges weiter-

führend und zum Kernproblem vordringend ist. Wenn der Klient von dem ausgewählten Strang abschweift, thematisiert der Berater dieses Abschweifen, um entweder zur Bearbeitung des Stranges zurückzuführen oder einen Wechsel des Bearbeitungsstranges vorzuschlagen.

Im Verlauf der Arbeit im Rahmen des Gespräches wird die Bedeutung des ausgewählten Stranges im Rahmen des Gesamtgefüges deutlich. Stellen Klient und Berater fest, dass der verfolgte Strang nicht zum Kernproblem führt, greift der Klient einen weiteren Strang heraus und arbeitet zusammen mit dem Berater an diesem Strang weiter. Durch dieses Vorgehen können die einzelnen Inhalte sortiert und das eigentliche Kernproblem herausgearbeitet werden. In diesem Sinne dient der Baustein *Einen Strang verfolgen* der Diskrimination, d.h., die nicht zutreffenden Möglichkeiten geben gleichzeitig Hinweise auf die zutreffenden und bieten somit die Chance, den eigentlichen Kernbereich des Problems einzukreisen.

Übung
(1) Vom Strang abschweifen
Die Teilnehmer finden sich in Paaren zusammen und legen fest, wer in der Rolle des Klienten und in der des Beraters beginnt. In einer kurzen Einführung legen beide einen fiktiven oder echten Strang fest, an dem im Gespräch gearbeitet werden soll. Während das Gespräch läuft, versucht der Klient bewusst vom vereinbarten Strang abzuschweifen und der Berater hat die Aufgabe, den Klienten wieder zurückzuführen.

Nach einer vereinbarten Zeit wechseln beide die Rollen und beenden im Anschluss an beide Übungssequenzen das Training mit einem Austausch über die gemachten Erfahrungen.

Baustein 19: Arbeitshypothese formulieren

Ziele:
1. Die Einschätzungen zum Umfang, zu den Hintergründen und zu den inhaltlichen Schwerpunkten (Strängen) des zu bearbeitenden Problems als Arbeitshypothesen formulieren;
2. die eigenen Einschätzungen, Vorstellungen und Ideen zum Fortgang des Gespräches als Berater in Arbeitshypothesen fassen;
3. die Vorstellungen über die Person des Klienten mit dessen Besonderheiten, Eigenheiten, Stärken und Schwächen (bezogen auf die Problematik) als Arbeitshypothesen formulieren;
4. die Überlegungen zum Einsatz von geeigneten Bearbeitungsmethoden und möglichen Lösungsrichtungen als Arbeitshypothesen formulieren;
5. die Arbeitshypothesen gegenüber dem Klienten in der Regel nicht benennen, sondern sie im Gesprächsverlauf umsetzen oder in den Kernaussagen als Angebot/Denkanstoß formulieren.

Erläuterungen
Das Formulieren von Arbeitshypothesen ist die Grundlage allen beraterischen und pädagogisch-therapeutischen Handelns. Das Verhalten als Berater ist bestimmt durch das Bild, welches sich dieser vom Klienten und dessen Problem macht. Diese Einschätzungen, Vorstellungen und Konstruktionen, die in der Gedankenwelt des Beraters entstehen, nennt man Arbeitshypothesen. Arbeitshypothesen sind immer vorhanden, nur meist werden sie nicht bewusst und systematisch reflektiert. Diese Reflexion ist aber eine unabdingbare Voraussetzung für ein professionelles und planvolles Beraterverhalten. Der Berater muss sich seiner Arbeitshypothesen bewusst sein, um ein unreflektiertes und einseitiges Vorgehen in Beratungsgesprächen weitgehend zu vermeiden.

Das gezielte Formulieren der eigenen Arbeitshypothesen muss eingeübt werden, um sich in den Formulierungen nicht alleine in der Beschreibung der Anliegen, Probleme, Stränge oder Schlüsselbegriffe zu verlieren. Arbeitshypothesen umfassen mehr als bloße Beschreibungen, der vom Klienten thematisierten Inhalte. Sie schließen Bewertungen, Interpretationen, Vermutungen und Spekulationen aus der Sicht des Beraters mit ein. Damit führt dieser sich seine 'Konstruktionen' über den vorliegenden Fall bewusst und deutlich vor Augen, um diesen nicht un- oder vorbewusst, aber unreflektiert zu folgen. Für eine professionelle Arbeit ist dabei eine kontinuierliche Supervision und ein intensiver Austausch mit Beraterkollegen von großem Nutzen. Nur so ist das Erkennen von eigenen blinden Flecken, Sackgassen im Denken und Einschränkungen in der Auswahl der eingesetzten Interventionen und Methoden möglich.

Eigene Einschätzungen, Vorstellungen und Überlegungen formuliert ein professioneller Berater in Form von Arbeitshypothesen für:

- Das eigentliche, vielleicht nicht offen formulierte Problem und Hauptanliegen des Klienten;
- die notwendige Tiefe und Gründlichkeit der Bearbeitung und dabei mögliche Überschreitungen in der Grenzziehung zur Therapie sowie den zu erwartenden Umfang des Beratungsprozesses und die vermutlich notwendige Anzahl der Sitzungen;
- die vermuteten Hintergründe und Querverbindungen zur Biografie des Klienten und der Problemgenese;
- die Person und Persönlichkeit des Klienten mit dessen Besonderheiten, Eigenheiten, subjektiven Wahrnehmungsfiltern, Stärken und Schwächen, bezogen auf die angesprochene Problematik;
- die Belastbarkeit des Klienten in Bezug auf das Arbeitstempo und das Verkraften neuer Erkenntnisse bzw. das Wahrnehmen verdrängter Gefühle;
- Ideen zum Fortgang des Gespräches und die vermutlich oder notwendig zu bearbeitenden Stränge des Problems;

– mögliche Bearbeitungsrichtungen und den Einsatz spezifischer Methoden und Interventionsformen;
– mögliche Lösungsrichtungen und Lösungsansätze.

Zur Veranschaulichung soll das in den vorangehenden Bausteinen kontinuierlich weitergeführte Beispiel an dieser Stelle dafür genutzt werden, einige exemplarisch ausgewählte, mögliche Arbeitshypothesen des Beraters zu nennen: Die Klientin hatte das Anliegen aufgegriffen, ihre Gefühle und besonders ihre Trauer zuzulassen und zu artikulieren. Der Berater hat die Arbeitshypothese, dass das eigentliche Anliegen mehr in der Bearbeitung der Entscheidung, sich von ihrem Freund zu trennen oder nicht, liegt. Er schätzt die vermutliche Dauer des Beratungsprozesses auf fünf Sitzungen ein, da wahrscheinlich die nächsten zwei Gespräche vorerst mit dem Zulassen des aktuellen Gefühlsstaus ausgefüllt sind, bevor das vermutlich eigentliche Anliegen bearbeitet werden kann. Als eine schwer kalkulierbare Größe schätzt der Berater das Verhältnis der Klientin zu ihren Eltern ein, weil diese bisher nicht angesprochen wurden. Ob hier problembedeutsame Zusammenhänge bestehen, will der Berater im Blick behalten. Er hält die Klientin, trotz ihrer zwar momentan stark beeinträchtigten psychischen und physischen Verfassung, für im Prinzip belastbar und entscheidungsfähig. Die wichtigsten spezifischen Interventionen und Methoden sind in den nächsten Sitzungen, nach Einschätzung des Beraters, die Bausteine *Zuhören*, *Erlebnis ins 'Hier und Jetzt'* und *Positionsstühle*.

Der Berater benennt die Arbeitshypothesen im Verlauf der Gespräche gegenüber dem Klienten in der Regel nicht, sondern berücksichtigt sie im Strukturieren und Planen des Beratungsprozesses oder lässt sie in sein beraterisches Handeln gegenüber dem Klienten einfließen.

Wenn es für den Fortgang der Gespräche zielführend oder notwendig ist, können Arbeitshypothesen allerdings auch in ihren Kernaussagen in Form von Angeboten direkt in das Gespräch eingebracht werden.

Das bewusste Formulieren und Reflektieren von Arbeitshypothesen birgt eine Gefahr, mit der sich jeder Berater auseinander setzen muss: Je fassbarer die eigenen Konstruktionen werden, um so schneller hinterfragt er sie ab einem gewissen Punkt des Beratungsprozesses vielleicht nicht mehr. Der Klient kann so von ihm in Arbeitshypothesen 'hineingezwungen' werden. Somit muss die Meinung und Stellungnahme des Klienten zu jedem Zeitpunkt noch vor jeder noch so perfekt formulierten Arbeitshypothese des Beraters akzeptiert werden.

Übungen
(1) Nachträgliche Reflexion der Arbeitshypothesen
Die Teilnehmer arbeiten in Dreiergruppen und verteilen die Rollen Klient, Berater und 'Supervisor'. Nachdem der Klient mit dem Berater über ein aktuelles Problem gesprochen hat und das Gespräch zu einem vorläufigen En-

de gekommen ist, führt der bis dahin beobachtende 'Supervisor' ein Gespräch mit dem Berater über dessen Arbeitshypothesen, die im Verlauf des Gespräches in seiner Gedankenwelt entstanden sind. Ein abschließender Austausch beschließt die Übung.

Der Beobachter nimmt die Rolle eines Laien-Supervisors ein, um dem Berater seine Arbeitshypothesen vor Augen zu führen.

(2) Arbeitshypothesen formulieren
Siehe Übungsbogen 'Arbeitshypothesen formulieren' (Arbeits- und Trainingsbögen, Kap. 5).

(3) Arbeitshypothesen vergegenwärtigen
Die Teilnehmer bearbeiten die Übungsbeispiele (siehe Übungsbögen 'Übungsbeispiel I und II', Arbeits- und Trainingsbögen, Kap. 5) unter der Aufgabenstellung, sich ihre (fiktiven) Arbeitshypothesen zu den beschriebenen Fällen zu vergegenwärtigen.

Baustein 20: Gespräch in Phasen unterteilen

Ziele:
1. Den Ablauf des Gesprächs durch das Unterteilen in die Phasen des Beratungsprozesses strukturieren:
   a. Deskriptive Phase
   b. Diagnostisch-analytische Phase
   c. Problembearbeitungsphase
   d. Lösungsexplorationsphase;
2. den Bearbeitungsprozess im Gespräch durch die Unterteilung gezielt und anliegenorientiert gestalten;
3. bei der Durchführung des Bearbeitungsprozesses innerhalb der Phasen personen-, problem-, ziel- und situationsadäquat vorgehen;
4. die Phasen mit dem Klienten nicht starr abarbeiten, sondern fließende Übergänge schaffen;
5. die Phasen durch strukturierende Äußerungen eröffnen, gestalten und beenden.

Erläuterungen
Alle Beratungsformen (klassische Beratung, Supervision, Coaching etc.) unterliegen einem psychologischen Grundschema:

Ein pädagogisch-therapeutischer bzw. beraterischer Prozess beginnt immer mit der Entscheidung des Klienten, ein Gefühl, ein Problem, einen Zweifel, ein Körpersignal etc. überhaupt zuzulassen. Gerade durch den hohen Anteil an un- oder vorbewussten Vorgängen, ist das bewusste Zulassen der erste Schritt zur Auseinandersetzung. Im Rahmen des Beratungsprozesses ist es wichtig, dem Klienten dann genügend Raum, Zeit und Ruhe zur Verfügung zu stellen, sein Anliegen oder Problem mit allen zugänglichen Anteilen und Gefühlen artikulieren zu können. Mit der Artikulation beginnt der Bearbeitungsprozess, weil durch das Aussprechen, Ausdrücken oder Ausleben der meist 'verschütteten' Gefühle, Empfindungen oder Gedanken dem Klienten eine neue Einordnung und Ordnung in seinem Selbstkonzept wie im inneren Bezugsrahmen ermöglicht wird. Durch das Bearbeiten kann er passendere Strukturen und Konstruktionen überlegen und probieren, die ihm letztlich dann auch neue Lösungsrichtungen und Lösungsansätze erschließen und erlauben. Diesen Prozess durchlaufen wir im alltäglichen Leben in verkürzter Form in sich wiederholenden Schleifen und aktualisieren uns damit selbst. In der Beratung wird dieser natürliche Ablauf schrittweise nachvollzogen.

In Anlehnung an diese vier Schritte ist es zur Strukturierung der Bearbeitung der Anliegen und Probleme des Klienten sinnvoll, den Beratungsprozess in vier Phasen zu gliedern. Diese idealtypische Einteilung von Beratungsgesprächen soll für die Praxis hilfreiche Strukturierungs- und Planungshilfen geben, ohne die Gespräche in ein vorgegebenes Korsett zu zwingen. Die folgende Darstellung und Erläuterung der Phasen soll als Leitfaden verstanden werden:

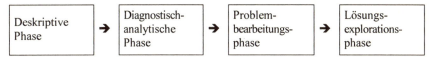

(a) Deskriptive Phase
Der Klient erhält in dieser ersten Phase die Gelegenheit, sämtliche Gedanken, Gefühle, Erfahrungen, Erlebnisse, Wünsche, Befürchtungen und Fragen, die im Zusammenhang mit seinem Problem und Anliegen stehen, zu artikulieren. Er wird ermutigt, alles ungeordnet und mit inhaltlichen Sprüngen auszusprechen, was ihn bewegt. Der Berater hört dem Klienten zunächst hauptsächlich zu, konzentriert sich auf die Äußerungen und subjektiven Interpunktionen und versucht sich während des Zuhörens ein Bild von der Person des Klienten und seinem Hauptanliegen zu machen (siehe auch Baustein *Arbeitshypothesen formulieren*). Vor allem durch paraphrasierendes Widerspiegeln rückversichert er sich beim Klienten, ob er die dargelegten Zusammenhänge richtig verstanden hat. Der Klient kann dadurch seine Erläuterungen gegebenenfalls präzisieren, korrigieren oder ergänzen.

Die deskriptive Phase des Beispiels der Klientin, die ihr Kind verloren hat, ist im Rahmen der Erläuterungen des Bausteins *Anliegen klären* beschrieben.

(b) Diagnostisch-analytische Phase
In der zweiten Phase eines Beratungsgespräches wird zunächst das Hauptanliegen geklärt und benannt, das den 'Auftrag' für die Beratungsarbeit formuliert. Im Anschluss werden die zuvor vom Klienten genannten Anliegen, Probleme, Fragestellungen und inhaltlichen Schwerpunkte noch ein-

mal zusammengefasst, geordnet und strukturiert. Klient und Berater legen fest, an welchem Strang mit der Arbeit in der folgenden Problembearbeitungsphase begonnen werden soll. Der Berater hat dazu die Aufgabe, die genannten Stränge zu hierarchisieren und den Klienten Prioritäten setzen zu lassen. Er gibt Orientierungs- und Klärungshilfen für die notwendigen Entscheidungen des Klienten. Anhand seiner Arbeitshypothesen wählt er spezifische Methoden für die Bearbeitung des Problems bzw. Anliegens aus und schlägt sie dem Klienten vor.

In unserem Beispiel benennt die Klientin als ihr vorrangiges Anliegen, ihren Gefühlen Raum geben zu können und sie zu artikulieren. Nach der Zusammenfassung der Stränge, die in den Erläuterungen des Bausteins *Stränge heraushören und benennen* visualisiert sind, entscheidet sie sich für den Strang 'Beziehung zum Freund'. Der Berater schlägt ihr vor, den Ablauf der Ereignisse noch einmal genau zu erzählen und dabei das Verhalten des Freundes besonders zu berücksichtigen.

(c) Problembearbeitungsphase
In dieser dritten Phase eines Beratungsgespräches wird anhand des in der vorhergehenden Phase, ausgewählten Stranges das Problem des Klienten bearbeitet. Diese Bearbeitung hat das Ziel, zentrale Fragestellungen und Problemzusammenhänge aufzudecken, die relevanten Hintergründe zu klären und besonders die 'verschütteten' Empfindungen und Gefühle zu erspüren. Die Arbeit wird durch den Einsatz spezifischer Methoden unterstützt und gezielt gestaltet. Der Berater achtet besonders auf Widerstände, Blockaden und Ausweichstrategien und thematisiert diese im Bearbeitungsverlauf. Klient und Berater versuchen in dieser Phase zum eigentlichen Kernproblem des Klienten vorzudringen, um abschließend klären zu können, wofür der Klient konkret Lösungen sucht.

Die Klientin berichtet in unserem Beispiel minutiös den Ablauf der Ereignisse. Sie empfindet tiefe Trauer, als sie noch einmal vom Verlust des Kindes erzählt, kann die Gefühle gegenüber ihrem Freund aber nicht so richtig einordnen. Der Berater schlägt ihr vor, das damalige Gespräch mit dem Freund als *Erlebnis ins 'Hier und Jetzt'* zu holen. Im Verlauf der Arbeit mit dieser Methode spürt sie deutlich, wie sehr sie sich von ihrem Freund im Stich gelassen und alleine gelassen fühlt. Sie will die Frage einer endgültigen Trennung aber von einem Gespräch mit ihm abhängig machen.

(d) Lösungsexplorationsphase
In der letzten Phase eines Beratungsgespräches werden Lösungsansätze formuliert, die aus den Ergebnissen der Bearbeitung resultieren. Dabei werden entweder Lösungsimpulse wieder aufgegriffen bzw. neu formuliert, die der Klient bereits zu einem früheren Zeitpunkt im Gespräch genannt oder angedeutet hat, oder Klient und Berater entwickeln gemeinsam anhand verschiedener Strategien für das Problem passende Lösungsmöglichkeiten. Die

Lösungen werden anschließend für den Klienten konkretisiert und auf die Realsituation übertragen. In einer möglichen nächsten Sitzung fordert der Berater den Klienten auf, zu berichten ob die Lösungen ausprobiert bzw. umgesetzt wurden und wie erfolgreich die Umsetzung war. Der Berater erarbeitet gerade in dieser Phase kleinschrittig und operationalisiert die ausgewählten Lösungen zusammen mit dem Klienten. Misserfolge in der Umsetzung arbeitet er mit dem Klienten einfühlend auf.

In unserem Beispiel hatte die Klientin schon zum Ende der Bearbeitung gesagt, dass sie ein Gespräch mit dem Freund führen will. Der Berater spricht mit ihr den Verlauf und mögliche Alternativen des anstehenden Gespräches durch und die Klientin nimmt sich vor, sich einen Ruck zu geben, und das Gespräch für die folgende Woche mit dem Freund zu vereinbaren. Für die nächste Sitzung wird vereinbart, das stattgefundene Gespräch zu reflektieren und anschließend gegebenenfalls mit der Bearbeitung des Stranges 'Probleme mit dem Arbeitgeber' zu beginnen.

Die Strukturierung des Beratungsprozesses anhand der erläuterten vier Phasen gestaltet der Berater personen-, problem-, ziel- und situationsadäquat. Dabei sollen die Phasen nicht stur und starr mit dem Klienten abgearbeitet werden, sondern dienen als roter Faden und Orientierungshilfe 'im Kopf des Beraters'. Der Berater schafft dabei die fließenden Übergänge zwischen den Phasen, um den Klienten vorrangig inhaltlich zu begleiten und nicht mit ihm formale Schritte 'abzuhaken'. Formulierungen wie „Nun kommen wir zur dritten Phase, in der das Problem jetzt bearbeitet wird. Wir nehmen uns den abgesprochenen Strang 'Beziehung zu den Kollegen' vor." sollten z.B. wie folgt umformuliert werden: „Wenn ich noch einmal versuche zusammen zu fassen - möchten Sie zunächst an dem Thema 'Beziehung zu Ihren Kollegen' weiterarbeiten."

Der gesamte Ablauf der Phasen kann in einem Gespräch vollzogen werden, sich aber auch über mehrere Sitzungen erstrecken.

Übungen

(1) Die Phasen des Beratungsgespräches trennen
Für die Übungsgespräche in Kleingruppen gilt im Rahmen dieser Übung, dass die Gespräche immer dann vom übenden Berater unterbrochen werden, wenn die eine Phase der Beratung endet und ein Übergang zur nächsten Phase vollzogen wird. Unterbricht der Berater nicht, haben die Beobachter die Möglichkeit, von außen einen Stopp vorzunehmen. In den Unterbrechungen tauschen sich alle Beteiligten kurz über den Verlauf des Prozesses und den Übergang der Phasen aus.

(2) Phasen des Beratungsgesprächs durchführen und reflektieren
Siehe Übungsbogen 'Phasen der Beratung' (Arbeits- und Trainingsbögen, Kap. 5).

Baustein 21: Einsatz von Methoden

> **Ziele:**
> 1. Zur Gestaltung des Gesprächs und zur Unterstützung der Bearbeitung der Anliegen, Fragestellungen und Probleme gezielt spezifische Methoden (Interventionen) auswählen und einsetzen;
> 2. durch den Einsatz von Methoden dem Klienten neue Zugangswege zu seinem Problem ermöglichen und erschließen;
> 3. das Gespräch für die Durchführung einer Methode 'unterbrechen' - die Methode explizit beginnen und beenden;
> 4. den Klienten über den Sinn, den Ablauf und die Besonderheiten der Methode informieren und ihn im Anschluss entscheiden lassen, ob er sich auf die Methode einlassen kann (will) oder nicht;
> 5. als Berater den Klienten in seinen Entscheidungen nicht beeinflussen und gegebenenfalls Widerstände und Blockaden des Klienten gegen die Methode thematisieren;
> 6. die Methode kleinschrittig, konkret und für den Klienten nachvollziehbar anleiten und den Ablauf gewährleisten;
> 7. nach Beendigung der Methode diese zusammen mit dem Klienten auswerten bzw. aufarbeiten und dabei die Durchführung von der inhaltlichen Aufarbeitung klar trennen.

Erläuterungen

Um gerade im Rahmen der Bearbeitung von Anliegen und Problemen in Beratungsgesprächen für den Klienten gezielt Hilfestellung geben zu können, reicht es in vielen Fällen nicht aus, sich als Berater alleine auf die grundlegenden sprachlichen Interventionen zu beschränken. Die in dieser Trainingskonzeption beschriebenen Bausteine bieten (unter anderem) eine Fülle von spezifischen Methoden, die im Beratungsprozess Vorgehensweisen zur Verfügung stellen, die über das alleinige 'Arbeiten im Gespräch' hinausgehen. Diese Methoden lassen sich fast durchgängig in jeder Phase einsetzen, werden aber bevorzugt zur Gestaltung der Problembearbeitungsphase genutzt, um die Bearbeitung der Anliegen und Stränge zu effektivieren.

Der Einsatz von Methoden muss inhaltlich begründet sein. Methoden sind keine 'Zaubermittel', die dann zum Einsatz kommen, wenn das Gespräch sich festfährt oder sich im Kreis zu drehen beginnt. Eine intensive Aufarbeitung des 'Auf-der-Stelle-Tretens' ist in solchen Fällen mehr angezeigt.

Für alle in der folgenden Übersicht genannten Methoden sollen in diesem Baustein grundlegende Hinweise für die Durchführung gegeben werden. Für die genaue Beschreibung der spezifischen Merkmale, Besonderheiten und Hintergründe der jeweiligen Methode sei auf die Erläuterungen der zugeordneten Bausteine verwiesen. Einige Bausteine sind mehreren Methoden zugewiesen, da sie mit unterschiedlicher Zielrichtung eingesetzt werden können.

Methode: **Erlebnisse konkretisieren** Schilderung und Bearbeitung typischer Situationen mit Problembezug *Zugeordnete Bausteine:* Erlebnis konkret beschreiben Erlebnis ins Hier und Jetzt Entspannung II	Methode: **Positionsstühle** Klärung von Positionen und Entscheidungsproblemen *Zugeordnete Bausteine:* Positionsstühle Inneres Team Doppeln
Methode: **Gefühlsexploration** Zulassen, Erspüren und Artikulieren von Empfindungen und Gefühlen *Zugeordnete Bausteine:* Gefühlsgegensätze thematisieren Doppeln Staccato Gefühlsimplosion	Methode: **Visualisierung** Erstellen von Visualisaten; Anwendung anderer (nonverbaler) Problemzugänge *Zugeordnete Bausteine:* Zusammenhänge visualisieren
Methode: **Freie Assoziation** Assoziationen zu Themen, Begriffen und Schlüsselworten mit Problembezug *Zugeordnete Bausteine:* Freie Assoziation Entspannung I Lösungsbrainstorming	Methode: **Kognitive Bearbeitung** Gezielte kognitive Aufarbeitung der Problemzusammenhänge *Zugeordnete Bausteine:* Informationen geben Kognitive Aufarbeitung Kognitive Umstrukturierung Blick in die Zukunft/Zukunftsgestaltung
Methode: **Systemische Bearbeitung** Betrachtung der systemischen Zusammenhänge; Entwicklung neuer Perspektiven *Zugeordnete Bausteine:* Zirkuläres Befragen Ausnahmen suchen Wunderfrage stellen	Methode: **Körperarbeit** Berücksichtigung ganzheitlicher, gestalttherapeutischer Elemente *Zugeordnete Bausteine:* Zusammenhänge visualisieren Körperbewegungen bewusst verstärken lassen Körperkontakt aufnehmen Körperempfindungen aufspüren
Methode: **Psychodram. Konkretisierung** Berücksichtigung psychodramatischer Handlungstechniken *Zugeordnete Bausteine:* Positionsstühle Inneres Team Psychodramatische Konkretisierung Lösungen probehandeln	Methode: **Entspannung** Berücksichtigung ganzheitlicher Entspannungs- und Meditationstechniken *Zugeordnete Bausteine:* Entspannung I Entspannung II Entspannung III Innere Bilder erleben

Für die Durchführung der spezifischen Methoden lässt sich ein mehr oder weniger allgemeingültiger Ablauf beschreiben, mit Hilfe dessen diese in das Beratungsgespräch eingebettet werden. Dabei ist es von Methode zu Methode (von Baustein zu Baustein) unterschiedlich, ob die Vorgehensweise so klar - wie im folgenden beschrieben - vom Gespräch getrennt oder in den Gesprächsverlauf mehr einbezogen werden kann. Der Berater entscheidet den jeweiligen Bedarf an Strukturierung von Fall zu Fall und begleitet den Klienten 'durch die Methode'. Die spezifischen Methoden (Bausteine), bei deren Einsatz die folgenden Hinweise unbedingt Beachtung finden sollten, sind am Ende der für diese Bausteine jeweils aufgelisteten Ziele mit einem besonderen Vermerk *'Siehe Baustein Einsatz von Methoden'* versehen.

Über diese allgemeingültigen Hinweise hinaus, finden sich in der Beschreibung der jeweiligen Bausteine in vielen Fällen unter dem Punkt 'Durchführungshinweise' weitere, spezielle Anmerkungen, die beim Einsatz der jeweiligen Methode bzw. Intervention vom Berater beachtet werden müssen.

Durchführung von Methoden
a. *Gespräch:* Im Verlauf des Gespräches überlegt der Berater, ob der Einsatz von spezifischen Methoden die Bearbeitung der jeweiligen Problematik des Klienten unterstützen könnte. Er wählt gegebenenfalls geeignete Methoden aus und entscheidet sich, diese dem Klienten vorzuschlagen.
b. *Break:* Der Berater unterbricht das eigentliche Beratungsgespräch. Durch das 'Break' (am Anfang und am Ende) werden der Beginn und das Ende der spezifischen Methode für den Klienten gekennzeichnet. Das 'Break' markiert auch den Übergang zwischen dem eher nondirektiven Verhalten des Beraters im Gespräch und den möglicherweise auch direktiveren Interventionen im Rahmen der Anleitung und Durchführung der Methode.
c. *Vorschlag und Information:* Der Berater schlägt dem Klienten den Einsatz einer spezifischen Methode zur Unterstützung der Bearbeitung des aktuellen Problems oder Anliegens vor und informiert diesen kurz zusammengefasst über die Intentionen und den Ablauf der Methode. Er weist darauf hin, dass Methoden nicht zwangsläufig erfolgreich verlaufen und nimmt sich und dem Klienten den Erfolgsdruck. Der Berater garantiert ihm jederzeit einen geschützten Ausstieg aus, einen Abbruch oder ein Unterbrechen der Methode.
d. *Einwilligung des Klienten:* Der Klient entscheidet sich, im Anschluss an eventuelle Verständnisfragen, ob er sich auf die Methode einlassen kann und will. Der Berater hält sich in dem Entscheidungsprozess zurück und macht bei Anmeldung von Bedenken keine Überzeugungsversuche.
e. *Anleitung und Durchführung:* Der Berater leitet den Klienten an, die vorgeschlagene Methode in den vorgesehenen Schritten zu durchlaufen. Er achtet dabei auf eine genaue, kleinschrittige und konkrete Anleitung und Begleitung. Er registriert feinfühlig die psychische Repräsentanz des Klienten und reagiert auf sich ergebende Widerstände und Blockaden. Der Berater achtet auf eine Trennung von Durchführung und Aufarbeitung der Methode.
f. *Rückführung und Beendigung:* Je nach Tiefe und Intensität der Arbeit im Rahmen der Methode bietet der Berater dem Klienten eine ruhige und langsame Rückführung zum Ende der Methode an. Er thematisiert gegebenenfalls das Ankommen des Klienten im Hier und Jetzt.

g. *Break:* Der Berater markiert, gegebenenfalls mit Hilfe eines Separators, das Ende der Methode.
h. *Auswertung und Aufarbeitung:* Der Berater fordert den Klienten auf, über sein Erleben und Empfinden im Verlauf der Methode zu sprechen. Er wertet zusammen mit dem Klienten die Ergebnisse der Arbeit mit dieser Methode aus, in dem er einen Rückbezug zum vorher im Gespräch thematisierten Problem herstellt.

Bei der Durchführung von spezifischen Methoden kann es, im Gegensatz zur Arbeit im Gespräch, gerade in der Anleitung des Ablaufes geschehen, dass dem Berater ein Fehler unterläuft. Das Nicht-Einhalten der Schrittreihenfolge, das unklare Formulieren von Anweisungen und das Vergessen von 'Kleinigkeiten' im Arrangement gefährden den Erfolg der Methode. Der Berater muss sich - soweit möglich - intensiv auf die Durchführung vorbereiten, um mögliche Fehlerquellen auszuschließen.

Übungen
entfallen.

Baustein 22: Führen durch Strukturieren

Ziele:
1. Das Gespräch durch gezielte sprachliche Interventionen strukturieren;
2. den Prozess der Bearbeitung von Anliegen, Problemen und Fragestellungen gestalten und gliedern;
3. dem Klienten durch strukturierende sprachliche Interventionen während des Bearbeitungsprozesses Orientierung, Hilfestellung und Halt geben;
4. als Berater die Führung des Gesprächs übernehmen, aber nicht die Verantwortung für die Lösung der Probleme des Klienten;
5. den Klienten durch die strukturierenden sprachlichen Interventionen in der Bearbeitung nicht behindern, beeinflussen oder einschränken.

Erläuterungen
Ein strukturiertes Vorgehen als Berater und das Strukturieren von Gesprächsprozessen trägt entscheidend zum Erfolg der beraterischen Tätigkeit bei. Viele Klienten erwarten im Rahmen von Beratung eine zielorientierte, auf Ergebnisse und Lösungen ausgerichtete Hilfestellung und Unterstützung bei der Bearbeitung ihrer Probleme. Die zur Verfügung stehende Zeit muss effektiv genutzt werden. Die Klienten erwarten vielfach, bei der Lösung ihrer Probleme vom Berater 'an die Hand genommen zu werden'. Das Prinzip *Führen durch Strukturieren* trägt diesen Anforderungen Rechnung, ohne dass Beratungsarbeit doch wieder in einer Auflistung wohlgemeinter, aber unpassender Ratschläge und Hinweise endet.

Der Berater übernimmt die Führung für den Ablauf und die Gestaltung der Beratungsgespräche und sorgt dafür, dass der Klient zielgerichtet seine Probleme und Anliegen bearbeiten kann. Er überlässt diesem aber die Führung und Verantwortung für die inhaltliche Bearbeitung und das Finden der für ihn passenden Lösungen. Damit leistet der Berater im wahrsten Sinne der Worte 'Hilfe zur Selbsthilfe'. Die strukturierenden Interventionen empfindet der Klient dann als Gerüst oder als Haltestange, an denen er sich während der Arbeit orientieren und 'festhalten' kann, ohne sich in der Bearbeitungsrichtung eingeschränkt zu fühlen.

Der Berater eröffnet, gestaltet und begleitet die Phasen des Beratungsgespräches und schafft Übergänge von Phase zu Phase durch strukturierende Interventionen: „Das ist soweit erst einmal das, was Sie bedrückt.", „Ihr Hauptanliegen ist, sich mit der Frage zu beschäftigen, ...", „Für die Bearbeitung des Problems schlage ich Ihnen folgendes Vorgehen vor ..."

Der Berater formuliert, in Abstimmung mit seinen Arbeitshypothesen, strukturierende Zusammenfassungen: „Sie stehen jetzt an dem Punkt, wo Sie überlegen, ...", „Für Sie ist deutlich geworden, dass das bearbeitete Thema gar nicht so belastend ist, wie Sie zunächst annahmen.", „Wenn Sie die Themen vergleichen, ist Ihnen wichtiger ..."

Der Berater erläutert zur Strukturierung Abläufe und Vorgehensweisen genau: „Wenn wir mit der Arbeit beginnen, ist es von entscheidender Bedeutung, dass Sie sich zunächst nur auf die Person konzentrieren. Nehmen Sie sich Zeit, sich zu konzentrieren!"

Der Berater thematisiert Schwierigkeiten und Widerstände im pädagogisch-therapeutischen Prozess: „Es fällt Ihnen schwer, bei diesem Thema zu bleiben.", „Sie können die Augen im Moment nicht geschlossen halten, weil Sie so aufgeregt sind."

Der Berater strukturiert das Gespräch durch Vermittlung von Informationen: „Gerade beim Erstellen eines Bildes ist es sinnvoll, sofort mit dem Malen zu beginnen, und sich das Bild von den eigenen Ausgangspunkten entwickeln zu lassen. Wenn Sie fertig sind, sprechen wir über das Ergebnis.", „Die Methode 'Staccato' hat den Sinn, Ihren Kopf zu überlisten, um die eigentlich vorhandenen Gefühle und Empfindungen aufzuspüren."

Die Beispiele für strukturierende sprachliche Interventionen sollen die Bandbreite verdeutlichen, mit der der Berater dem Klienten Orientierung und Halt vermitteln kann. Dabei bleibt die inhaltliche Arbeit das Kernstück der Beratung. Alle strukturierenden Hilfestellungen dürfen den Klienten in seinem Bearbeitungsprozess nicht behindern, beeinflussen oder einschränken.

Übung

(1) Struktur finden
Die Teilnehmer bleiben in der Großgruppe zusammen und machen ein Experiment zum Thema 'Struktur finden'. Ein Teilnehmer verlässt den Raum und alle anderen legen zwei nicht zueinander passende Gegenstände von sich in die Raummitte. Der Teilnehmer wird hereingerufen und bekommt die Aufgabe, eine Struktur zu finden, nach der die in der Raummitte liegenden Gegenstände geordnet werden können. Er erläutert den anderen anschließend seine Struktur. Danach ordnet ein anderer Teilnehmer die Gegenstände aufgrund einer anderen Struktur neu.

Baustein 23: Erkenntnisse herausstellen

Ziele:
1. Im Verlauf des Gespräches Selbstkommunikationsäußerungen des Klienten, die auf neue Erkenntnisse und Einsichten schließen lassen, sensibel wahrnehmen;
2. die neuen Erkenntnisse (Sichtweisen, Ansatzpunkte, Zusammenhänge, Ideen, Ergebnisse, Konsequenzen etc.) dem Klienten wiedergeben und konkret thematisieren;
3. das Neue in den Sichtweisen auf seine Zusammenhänge und Probleme für den Klienten herausstellen bzw. herausarbeiten;
4. dem Klienten durch das Thematisieren der neuen Erkenntnisse eine Ergebnissicherung ermöglichen;
5. den Klienten in seinen neuen Sichtweisen bestärken;
6. mit dem Klienten die Bedeutungszusammenhänge zwischen den Problemen, den Anliegen und den neuen Erkenntnissen herausarbeiten;
7. durch das Herausstellen der neuen Erkenntnisse Lösungspotenziale erschließen.

Erläuterungen
In Gesprächen, in denen wir ein Problem oder einen Sachverhalt einmal ausführlich und umfangreich thematisieren können, kommt es häufig zu Äußerungen wie „Wenn ich jetzt darüber rede, wird mir klar ..." oder „So habe ich das noch nie gesehen." oder „Erst jetzt, wo ich darüber rede, fällt mir auf, dass ..." Diese Selbstkommunikationsäußerungen sind in der Regel Hinweise für neue Sichtweisen, neu wahrgenommene Verbindungen oder neue (kognitive oder emotionale) Bewertungen von Situationen bzw. Ereignissen. Wenn wir die Gelegenheit erhalten, alle Zusammenhänge eines Sachverhalts oder Problems in Ruhe zu artikulieren, spüren wir einerseits, während wir sprechen, die zu unseren Worten dazugehörigen Empfindungen und Gefühle. Andererseits fallen uns beim 'Lauten Denken' kognitive Widersprüche und nicht passende Zusammenhänge schneller auf.

Gerade im Verlauf von Beratungsgesprächen sind diese Selbstkommunikationsäußerungen des Klienten häufig der Schlüssel zu neuen Sichtweisen des thematisierten Problems oder gar möglichen Lösungsansätzen. Diese neuen Erkenntnisse erschließen in vielen Fällen ein nicht zu unterschätzendes Energie- und Weiterentwicklungspotenzial. Es ist die Aufgabe des Beraters solche, häufig als Nebensätze formulierten, Erkenntnisse herauszuhören und sie dem Klienten umgehend widerzuspiegeln. Nur bei einer zeitnahen Thematisierung kann der Klient die neuen Sichtweisen, Ansatzpunkte, Zusammenhänge, Ideen, Ergebnisse und Konsequenzen noch rekapitulieren und damit für sich selbst nutzen. Berater: „Das ist neu für Sie." oder „Dieser Gedanke ist Ihnen eben zum ersten Mal gekommen." oder „So haben Sie das bisher noch nicht gesehen." oder „Es haben sich für Sie jetzt auch neue Schlussfolgerungen ergeben."

In der weiteren Arbeit müssen diese neuen Erkenntnisse gegebenenfalls wie 'zarte Pflänzchen' behandelt werden, um aus ihnen 'ausgewachsene' Lösungen zu erschließen. Der Berater lässt den Klienten genau berichten, was genau das 'Neue' an seinem selbstformulierten Impuls ist und bestärkt ihn darin, diesen Gedanken in Ruhe nachzugehen. Erst durch ein ausführliches Thematisieren werden die neuen Überlegungen schrittweise in das Selbstkonzept des Klienten integriert.

Ein Beispiel zur Veranschaulichung: Ein 40jähriger Mann beklagt sich über die Bedingungen an seinem Arbeitsplatz. Im Gespräch sagt er plötzlich: „Ich habe ja inzwischen ausführlich meine Situation geschildert. Ich denke im Moment, dass die einzelnen Belastungen doch gar nicht so miteinander verbunden sind. Das hat teilweise gar nichts miteinander zu tun." Berater: „Das fällt Ihnen jetzt zum ersten Mal auf." Klient: „Ja, ich habe immer gedacht, dass alles ein großer Klumpen ist, und ich keine Chance habe, etwas zu verändern. Jetzt sehe ich das anders. Es sind nicht die Kollegen, auch nicht mein Chef, sondern das Problem ist meine Entscheidung, die Projektleitung bei einer Sache übernommen zu haben, die von vornherein zum Scheitern verurteilt war. Ich ärgere mich über mich selbst und traue mich nicht, mit den Kollegen darüber zu sprechen." Berater: „Sie sind selbst überrascht von dieser Erkenntnis." Klient: „Ja, vollkommen. Denn bisher fühlte ich mich von meinen Kollegen geschnitten. Das sehe ich jetzt aber ganz anders, mein Gott!"

Übungen
entfallen.

Bearbeitung

Baustein 24: Widersprüche ansprechen

Ziele:
1. Erkennen von Widersprüchen zwischen verbalem und nonverbalem Verhalten beim Klienten;
2. erkennen von Widersprüchen in der inhaltlichen Darstellung des Klienten;
3. erkennen von Widersprüchen zwischen den Verhaltensweisen und den verfolgten Zielen des Klienten;
4. erkennen von Widersprüchen zwischen der Selbstwahrnehmung des Klienten und der Wahrnehmung des Beraters;
5. den Klienten mit den Widersprüchen konfrontieren.

Erläuterungen

Im Verlauf des pädagogisch-therapeutischen Gespräches können sich Widersprüchlichkeiten beim Klienten zeigen, die durch seine verbalen oder nonverbalen Äußerungen auffallen. Diese können für die Schwierigkeiten des Klienten von Bedeutung sein und sollten vom Berater nicht übergangen werden.

Widersprüche für sich betrachtet sind noch nichts Außergewöhnliches oder Bedrückendes; sie gehören zum Leben dazu, bewusst oder unbewusst erlebt. In Alltagsgesprächen kann man feststellen, dass diese Unstimmigkeiten bei einigen Menschen häufiger auftreten. Man registriert es, vermutet sogar manchmal eine Strategie oder Grundstruktur dahinter, glaubt aber nicht das Recht zu haben, es anzusprechen, oder hat Angst vor der Reaktion.

Gerade weil sich hinter dem widersprüchlichen Verhalten Grundstrukturen verstecken können, die den Klienten bewusst oder unbewusst beeinträchtigen, muss der Berater im Gespräch auf Widersprüche achten und dem Klienten gegebenenfalls seine Wahrnehmung mitteilen. Die typische, mehrfach beobachtete Verhaltensweise kann und soll dabei auch in bezug auf das vom Klienten genannte Problem angesprochen werden, denn in diesen Widersprüchlichkeiten verbirgt sich möglicherweise ein wesentlicher Zusammenhang zum Problem.

Durch die Thematisierung mittels des Beraters wird der Klient veranlasst, den Widerspruch in den Mittelpunkt seiner Betrachtung zu rücken und sich offen damit auseinander zu setzen. Eventuell lassen sich durch die Bearbeitung neue Ansatzpunkte für die Problemlösung aufzeigen.

Es ist besonders wichtig, beim Ansprechen von Widersprüchen sehr feinfühlig vorzugehen und eine Formulierung zu wählen, die dem Klienten das Gefühl nimmt, man wolle ihm sein Verhalten vorwerfen. Das Ziel soll sein, ihn im geeigneten Moment auf sich widersprechende Aussagen in der inhaltlichen Darstellung, im Verhalten oder in der Wahrnehmung aufmerksam zu machen. Dies sollte besonders dann geschehen, wenn der Berater den Eindruck hat, dass dem Klienten ein Widerspruch nicht bewusst oder er zu sehr darin verstrickt ist, um einen Zusammenhang zwischen dem Problem und dieser Inkongruenz zu erkennen.

Ein Beispiel soll die Form des Ansprechens verdeutlichen: Während ein Klient erzählt, dass es ihm inzwischen viel besser gelingt, selbstsicher und klar aufzutreten, spricht er gegenüber dem Berater leise und stockend und kratzt sich oft am Hals. Berater: „Sie haben im Gespräch betont, dass sie selbstsicherer auftreten können, sitzen mir hier aber unsicher gegenüber und sprechen ganz leise. Das wirkt auf mich widersprüchlich." Klient: „Na ja, ich bin mir eigentlich schon sicher. Nur wenn es soweit ist, fehlen mir oft noch die Worte." Berater: „Sie erleben den Widerspruch mehr zwischen Ihren Zielen und den nicht passenden Verhaltensweisen." Klient: „Ja, daran muss ich noch arbeiten. Aber es viel mir auch schwer, es hier vor Ihnen einzugestehen, dass ich noch nicht weiter bin."

Oft deckt die Konfrontation mit Widersprüchen eine Vermeidungsstrategie oder ein Ausweichverhalten auf. In dem angstfreien Raum der Beratung kann sich der Klient mit diesen Strategien auseinandersetzen und sie gegebenenfalls bearbeiten.

Übung
(1) Die Welt ist widersprüchlich
In der Übungsgruppe überlegt sich jeder Teilnehmer Widersprüche, mit denen er lebt. Beispielsweise, dass sich ein Student jedes Semester vornimmt, regelmäßiger zu den Seminaren zu gehen und mitzuarbeiten und jedes Mal wird daraus nichts. Mit solchen und ähnlichen Widersprüchen leben alle Teilnehmer. Jeder schreibt für sich so viele Widersprüchlichkeiten auf, wie ihm in ca. 15 Minuten einfallen. Mehrere Teilnehmer berichten anschließend über ihre Widersprüche. Die Thematisierung der Widersprüchlichkeiten kann in der Folge in Übungsgesprächen vertiefend aufgegriffen werden.

Baustein 25: Erlebnis konkret beschreiben

Ziele:
1. An bestimmten Stellen des Gesprächs die Gedankenführung des Klienten an eine konkrete Situation binden und diese exakt beschreiben lassen;
2. über das konkrete Erlebnis mögliche Gedankenzusammenhänge des Klienten zur Problematik erfahren;
3. abschätzen, inwieweit das Erlebnis symptomatisch für das Verhalten und/oder das Problem des Klienten ist.

Erläuterungen
Im Laufe eines Beratungsgespräches spricht der Klient nicht selten sein Problem zunächst verallgemeinernd oder abstrakt an, ohne es konkreter zu beschreiben oder beschreiben zu können. Er beschreibt seinen Leidensdruck allgemein oder erläutert diffuse, wenig fassbare Zusammenhänge. Beispiel: Klient: „Ich fühle mich momentan ständig unter Druck. Das geht soweit, dass ich mich eigentlich immer schlapp und müde fühle und es kommen meistens mehrere Faktoren zusammen, weil so vieles in meinem Leben nicht stimmt. Ich kann das gar nicht richtig beschreiben. Ich muss da nur irgendwie raus."

In anderen Fällen gibt der Klient häufig eine Aneinanderreihung verschiedener Situationsbeschreibungen, mit denen er seine Problematik verdeutlichen möchte. Auf die jeweiligen Situationen bezogen beschreibt er dabei seine Reaktionen, die zunächst 'von außen betrachtet' unterschiedlich erscheinen, obwohl ihnen in der Regel immer das gleiche Verhaltensmuster als Grundmuster zugrunde liegt. Allerdings sind die Beschreibungen zumeist nicht präzise und lassen Hintergründe unangesprochen. Beispiel: Klientin: „Ich habe Probleme mit meiner Schwiegermutter. Neulich kam sie unangekündigt zu Besuch und hat sofort unsere Wohnung inspiziert, ob auch alles sauber ist. Oder vor ungefähr drei Wochen hat sie gemeint, wir kümmern uns nicht genug um Svenja, unsere Tochter. Da mischt sie sich dann voll ein, egal worum es gerade geht. Und Weihnachten ist es genau so. Immer bestimmt sie, wie wir feiern und wann wir bei ihr zu erscheinen haben."

An diesen Stellen bietet es sich für den Berater an, (im ersten Fall) das diffus beschriebene Problem mit Hilfe von konkreten Erlebnissen und Situationen konkreter beschreiben zu lassen bzw. fassen zu können, oder (im zweiten Fall) eines der genannten Erlebnisse konkret beschreiben, d.h. schildern, erzählen oder berichten zu lassen. Beispielsweise: Berater: „Sie sprechen von einem allgegenwärtigen Druck. Gibt es konkrete Situationen, in denen Sie diesen Druck besonders spüren?" oder „Sie haben viele Erlebnisse mit ihrer Schwiegermutter beschrieben. Schildern Sie doch bitte mal so ein Erlebnis genauer, was Sie für besonders typisch halten."

Durch das *Erlebnis konkret beschreiben* besteht für den Berater dann die Möglichkeit, die Gedanken und Gefühle des Klienten in der dargestellten Situation genauer zu erfassen. Weiterhin bekommt er genauere Informationen darüber, wie der Klient sein eigenes Verhalten und das der anderen in der Situation agierenden Personen sieht und einschätzt.

Stellt sich im Laufe des Beratungsprozesses heraus, dass die Situation für den Klienten typisch ist, so lassen sich daran in der Regel persönlichkeitsspezifische Verhaltensmuster und Grundstrukturen genauer erkennen und analysieren. Ursachenzusammenhänge, die außerhalb der beschriebenen Situation begründet sind, können auf diese Weise leichter an konkreten Erlebnissen erkannt und angesprochen werden.

Übungen

(1) Erlebnis konkret beschreiben
Die Übungsteilnehmer beschreiben in Kleingruppen jeweils einzeln ein konkretes Erlebnis. Die anderen sollen über paraphrasierendes oder verbalisierendes Widerspiegeln den Inhalt und die damit verbundenen Emotionen (genauer) erfassen.

(2) Konkrete Erlebnisse spekulieren
Die Teilnehmer bearbeiten die Übungsbeispiele (siehe Übungsbögen 'Übungsbeispiel I und II', Arbeits- und Trainingsbögen, Kap. 5) unter der Aufgabenstellung, sich für die genannten Beispiele zu überlegen, welche konkreten Erlebnisse am Anschluss an die genannten Schilderungen vermutlich vertiefend betrachtet und bearbeitet werden könnten.

Baustein 26: Erlebnis ins 'Hier und Jetzt'

Ziele:
1. Siehe auch Baustein *Erlebnis konkret beschreiben*;
2. ein konkretes Erlebnis reaktivieren und konkret im Präsens beschreiben lassen;
3. den Klienten gegebenenfalls durch die Anleitung zu einer vertiefenden Besinnung oder Entspannung unterstützen;
4. Gefühle zu diesem Erlebnis im 'Hier und Jetzt' ansprechen und beschreiben lassen;
5. durch die Betrachtung des Erlebnisses im 'Hier und Jetzt' zusätzliche Informationen (Assoziationen, Wahrnehmungen, Empfindungen, Gefühle) gewinnen;
6. durch die schrittweise nachträgliche Aufarbeitung zum Kernproblem vordringen.

Siehe Baustein *Einsatz von Methoden*

Erläuterungen
Erlebnisse und Geschehnisse ebenso wie Gefühle, Eindrücke und Umstände werden vom Klienten zumeist in der Vergangenheitsform beschrieben. Dadurch ist es schwierig, die momentane Bedeutung der von ihm geschilderten Zusammenhänge insbesondere im emotionalen Bereich zu erfassen.

Um die derzeitige Bedeutung abschätzen zu können, ist es angebracht, das Geschehen ins 'Hier und Jetzt' zu holen, d.h. der Klient wird dazu aufgefordert, das Geschehen so zu erzählen, als ob er es gerade erleben würde. Die für das Erlebnis bedeutsamen Umstände (z.B. Raum, Personen) sollen dabei möglichst genau, der Bedeutung entsprechend, im Präsens beschrieben werden. Auch die Herrichtung des Raumes gemäß der Angaben des

Klienten kann dienlich sein, um die genaueren Umstände deutlich zu machen und ihm das momentane Erleben der geschilderten Situation zu erleichtern. Auf diese Weise werden die Emotionen, die der Klient in der pädagogisch-therapeutischen Situation empfindet - je getreuer die Situation dargestellt werden kann, desto hilfreicher - denen immer ähnlicher, die in der bereits zurückliegenden eigentlichen Situation vorhanden waren.

Die Situation wird, unterstützt durch die Angebote des Beraters, in ihren emotionalen Qualitäten genau beschrieben und geklärt. Durch die Erläuterungen und Beschreibungen des Klienten in der Präsensform können die heute noch aktuellen und wichtigen Gefühle artikuliert und in den für den Klienten relevanten Bezugsrahmen eingeordnet werden.

Durchführungshinweise
Der Berater muss zu Beginn entscheiden, ob er mit dem Baustein *Erlebnis konkret beschreiben* oder *Erlebnis ins 'Hier und Jetzt'* arbeiten will. Das aneinander anschließende 'Durchlaufen' beider Interventionen wird in den meisten Fällen vom Klienten als redundantes Vorgehen empfunden.

Für den Klienten ist es in der Regel hilfreich, das Erlebnis ins 'Hier und Jetzt' holen auf einem Extra-Stuhl durchzuführen. Gerade bei emotional sehr belastenden Situationen bleibt der ursprüngliche Klienten-Stuhl als (emotionale) Sicherheit erhalten, so dass der Klient jederzeit aus dem Erlebnis 'aussteigen' und sich davon auch räumlich distanzieren kann.

Requisiten (ein Tisch, ein Fenster, eine Tür, eine Jacke etc.) können dem Klienten helfen, in die Situation hinein zu finden. Der Berater leitet den Klienten an, die Situation in Bestandteilen so aufzubauen, wie es diesem hilfreich und unterstützend erscheint.

Für viele Klienten ist es hilfreich, wenn der Berater ihnen zu Beginn der Methode eine vertiefende Besinnung oder eine kurze Entspannungsübung anbietet, die ihnen ein intensiveres Einlassen auf das zu thematisierende Erlebnis ermöglicht.

Während der Beschreibung des Erlebnisses achtet der Berater besonders auf die nonverbalen Signale des Klienten und macht verschiedene Angebote zu möglichen Empfindungen und Gefühlen (Berater: „Jetzt spüren Sie auch Angst." oder „Jetzt sind Sie erleichtert."). Eine häufig zu Anfang auftretende Schwierigkeit ist, dass die Klienten in der Beschreibung des Erlebnisses die Präsensform nicht einhalten. Hier sollte der Berater diesen 'inhaltlich' zu dieser Form zurückführen (Klient: „Ich kam herein und stand zunächst in der grässlichen Vorhalle des Finanzamtes." Berater: „Ich komme herein und stehe in der grässlichen Vorhalle, ...").

Übung

(1) Ein noch präsentes Erlebnis
In der Übungsgruppe schildert ein Teilnehmer - als Klient - ein Erlebnis der letzten Tage oder Wochen und stellt dieses eventuell mit Requisiten dar. Ein anderer Teilnehmer versucht - als Berater -, über Angebote das Erlebnis in seiner momentanen Bedeutung für den Klienten zu erfassen und zu verdeutlichen.

Baustein 27: Entscheidungszwang

Ziele:
1. Mit dem Klienten - bei Entscheidungsproblemen - die Entscheidungsalternativen und/oder Lösungsmöglichkeiten herausarbeiten und deutlich gegenüberstellen;
2. den Klienten 'zwingen', diese Entscheidungsalternativen und/oder Lösungsmöglichkeiten voneinander getrennt durchzugehen;
3. mit dem Klienten die Alternativen mit den jeweiligen Vor- und Nachteilen einzeln durcharbeiten;
4. den Klienten auffordern, sich - probeweise - für eine Möglichkeit zu entscheiden, und mit ihm im Anschluss daran die mit dieser Entscheidung einhergehenden Folgen und Konsequenzen durchsprechen;
5. mit dem Klienten die getroffene Entscheidung gegebenenfalls revidieren oder korrigieren;
6. siehe auch Baustein *Positionsstühle*.

Erläuterungen
Häufig schwanken die Klienten zwischen 'Einerseits und Andererseits', zwischen 'Wenn und Aber' oder zwischen 'Diesem und Jenem'. Diese Haltung ist durchaus natürlich und verständlich, weil sie der realen Lebenssituation sehr nahe kommt. Sie führt jedoch dazu, dass sich der Klient mit seiner Problematik im Kreis dreht, nicht weiterkommt und das Gefühl hat, nicht in der Lage zu sein, eine Entscheidung zu treffen. Um sich nun über das 'Einerseits' und/oder das 'Andererseits' klarer zu werden, fordert der Berater den Klienten auf, sich - zumindest probeweise - in der Beratungssituation zu entscheiden, er 'zwingt' den Klienten mit Hilfe dieser Intervention zu einer Entscheidung. Diese Intervention verfolgt das Ziel, dass der Klient sich auf eine Position festlegt und diese mit all ihren Möglichkeiten, Schwierigkeiten und Konsequenzen durchspielt. Die Vor- und Nachteile der jeweils einen Position sollen, ohne die andere Position im Blick zu haben, detailliert benannt, visualisiert und erlebt werden. Dabei darf der Klient nicht wirklich zu etwas gezwungen werden, sondern soll durch das klare, direktive und die verschiedenen Entscheidungsalternativen trennende Verhalten des Beraters eine Orientierungshilfe bei der Entwicklung der eigenen Entscheidung erhalten. Durch die angeleitete, antizipierende Vorwegnahme der Entscheidung wird der Klient darüber hin-

aus in die Lage versetzt, sich mit den nach der Entscheidung ergebenen, neuen Situationen, Umständen und Gegebenheiten im Vorhinein auseinander zu setzen.

Der Klient muss zu jedem Zeitpunkt dieses Vorgehens das Gefühl haben, angstfrei und ohne Einschränkungen jede Alternative und Möglichkeit für seine Entscheidungsfindung wählen zu können. Der Berater darf dabei nicht einzelne Positionen favorisieren oder vernachlässigen und somit den Klienten für seine anstehende Entscheidung beeinflussen. Indem die einzelnen Positionen zunächst genauer betrachtet und damit die eigentliche Entscheidung zunächst zurückgestellt wird, hat der Klient die Möglichkeit, sich seine Situation transparent vor Augen zu führen. Für das Betrachten der einzelnen Entscheidungsalternativen bieten sich verschiedene Formen der Visualisierung sowie die Arbeit mit Stühlen an (siehe Baustein *Positionsstühle*).

In einem abschließenden Schritt ist es vielfach sinnvoll, vom Klienten als Fazit eine Entscheidung zu verlangen. Der Freiraum der Beratungssituation kann in diesem Fall durch das Ausprobieren und Durchspielen als Vorbereitung auf die Ernstsituation 'Alltag' genutzt werden. Dabei muss der Berater dem Klienten jederzeit das Gefühl vermitteln, nicht gleich die 'richtige' Entscheidung finden zu müssen, sondern in Ruhe mehrere Alternativen probieren zu können.

Durch die Konfrontation mit den verschiedenen Positionen wird der Klient gezwungen, sich über seine momentanen Gefühle Klarheit zu verschaffen und einen Schritt in Richtung Entscheidung zu gehen. Der 'Entscheidungszwang' ist für den Klienten oft mit Schmerzen verbunden, und viele Klienten tun sich dabei sehr schwer. Aber gerade das Erleben des Leidensdruckes und der damit verbundenen Unbehaglichkeit bringt den Klienten bei der Lösung seines Problems einen Schritt weiter.

Übung
(1) Visualisierung der Entscheidungsalternativen
Die Teilnehmer überlegen sich eigene Entscheidungsschwierigkeiten, die sie aktuell bewegen. Dabei gibt es wohl kaum einen Menschen, der nicht in irgendeiner Sache oder Angelegenheit schwankt. Nach dem sich ein Klient und ein Berater gefunden haben, beschreibt der Klient sein Entscheidungsproblem. Der Berater überlegt sich eine geeignete Form, um die Entscheidungsalternativen zu visualisieren und sie anschließend getrennt voneinander durchzugehen. Mögliche Visualisierungen sind eine tabellarische Auflistung der Gründe für die verschiedenen Alternativen, das Erstellen von jeweils einem Bild pro Alternative oder das Gegenüberstellen von mit den Alternativen assoziierten Schlüsselbegriffen. Klient und Berater gehen dann die Entscheidungsalternativen anhand der erstellten Visualisate einzeln durch.

Baustein 28: Positionsstühle

Ziele:
1. Dem Klienten durch die 'Arbeit mit den Stühlen' Hilfestellung geben, Entscheidungen, unterschiedliche Ansichten, Gefühle oder innere Anteile klären und bearbeiten zu können;
2. herausfinden und entscheiden, welches die geeignete, methodische Variante für den Klienten und seine Problematik ist:
    a. Entscheidungsstühle
    b. Standpunktstühle
    c. Gefühlsstühle
    d. Inneres Team (siehe Baustein *Inneres Team*);
3. mit Hilfe von zwei oder mehreren Stühlen dem Klienten die Möglichkeit geben, seine unterschiedlichen Positionen (Entscheidungsmöglichkeiten, Standpunkte, Ansichten, Gefühle etc.) getrennt voneinander wahrzunehmen;
4. den Klienten auffordern, sich deutlich getrennt und nacheinander in die einzelnen Positionen einzufühlen und sie zu verbalisieren, um die jeweilige Betroffenheit, Beziehung oder Stellung zum angesprochenen Problem besser spüren und artikulieren zu können;
5. dem Klienten durch die Anordnung der Stühle im Raum helfen, seinen Standpunkt zu dem bearbeiteten Thema zu finden.

Siehe Baustein *Einsatz von Methoden*

Erläuterungen

Positionsstühle ist eine spezifische Methode zur Klärung von Entscheidungsschwierigkeiten, inneren Konflikten oder Konfusionen oder gegensätzlichen Standpunkten und Gefühlen. Der Klient fühlt sich durch die Entscheidungslosigkeit, die innere Verwirrung, die widerstreitenden Standpunkte oder die widerstrebenden Gefühle häufig massiv hin- und hergerissen und beeinträchtigt. Häufig entsteht die Verwirrung dadurch, dass der Klient ständig zwischen den verschiedenen Optionen hin- und herschwankt, sich die verschiedenen Ansichten etc. innerlich völlig vermischen und nur noch undeutlich wahrnehmbar sind.

Die verschiedenen Positionen können dabei auch innere Teile oder 'Stimmen' charakterisieren. Auf diese Konstellationen gehen wir im Baustein *Inneres Team* speziell ein.

Durch die 'Arbeit mit den Stühlen' wird dem Klienten eine imaginative Unterstützung angeboten. Jeder der Stühle symbolisiert eine Position. Die äußerliche Darstellung der verschiedenen Positionen durch verschiedene Stühle im Raum ermöglicht eine deutliche Trennung. Der Klient setzt sich nacheinander auf jeden Stuhl und kann so auch körperlich die unterschiedlichen Positionen (Extrempositionen) getrennt voneinander einnehmen und die jeweils damit verbundenen Gefühle und Gedanken wahrnehmen und verbalisieren.

Siehe Bausteine *Entscheidungszwang* und *Gefühlsgegensätze thematisieren*.

Beispiel für Entscheidungsstühle: Ein Klient schwankt zwischen den Entscheidungsalternativen 'Ich bewerbe mich auf eine neue Stelle' und 'Ich bleibe auf meiner alten Stelle'.

Beispiel für Standpunktstühle: Eine Klientin ist sich unklar, welche Position(en) sie bei der Erziehung ihrer Kinder zugrunde legen soll: 'Ich setze konsequent Grenzen und halte sie auch gegen den Widerstand der Kinder und trotz der Inkonsequenz der anderen Eltern durch.', 'Ich suche mit den anderen Eltern zusammen nach Kompromissen, die für alle Kinder in gleicher Form gelten.' oder 'Ich gebe meinen Kindern viele Freiräume und zeige Ihnen, dass ich sie bedingungslos akzeptiere und liebe.'

Beispiel für Gefühlsstühle: Ein Klient liebt seine Eltern und lehnt sie andererseits total ab. Seine Gefühle ihnen gegenüber vermischen sich ständig.

Beispiel für Inneres Team: Eine 42jährige Klientin muss für sich entscheiden, wie es in ihrem Leben weitergeht und ob sie ihren Beruf nach der Kinderpause wieder aufnimmt. Die Beteiligten an der inneren Diskussion sind: Die Karrierefrau, die finanziell Unabhängige, die Familienmutter, die Gesundheitsbesorgte.

Neben den hier genannten Grundformen der Positionsstühle lassen sich viele weitere Varianten finden, z.B. die Arbeit mit den 'Ich-Zustandsstühlen' in Anlehnung an die Transaktionsanalyse, mit den 'Kommunikationsaspekt-Stühlen' nach Schulz von Thun (siehe Baustein *Aspekte heraushören*) und mit den 'Perspektivenstühlen' im Rahmen der systemischen Arbeit (siehe Baustein *Perspektivwechsel*).

Durchführungshinweise
Die Durchführung der Methode *Positionsstühle* verlangt vom Berater, sich sehr genau an den folgenden, sehr detailliert beschriebenen Ablauf zu halten.

a. Der Berater bittet den Klienten, die notwendige Anzahl an Stühlen im Raum aufzustellen. Anschließend benennt der Klient die verschiedenen Stühle anhand der Entscheidungsalternativen, Standpunkte etc. Der Klient überprüft nun noch einmal Position und Abstand der Stühle zueinander, so dass sich die äußerliche Anordnung mit seiner inneren Wahrnehmung der verschiedenen Positionen zueinander deckt. Der Berater muss darauf achten, dass der eigentliche Klientenstuhl als neutraler Stuhl (Sicherheitsstuhl) nicht mit einer Position belegt wird. Auf diesem nimmt der Klient eine Meta-Position ein, um *über* die einzelnen Positionen sprechen zu können.

b. Der Berater fordert den Klienten auf, sich den Stuhl auszusuchen, auf dem er zuerst Platz nehmen möchte und bittet ihn, diese Position einzunehmen. Der Berater wiederholt zur Orientierung noch einmal die Benennung des Stuhls und der Klient schildert nun alle Gedanken, Gefühle, Empfindungen, Zweifel, Erwartungen, Befürchtungen, Bilder, Konsequenzen etc., die für ihn mit dieser Position verbunden sind. Der Berater achtet besonders auch auf nonverbale Signale, sich verändernde Körperhaltungen und mögliche Widersprüche. Der Berater unterbricht den Klienten, wenn dieser über andere Positionen spricht oder die Positionen bereits miteinander vergleicht. Die Analyse und das Aufarbeiten der jeweiligen Position sollte niemals auf dem Positionsstuhl, sondern immer auf dem neutralen Stuhl stattfinden.

c. Wenn dem Klienten zu dieser Position nichts mehr einfällt, bittet der Berater ihn, auf dem neutralen Stuhl Platz zu nehmen und gegebenenfalls über folgende Fragen kurz zu sprechen 'Wie ist es mir in der Position ergangen?', 'Welche Gefühle waren deutlich spürbar?' oder 'Wie fühlte sich der Stuhl an?'. Der Berater kann zudem seine Wahrnehmungen thematisieren.

d. Anschließend nimmt der Klient auf dem nächsten Stuhl Platz und verfährt wie unter Schritt b. und c. Die Schritte werden so oft wiederholt, bis der Klient auf allen Stühlen mindestens einmal Platz genommen hat. Er kann jederzeit auf bereits thematisierte Stühle noch einmal zurückkehren und Ergänzungen vornehmen. Um die verschiedenen Positionen deutlich voneinander zu trennen, muss der Berater unbedingt darauf achten, dass der Klient auf den Positionsstühlen nur aus der jeweiligen Position heraus spricht. Auch das Wiedereinsteigen in eine Position sollte immer mit einem 'Ortswechsel' verbunden sein.

e. Hat der Klient alle Positionen einmal 'durchlaufen', ist es in vielen Fällen hilfreich, dass der Berater ihn auffordert sich probeweise so im Raum oder auf den Stühlen zu positionieren, wie es seine momentane innere Lage ausdrückt, ihm gegenwärtig 'am nächsten kommt' oder wo er sich am wohlsten fühlt. Dem Klienten werden dadurch eigene vorhandene Tendenzen und Präferenzen verdeutlicht.

f. Nachdem die Positionen klar gegenübergestellt worden sind, arbeiten Klient und Berater zusammen die gewonnenen Eindrücke und Erkenntnisse auf.

Im Rahmen der Aufarbeitung ist es möglich, die unterschiedlichen Positionen von Außen oder von den entsprechenden Stühlen aus miteinander ins Gespräch zu bringen. Gerade bei Entscheidungsproblemen kann es hilfreich sein, (in Fortführung des Schrittes g.) den Klienten zu 'zwingen' sich (probeweise) für eine Position zu entscheiden. Kann sich der Klient zwischen den Positionen im 'Hier und Jetzt' nicht entscheiden, dann sollte er eine Position zwischen den Stühlen einnehmen, die seiner momentanen Befindlichkeit entspricht. In dieser Position 'zwischen den Stühlen' kann er seinen (immer noch vorhandenen) Zwiespalt, seine Zweifel oder sein Hin- und Hergerissensein in der Regel deutlicher artikulieren.

Der Berater sollte insgesamt darauf achten, dass der Ablauf in Ruhe aber ohne unnötige Längen durchlaufen wird, um die Positionen gerade auch vergleichend nebeneinander 'fühlen' und nicht nur kognitiv abwägen zu können.

Übung
(1) Positionsstühle
Die Teilnehmer führen die oben beschriebene Methode anhand der Anleitungen gegenseitig miteinander durch. Die jeweiligen Klienten thematisieren z.B. eine aktuelle Entscheidungsschwierigkeit.

Baustein 29: Inneres Team

Ziele:
1. Dem Klienten durch die Verdeutlichung des 'Inneren Teams' Hilfestellung geben, die zumeist vor- oder unbewussten inneren Anteile, Vorgänge und Dialoge bewusst wahrzunehmen und zu verdeutlichen;
2. dem Klienten die Möglichkeit geben, die unterschiedlichen inneren Persönlichkeitsanteile symbolisch miteinander ins Gespräch zu bringen und den inneren Dialog bewusst nachzuvollziehen;
3. das innere 'Oberhaupt' ermitteln, die unterschiedlichen inneren Anteile und ihre 'gute Absicht' für die Gesamtpersönlichkeit würdigen sowie die Integration 'abgelehnter' und 'verbannter' Anteile ermöglichen;
4. mit dem Klienten stimmige und adäquate Reaktionen für die konkrete Problemsituation ausprobieren bzw. erarbeiten;
5. siehe auch Baustein *Positionsstühle*.

Siehe Baustein *Einsatz von Methoden*

Erläuterungen
In der psychologischen Literatur findet sich häufig die Vorstellung, die menschliche Persönlichkeit sei aus vielen verschiedenen Teilen zusammengesetzt. Auch in unserer Umgangssprache findet sich diese Idee wieder. Wir kennen etwa die 'zwei Seelen in einer Brust' oder das 'Kind im Manne'. Kurz zusammengefasst geht es in dem Modell des Inneren Teams um 'energiegeladene seelische Einheiten', die jeweils ein Anliegen enthalten, sich bei bestimmten Anlässen oder in bestimmten Situationen innerlich zu Wort melden oder 'direkt in Aktion treten' und in uns Handlungsimpulse auslösen (vgl. Schulz von Thun 2000, 31).

Die Anteile, die die Gesamtheit einer Persönlichkeit bilden, resultieren aus den verschiedenen Rollen die Menschen in ihrem Leben bisher eingenommen haben und den Erfahrungen, die sie damit gemacht haben. So sind wir z.B. Tochter, Bruder, Freundin, Schüler, Frau, Partner, Mutter, Mitarbeiter, Vorgesetzte etc. Innerhalb dieser Rollen verwirklichen wir jeweils spezifische Eigenschaften und Fähigkeiten, etwa Fürsorglichkeit, Organisationstalent, Genussfähigkeit, Ordnungssinn, Zuverlässigkeit, Ehrgeiz etc. Auch bestimmte Emotionen charakterisieren jede dieser Rollen, z.B. Spaß, Trauer, Wut, Liebe oder Angst. Alle diese Erfahrungen unserer Lebensgeschichte schlagen sich in unserer Seele nieder und werden je nach Situation oder Problem (wieder) aktiviert (vgl. Schulz von Thun 2000, 39). So gibt es alberne, schüchterne, zurückgezogene, kontaktfähige, traurige, fleißige, ideensprühende oder faule Anteile, die in speziellen Situationen zum Vorschein kommen - ob wir es wollen oder nicht.

Über die, durchaus verwirrende, innere Vielfalt wacht und waltet das sogenannte 'Oberhaupt'. Diese übergeordnete, identitätsstiftende Instanz versucht die verschiedenen inneren Stimmen zu integrieren und, wenn es um Entscheidungen geht, das 'letzte Wort zu behalten'. Manche der Persönlichkeitsteile sind dem Oberhaupt bewusst, ja altbekannt, die Existenz anderer erahnt es nicht einmal. Sie entstehen und wirken unbewusst im Verborgenen. Im Modell des Inneren Teams wird davon ausgegangen, dass jeder Persönlichkeitsteil stets seinen individuellen Beitrag zum 'Wohle des Ganzen' leisten möchte, er hat in jedem Fall eine gute Absicht, auch wenn er nicht immer die angenehmsten Wege wählt, um diese Absicht zu realisieren. Wir können bei manchen Anteilen lediglich das Ausmaß und die Bedeutung der guten Absicht, die sie für unser Gesamtsystem verfolgen, nicht erkennen. Diese Erkenntnis zu erlangen ist ein wichtiges Ziel in der Arbeit mit den 'Stimmen' der Persönlichkeit. Besonders der Arbeit an den 'verbannten' inneren Anteilen gilt daher die Aufmerksamkeit, da die Verbannung oft viel Energie verbraucht und vor allem die Nutzung der eigentlich vorhandenen inneren Vielfalt einschränkt (vgl. Schulz von Thun 2000, 67ff., 205ff.).

Das Ziel der Arbeit mit dem inneren Team ist für die jeweils problematischen Situationen eine klare innere Position und stimmige Kommunikation des Klienten zu erarbeiten. Diese Erarbeitung orientiert sich an den, in den folgenden Durchführungshinweisen, geschilderten Abläufen.

Durchführungshinweise
Der an dieser Stelle erläuterte Bearbeitungsablauf *Die innere Verhandlung* (vgl. Schulz von Thun 2000, 148-155) setzt die Durchführungshinweise der Bausteine *Einsatz von Methoden* und *Positionsstühle* voraus.

a. Dem Klienten das Modell des inneren Teams kurz erklären;
b. den Klienten bitten, seine inneren Stimmen zum gewählten Thema zu identifizieren und vorläufig zu benennen;
c. den Klienten auffordern, besonders die verbannten Anteile (inneren Stimmen) zu identifizieren und innerlich Kontakt mit ihnen aufzunehmen. Dabei muss der Berater darauf achten, welchen inneren Ton der Klient gegenüber den Anteilen anstimmt. Treten massive Widerstände oder Blockaden auf, müssen diese therapeutisch bearbeitet werden;

d. im Gespräch den Klienten das Team der am Thema beteiligten Anteile ergänzen lassen und mit ihm die gute Absicht jedes Persönlichkeitsteils herausarbeiten;
e. darauf achten, dass alle beteiligten inneren Anteile mit einem positiven Namen versehen und damit gewürdigt werden;
f. den Klienten bitten, mit Hilfe der Methode *Positionsstühle* alle relevanten inneren 'Stimmen' im Raum zu positionieren;
g. den Klienten auffordern, nacheinander die Position jedes Anteils einzunehmen, und aus der Sicht dieses Teils (in Form eines Monologs) zu sprechen;
h. den Klienten die inneren Anteile miteinander ins Gespräch bringen und herausfinden lassen, was jeder von ihnen beiträgt, um sich an der Erreichung des angestrebten Ziels zu beteiligen;
i. den Klienten (in der Position des Oberhauptes) eine stimmige Lösung finden lassen, bei der jeder innere Anteil beachtet und dessen gute Absicht berücksichtigt wird, dass dieser Anteil die Lösung nicht boykottiert;
j. den Klienten abschließend auffordern, vom neutralen Klientenstuhl aus über den Prozess der Entscheidungsfindung und über einzelne Positionen zu reflektieren.

Übung

(1) Inneres Team
Die Teilnehmer führen den oben beschriebenen Ablauf *Die innere Verhandlung* gegenseitig miteinander durch. Die jeweiligen Klienten thematisieren als Ausgangspunkt z.B. Situationen, in denen sie nicht so recht weiter wissen oder sich 'zerrissen' fühlen.

Baustein 30: Zusammenhänge visualisieren

Ziele:
1. Dem Klienten neben der sprachlichen Artikulation andere Ausdrucksformen bei der Bearbeitung seiner Problematik zur Verfügung stellen:
   a. Bild, Zeichnung, Skizze anfertigen
   b. Überlegungen, Begriffe auf Papier, Kärtchen notieren
   c. Netzpläne, Wirkungsketten, Kreisläufe in Legetechnik
   d. Formen, Symbole, Gegenstände anordnen
   e. Skulpturen aus Materialien, Werkstoffen erstellen
   f. Aspekte, Gefühle mit Körper, Gestik, Mimik darstellen;
2. den Klienten beim Erstellen der jeweiligen Ausdrucksform anleiten und unterstützen;
3. dem Klienten seine visualisierten kognitiven und emotionalen Strukturen und Anteile verdeutlichen;
4. dem Klienten vermeintliche Zusammenhänge zwischen seiner Problematik und den visualisierten 'Ergebnissen' aufzeigen.

Erläuterungen
Während des therapeutischen Prozesses bietet es sich zu bestimmten Zeitpunkten und bei der Erarbeitung bestimmter inhaltlicher Zusammenhänge immer wieder an, die allein sprachliche Artikulation des Klienten im Gespräch durch andere Ausdrucksformen zu ergänzen. Durch das Zur-Verfügung-Stellen alternativer Zugänge können Barrieren aufgelöst werden, die für den Klienten auf der verbalen Ebene im Gespräch bestehen. Er hat die Möglichkeit, über die Visualisierung bestimmter Teilaspekte bzw. eine überblicksartige 'Gesamtdarstellung' seiner Problematik neue Zusammenhänge zu erkennen. Dadurch, dass das Ergebnis in den meisten Fällen fixiert ist und in Ruhe betrachtet werden kann, erschließen sich für den Klienten - mit Hilfe des Beraters - in der Regel neue Sichtweisen der angesprochenen Inhalte. Die kognitiven Strukturen und die emotionalen Anteile können in der jeweiligen Darstellung erkannt bzw. empfunden werden. Die mit diesen Ausdrucksformen in der Regel verbundene Verkürzung und Vereinfachung der Problematik durch den Klienten in der Darstellung hat sich in vielen Fällen als äußerst hilfreich erwiesen, weil der Klient sich bei der Erstellung meist automatisch auf das Wesentliche beschränkt bzw. in darstellender Form bereits Zusammenhänge herstellt, die ihm zu diesem Zeitpunkt noch gar nicht bewusst oder nicht artikulierbar waren.

Die zur Verfügung stehenden Ausdrucksformen in der Darstellung lassen sich grob in Kategorien zusammenfassen bzw. unterteilen:

(a) *Bilder, Zeichnungen oder Skizzen* unter Vorgabe eines Themas oder einer Aufgabenstellung malen bzw. anfertigen - Beispiel: Bild malen zum Thema 'Ich und mein Chef';

(b) *Überlegungen und Begriffe* unter Vorgabe eines Themas oder einer Aufgabenstellung schriftlich festhalten oder auf Kärtchen schreiben. Dabei ist es meistens sinnvoll, nur eine Überlegung oder einen Begriff pro Kärtchen oder Papierbogen zu notieren, um sie anschließend bewegen, sortieren, ordnen, hierarchisieren etc. zu können - Beispiel: Begriffe auf Kärtchen notieren zum Thema 'Ehe';

(c) *Netzpläne, Wirkungsketten, Kreisläufe, Beziehungsgefüge oder Zusammenhänge* unter Vorgabe eines Themas oder einer Aufgabenstellung mit Hilfe einer 'Legetechnik' erstellen. Auch hier ist es meistens sinnvoll, nur einen Begriff oder Bestandteil pro Kärtchen zu notieren. Die 'gelegten' Zusammenhänge können anschließend auf einem großen Bogen fixiert werden - Beispiel: Teufelskreis visualisieren, zur Eskalation im Streit mit dem Kollegen;

(d) *Formen, Symbole oder Gegenstände* unter Vorgabe eines Themas oder einer Aufgabenstellung im Raum oder auf dem Tisch anordnen. Dabei können verschiedene Farben, Größen, Materialien etc. als Gestaltungselemente genutzt werden. Diese Visualisierungsform ist besonders geeignet, um Beziehungsgefüge konkret oder symbolisch fassbar und

transparent zu machen - Beispiel: Holzbausteine benutzen, um das Beziehungsgefüge des Teams aufzubauen;
(e) *Skulpturen* unter Vorgabe eines Themas oder einer Aufgabenstellung aus verschiedenen Materialien oder Werkstoffen erstellen. Hier können 'gewöhnliche' (Papier, Knetgummi, Ton etc.) und 'außergewöhnliche' (Holz, Stein, Naturteile, Metall etc.) Materialien genutzt werden, um Skulpturen (kreativ) herzustellen bzw. zu formen - Beispiel: Skulptur aus Knetmasse zum Thema 'Mein Sohn und Ich';
(f) *Aspekte, Gefühle mit dem Körper (Körperhaltung, Gestik, Mimik)* unter Vorgabe eines Themas oder einer Aufgabenstellung (nonverbal) darstellen. Diese Visualisierungsform ist besonders geeignet, Bewegungen und Veränderungen zu ermöglichen und sofort umzusetzen - Beispiel: Typische Körperhaltung einnehmen zum Thema 'Mutter' oder 'Neue Arbeitsstelle'.

Der Kreativität des Beraters sind bei der Entwicklung neuer Visualisierungsmöglichkeiten keine Grenzen gesetzt. Dabei ist es bei der Auswahl bzw. Entwicklung der jeweiligen Form der Visualisierung besonders wichtig, die Person des Klienten mit ihren Möglichkeiten und Grenzen in Bezug auf die angesprochene Problematik zu berücksichtigen. Ein sinnvoller Einsatz der verschiedenen 'Visualisierungsmethoden' setzt voraus, dass der Berater eigene Erfahrungen im Umgang mit diesen Methoden gesammelt hat. Nur auf diese Weise ist es ihm möglich, Voraussetzungen, Möglichkeiten und Wirkungen der einzelnen Verfahren einzuschätzen.

Bei der Anwendung dieses Bausteins ist darauf zu achten, dass der Klient vom Berater genaue Anweisungen für die Durchführung der gestellten Aufgaben erhält und ihm eine umfangreiche, weitere Bearbeitung der dargestellten Ergebnisse ermöglicht wird. Der Berater hat ebenfalls die Aufgabe, dem Klienten während der Arbeit weiterführende Angebote zu machen, indem er von ihm erkannte emotionale Anteile verbalisiert, mögliche Symbolisierungen in der Darstellung und wahrgenommene Zusammenhänge formuliert.

Die gestellten Aufgaben können in das Beratungsgespräch integriert oder als Hausaufgaben für den Klienten formuliert werden. Für die Ausführung muss immer entsprechend der Aufgabenstellung genügend Zeit zur Verfügung stehen. Die Arbeit mit diesen nicht-sprachlichen Ausdrucksformen sollte dem Klienten vorher erklärt werden, um mögliche Bedenken und Barrieren abzubauen. Die sich aus der Darstellung für den Klienten ergebenden Konsequenzen werden anschließend im weiteren Verlauf des Beratungsgesprächs aufgearbeitet.

Übungen
(1) Alle oben genannten Beispiele können als Übungen in Gruppen oder einzeln probiert und reflektiert werden.

(2) Visualisierungsmöglichkeiten
Die Teilnehmer bearbeiten die Übungsbeispiele (siehe Übungsbögen 'Übungsbeispiel I und II', Arbeits- und Trainingsbögen, Kap. 5) unter der Aufgabenstellung, sich zu überlegen, welche Visualisierungsmöglichkeiten sich für die genannten Beispiele anbieten.

Baustein 31: Informationen geben

Ziele:
1. Dem Klienten an geeigneter Stelle und zum geeigneten Zeitpunkt pädagogische, psychologische oder sachliche Informationen zukommen lassen, die ihn seine Problematik (kognitiv) besser verstehen lassen;
2. die Vermittlung der Informationen von der Bearbeitung der Problematik deutlich trennen;
3. die wesentlichen Informationen kurz und verständlich darlegen;
4. die gefühlsmäßigen Reaktionen des Klienten auf die Informationen beachten;
5. die Verarbeitung und 'Umsetzung' der Informationen bezogen auf die angesprochene Problematik mit dem Klienten thematisieren.

Erläuterungen
Es gibt viele Menschen, die ein Auto fahren und auch besitzen, aber vom 'Innen- und Außenleben' des Autos nichts verstehen. Für Pannen sind die Fachleute da. Nun kann es jedoch manchmal nicht nur hilfreich, sondern auch von Interesse sein, einiges über das Auto zu wissen, um die Zusammenhänge (etwas) besser zu verstehen. Ein Wagen, der ausreichend betankt und dessen Batterie in Ordnung ist, bei dem der Anlasser funktioniert und die Benzinpumpe arbeitet, springt dennoch nicht an. Der Fachmann hat dieses überprüft, stellt dann aber doch fest, dass die Benzinzufuhr (durch eine Verstopfung) gestoppt wird. Mittels Saugen wird die Leitung freigelegt, und der Motor springt an. Auf die übliche Frage: 'Woran lag es denn?' kann der Fachmann unterschiedlich reagieren. Er kann auch - und das ist der Sinn dieses Beispiels - den konkreten Fall zum Anlass nehmen (wir unterstellen hier den Wunsch des Geplagten), anhand dieses Beispiels den Zusammenhang von Anlasser, Benzinpumpe, Ansaugstutzen usw. zu erklären, weil er damit über den konkreten Einzelfall hinaus dem Betroffenen einen allgemeinen Einblick in den Zusammenhang von der Wirk- und Arbeitsweise des Motors vermittelt. Der Kunde wird nun ein anderes Verständnis entwickeln, er wird seinen Fall mit anderen und ähnlichen Fällen prinzipiell vergleichen können; er wird auch schnell verstehen, dass Eigenarten und Besonderheiten zwar vorhanden sind, das grundlegende Prinzip aber gewahrt bleibt. Der Kunde hat eine technische Information erhalten, die er versteht, ohne gleich selbst Fachmann zu sein (oder sein zu wollen).

Berater (Pädagogen) unterscheiden sich von Klienten (Nicht-Pädagogen) dadurch, dass sie über (wissenschaftliche) Informationen verfügen, die die andere Seite nicht besitzen. Die Informationen versetzen sie in die Lage, ihre Tätigkeit überhaupt auszuüben. Bei der Ausübung wird das vorhandene Wissen handelnd umgesetzt.

Es gibt im Rahmen des Beratungsprozesses übertragen Situationen, in denen es durchaus sinnvoll und hilfreich ist, dem Klienten an geeigneter Stelle Informationen zukommen zu lassen. Dabei kann das Anbieten von Informationen unterschiedliche Intentionen haben:

– Die Informationen können die konkreten Handlungen und Abläufe in der Beratung erklären und dem Klienten hilfreiche Hintergründe oder übergeordnete Zusammenhänge vermitteln.

– Die Informationen vermitteln dem Klienten gesicherte Fakten (z.B. Fachwissen, Resultate einer Diagnose, Kausalzusammenhänge und Wirkungsabläufe) zum Umfeld des angesprochenen Problems, um das kognitive Wissen des Klienten über das Problem mit dem Ziel zu erhöhen, neue Sichtweisen und Einschätzungen zu ermöglichen bzw. neue Anregungen und Denkanstöße zu geben.

Informationen können dazu beitragen, eine Problematik kognitiv positiv zu verarbeiten und selbst einen Blick für die Zusammenhänge zu gewinnen. Neutrale Informationen können darüber hinaus auf Informationsdefiziten beruhende Ängste abbauen.

Der Berater muss einschätzen, wann und welche Informationen wie gegeben werden sollen. Welches der richtige Zeitpunkt ist und wie viel erklärt werden soll, ist nur im konkreten Einzelfall zu entscheiden. Es bedarf einer besonderen didaktischen Feinfühligkeit, die Information situationsadäquat einzubringen. Es ist ungünstig, unvermittelt zu sagen: „Bei Ihnen ist das so und so!" Vielmehr sollte zunächst im Gespräch eine Zäsur gemacht werden, an der deutlich wird, dass das Folgende innerhalb der Gesprächssituation einen anderen Stellenwert besitzt, etwa: „Ich möchte an dieser Stelle einmal unser Gespräch unterbrechen. Ich möchte Ihnen über das, worüber wir gerade sprechen, einige Informationen geben, die Ihre Problematik betreffen und allgemein gelten ..." (siehe Baustein *Einsatz von Methoden*).

Vorausgesetzt wird, das sei noch einmal betont, dass der Klient Interesse an solchen Informationen zeigt und möglicherweise selbst nachfragt. In diesem Zusammenhang muss beachtet werden, ob der Wunsch des Klienten nach Informationen 'echt' ist oder ob sich hinter diesem Bedürfnis nicht ein versteckter Hilferuf oder ein Ablenken von der Betroffenheit durch das Problem verbirgt. In diesem Fall können Informationen den Klienten sogar lähmen. Auch sind Allgemeinplätze und starre Etikettierungen wenig weiterführend in der Beratung.

Hat sich durch das Gespräch das Bedürfnis nach Informationen herauskristallisiert, müssen diese ohne Wertung und so konkret wie möglich in Form

eines Angebots an den Klienten weitergegeben und dabei besonders die folgenden Fragen berücksichtigt werden:
- Welche Informationen braucht der Klient?
- Wie vermittle ich diese Informationen?
- Reagiert der Klient gefühlsmäßig auf diese Informationen?
- Kann der Klient die Informationen umsetzen?

Nach dem Geben der Informationen muss der Berater sensibel für die Reaktionen des Klienten sein. Das Gespräch über die individuellen Möglichkeiten und Grenzen der Umsetzbarkeit in den Alltag des Klienten sollte sich immer anschließen, um z.B. konstruktive, hilflose, resignierende oder ablehnende Reaktionen des Klienten thematisieren zu können.

Übung

(1) Informationsinput
Die Teilnehmer erhalten bis zu einem festgesetzten Termin den Auftrag, sich in eine spezifische, begrenzte Thematik einzuarbeiten mit dem Ziel, die zusammengestellten Informationen in didaktisch durchdachter Form der Kleingruppe (oder dem Plenum) vorzutragen. Die Themen können vorgegeben oder von den Teilnehmern selbst ausgewählt werden. Der Trainer muss darauf achten, dass keine Kurzreferate gehalten werden. Bewährt hat sich folgende Formulierung der Aufgabenstellung an die Teilnehmer: 'Sie lernen die Informationen ausschließlich für sich. Denken Sie beim Arbeiten nicht an die Gruppe, sondern nur daran, dass Sie Bescheid wissen sollen!'

Baustein 32: Freie Assoziation

Ziele:
1. Dem Klienten die Möglichkeit geben, sich über einen bestimmten Aspekt oder Themenbereich frei zu äußern;
2. dem Klienten die Möglichkeit geben, die zu einem für seinen Problemzusammenhang bedeutsamen Schlüsselbegriff spontan aufkommenden Gedanken und Gefühle frei zu äußern;
3. als Berater vermeiden, vom Klienten benannte Assoziationen zu werten oder zu kommentieren.

Siehe Baustein *Einsatz von Methoden*

Erläuterungen
Fallen im Laufe des Gesprächs immer wieder bestimmte Begriffe oder äußert sich der Klient wiederholt zu bestimmten Themenbereichen wie z.B. Freundschaft oder Verlassensein, dann bietet sich die Methode der Freien Assoziation an.

Der Berater unterbricht das Gespräch und bittet den Klienten, zu einem Begriff oder Gefühl seine spontan aufkommenden Gedanken zu äußern. Er begleitet den Klienten hierbei, indem er ihn immer wieder zu weiteren Assoziationen ermuntert oder aber die geäußerten Begriffe als Verstärkung oder Kontrolle für den Klienten wiederholt. Über diesen Assoziationsprozess werden Gedankenverbindungen, Interpretationen und Wert- ebenso wie Moralvorstellungen des Klienten deutlich. Von daher ist es wichtig, die geäußerten Assoziationen nicht zu bewerten.

Durch die Methode der *Freien Assoziation* werden darüber hinaus eventuell vorhandene Neigungen des Klienten, zu rationalisieren und an dem eigentlichen Kern des Problems vorbeigehende Erklärungen zu bieten, unterbunden. Im Rahmen dieser freien Form der Artikulation werden Gedanken, Gefühle und Zusammenhänge beim Klienten deutlich, die als Grundlage für den weiteren Gesprächsverlauf dienen können.

Durchführungshinweise
Für viele Klienten ist es hilfreich, wenn der Berater ihnen zu Beginn der Methode eine vertiefende Besinnung oder eine kurze Entspannungsübung anbietet, die ihnen ein intensiveres Einlassen auf die *Freie Assoziation* ermöglicht.

Alternativ dazu kann dem Klienten der Einstieg in die Freie Assoziation durch das Angebot verschiedenster Kreativitätstechniken erleichtert werden, wie sie in der Fachliteratur in vielen Variationen zu finden sind.

Zur Unterstützung einer gezielten Aufarbeitung ist es gegebenenfalls sinnvoll, die vom Klienten genannten Begriffe (auf Kärtchen) zu visualisieren.

Der Berater sollte darauf achten, den Klienten im Verlauf der *Freien Assoziation* nicht zu beeinflussen, in dem er noch nicht genannte Bereiche (z.B. Assoziationen zu Gefühlen und Empfindungen) noch einmal gezielt nachfragt oder sich selbst beim Freien Assoziieren beteiligt. Er verfälscht damit die Aussagen dieser Methode, nämlich dass ein Nichtnennen von Assoziationen auch aussagekräftig für einen Klienten ist.

Übungen
(1) Begriffe anbieten
Die Teilnehmer werden aufgefordert, zu einzelnen Begriffen wie z.B. Freiheit, Studium, Eltern und Sich-Daneben-Benehmen spontane Assoziationen zu äußern. Auf diese Weise wird ihnen die Erfahrung vermittelt, in welchem Umfang Werte und Moralvorstellungen über Assoziationen deutlich werden können.

(2) Freie Assoziation
Siehe Übungsbogen 'Adjektive finden' (Arbeits- und Trainingsbögen, Kap. 5).

Baustein 33: Gefühlsgegensätze thematisieren

Ziele:
1. Zwiespältige Gefühle beim Klienten erkennen und ansprechen;
2. die jeweiligen Gefühle isolieren und in ihren jeweiligen Extremen gegenüberstellen;
3. den Klienten anregen, sich für eine Tendenz zu entscheiden und mit dieser weiterarbeiten;
4. siehe auch Baustein *Positionsstühle*.

Erläuterungen
Nicht selten entstehen Spannungen und Verunsicherungen beim Klienten durch eine Inkongruenz der Gefühle. Gefühle gegensätzlicher Art sind häufig unbewusst und werden nur dadurch bewusst, dass man ihnen Aufmerksamkeit schenkt. Die Gegensätze sollten vom Berater angesprochen werden, auch wenn sie zunächst nicht besonders gravierend erscheinen. Tendenzen von Gefühlen in verschiedene Richtungen können durch die Isolierung, Übertreibung und Gegenüberstellung deutlicher gemacht werden. Der Klient empfindet diese Gegensätzlichkeit meist nur als Unklarheit, Irritation oder undefinierbaren Gefühlszustand.

Wenn der Berater eine Zwiespältigkeit beim Klienten heraushört, sollte er die herausgehörten, beteiligten Gefühle benennen oder als Extreme formulieren. Dem Klienten wird so die Gelegenheit gegeben, die zwiespältigen Gefühle zu identifizieren. Es kann dann auch durchaus effektiv sein, bei dieser Diffusität der Gefühle zunächst zu verweilen.

In der Weiterarbeit sollten die widerstrebenden Gefühle dann getrennt thematisiert und betrachtet werden, um sie in ihrer Qualität und Tiefe wahrzunehmen. Im Anschluss kann der Berater den Klienten auffordern, sich zu positionieren, für das vorrangige Gefühl zu entscheiden, oder aber zumindest eine Tendenz in sich wahrzunehmen und zu äußern. Dadurch verschafft dieser sich Klarheit über seine Gefühle, und der Weg ist gegebenenfalls frei für neue Gedankengänge.

Ein Beispiel zur Veranschaulichung: Ein Klient schildert in seinem Gespräch eine Unterhaltung mit seinem Vater. Eingangs erwähnt er dabei, dass das Gespräch deshalb so gut verlaufen ist, weil er seinen Vater akzeptieren und lieben würde. Im weiteren Verlauf wird durch die Wortwahl und den Inhalt aber deutlich, dass der Klient seinen Vater überhaupt nicht versteht und ihn mit seinen Ansichten ablehnt. Der Berater stellt den Gefühlsgegensatz 'Ich liebe ihn' und 'Ich lehne ihn ab' heraus.

Übung
(1) Gefühlsstühle
Die Teilnehmer der Übungsgruppe benennen jeweils eine Situation, in der sie diffuse, unklare oder widerstrebende Gefühle wahrnehmen. Der Berater

hat zunächst die Aufgabe, die beteiligten Gefühle zu isolieren und zu identifizieren. Er folgt anschließend dem im Baustein *Positionsstühle* beschriebenen Ablauf. Bei Gefühlsgegensätzen können die Stühle im Raum an den Endpunkten einer gedachten Linie aufgestellt werden, um die vorhandene Gegensätzlichkeit deutlich herauszustellen.

Baustein 34: Doppeln

Ziele:
1. Dem Klienten durch das Doppeln die Möglichkeit bieten, die eigene Position und die subjektiven Gefühle im Problemzusammenhang besser wahrnehmen und 'in Worte fassen' zu können;
2. dem Klienten durch das Doppeln neue Impulse für sein Problem anbieten;
3. während des Doppelns aus der Position des Klienten heraus sprechen.

Erläuterungen
Das Doppeln ist eine Handlungstechnik des Psychodramas nach J. L. Moreno. Das Psychodrama allgemein und diese Interventionstechnik im Speziellen ermöglicht es dem Klienten, sein Erleben und Verhalten in bestimmten Situationen besser zu erkennen und zu verstehen und seine Wirklichkeit - seine Probleme, Ängste, Phantasien und Konflikte - konstruktiv zu bewältigen und zu gestalten (vgl. Kösel 1993, 1). Die Grundidee des Psychodramas geht dabei davon aus, die Probleme und problematischen Situationen konkret darzustellen und über die Aktion einen Schlüssel zu den eigentlichen, häufig eher un- oder vorbewussten Gedanken, Gefühlen und Empfindungen zu bekommen (siehe Baustein *Psychodramatische Konkretisierung*).

Die Handlungstechnik *Doppeln* meint, dass der Berater sich in die Position des Klienten begibt (sich hinter den Klienten stellt) und sich durch *Hineinversetzen und Nachvollziehen* mit ihm 'identifiziert'. Er vermittelt diesem, im wahrsten Sinne der Worte 'hinter ihm zu stehen'. Aus dieser Position heraus paraphrasiert, verbalisiert der Berater oder macht dem Klienten Angebote, die dessen Gedanken, Gefühle oder Empfindungen in Worte fasst. Der Klient erhält die Gelegenheit zu überprüfen, ob diese Worte das innere Erleben widerspiegeln, das er entweder nicht kannte oder das er nur wenig und ungenau selbst wusste und nicht auszudrücken wagte. Der Berater ermutigt den Klienten, durch das Selbst-Aussprechen der passenden Worte und Beschreibungen, die un- und vorbewussten Anteile in sein Denken, Fühlen und Handeln wahrzunehmen und zu integrieren.

Ein Beispiel zur Veranschaulichung: Der Klient schildert eine Situation, in der er mitgeteilt bekommt, dass eine von ihm sehnlich erwünschte und angestrebte Aufgabe einem Kollegen übertragen wurde. Während der Klient erzählt, dass er sich nun ja damit abfinden müsste, tritt der Berater hinter ihn und formuliert: „Das ist das Schlimmste, was mir je passiert ist. Ich weiß gar nicht, wie das jetzt in der Firma mit mir weitergehen soll. Ich bin am Boden zerstört." Der Klient schluckt, sagt leise „Ja." und beginnt zu weinen.

Die psychodramatische Intervention Doppeln wird aus dem Gesamtkonzept herausgelöst, um sie im Rahmen des Beratungsgesprächs und beim Einsatz spezifischer Methoden für den Klienten unterstützend einzusetzen (siehe Baustein *Erlebnis ins 'Hier und Jetzt', Positionsstühle, Inneres Team, Freie Assoziation, Perspektivwechsel, Körperkontakt aufnehmen*).

Von den vielfältigen Möglichkeiten des Doppelns seien hier exemplarisch nur die für die Arbeit im Rahmen der pädagogisch-therapeutischen Gesprächsführung bedeutsamen angeführt (vgl. Kösel 1993, 41 ff.):

- *Einfühlendes Doppeln:* Der Berater fasst die Gefühle und Gedanken in Worte, die der Klient nicht ausdrückt, sei es aus Schüchternheit, Hemmung, Angst, Schuldgefühl, Aggressivität, Höflichkeit etc.
- *Stützendes Doppeln:* Der Berater wiederholt jeweils (wortwörtlich) die Aussagen des Klienten und verleiht ihnen dadurch Nachdruck. Er vermittelt ihm damit Sicherheit.
- *Explorierendes Doppeln:* Der Berater macht dem Klienten Angebote für unklare, diffuse oder schwer fassbare Gedanken und Gefühle.
- *Ambivalenz-Doppeln:* Der Berater fasst ambivalente Gefühle und Gedanken aus zwei Positionen heraus (z.B. hinter der rechten und linken Schulter) in Worte, um die 'innere' Tendenz des Klienten besser zu erfassen.
- *Provozierendes Doppeln:* Der Berater provoziert Widerspruch, in dem er dem Klienten das absolute Gegenteil dessen anbietet, was dieser gesagt hat oder vermeintlich sagen möchte.
- *Direktes Doppeln:* Der Berater macht Angebote, was der Klient in bestimmten Situationen tun oder sagen kann: 'Ich gehe hin und sage ihm ...'.
- *Indirektes Doppeln:* Der Berater regt das Nachdenken an, in dem er dem Klienten Fragestellungen anbietet: 'Ich frage mich, was da los ist?'

Durchführungshinweise

Das Doppeln kann vom Berater im Verlauf von Beratungsgesprächen spontan ohne ein spezielles methodisches Setting eingesetzt werden, um das In-Worte-Fassen von Gedanken, Gefühlen und Empfindungen sofort zu unterstützen.

Wenn das Doppeln gezielt, umfangreicher und häufiger hintereinander eingesetzt wird, sollte der Baustein *Einsatz von Methoden* berücksichtigt werden. In diesem Fall muss der Berater den Klienten aber vorher fragen, ob dieser mit dem Doppeln einverstanden ist.

Bei der Durchführung des Doppelns muss der Berater beachten, dass er sich hinter den Klienten (hinter den Stuhl, hinter die Person) stellt, die Hände auf dessen Schultern legt (um Kontakt mit der Person aufzunehmen) und in der Ichform spricht.

Häufig hilft es dem Klienten, das Doppeln auf einem Extra-Stuhl durchzuführen, um den eigentlichen Klienten-Stuhl als sichere Rückzugsposition nutzen zu können, aus der es auch möglich ist, von 'Außen' zu reflektieren.

Alle sprachlichen Interventionen des Beraters müssen in Angebotsform formuliert sein (mit angehobener Stimmlage zum Ende des Satzes), um den Klienten aufzufordern, das Gesagte zu bestätigen, zu konkretisieren, zu präzisieren oder zu korrigieren. Bei zutreffenden Angeboten sollte der Klient noch einmal selbst wiederholen, um die damit verbundenen Gefühle und Empfindungen noch deutlicher zu spüren.

Übung

(1) Doppeln
Die Teilnehmer bilden Sechsergruppen. Es wird ein Extra-Stuhl aufgebaut. Ein Teilnehmer, der über eine ihn bewegende Situation aus der letzten Zeit sprechen will, setzt sich auf diesen Stuhl und beginnt als Klient vor allen anderen Teilnehmern zu erzählen. Während der Schilderung versuchen alle anderen, sich in die erzählende Person hineinzuversetzen, stellen sich anschließend abwechselnd hinter sie und bieten herausgehörte Gedanken, Gefühle und Empfindungen zu der geschilderten Situation in der Ichform an. Der Klient reagiert darauf, in dem er die Angebote wiederholt, wenn sie zutreffen oder in dem er sie präzisiert, konkretisiert bzw. korrigiert.

Baustein 35: Staccato

Ziele:
1. Den Klienten davon abbringen, nur kognitiv über die Gefühle zu reden;
2. durch kurze und in schneller Abfolge angebotene 'Gefühlsadjektive' dem Klienten die Möglichkeit geben, seine zunächst indifferente emotionale Situation zu klären und sich seiner Gefühle bewusst zu werden;
3. den Klienten in die Situation bringen, seine Gefühle zuzulassen und sie für sich anzunehmen.

Erläuterungen
Staccato ist ein italienisches Wort und meint: unverbunden, kurz, abgestoßen. In unserem Zusammenhang steht dieser Begriff für eine Möglichkeit, den Klienten von rationalisierenden, im Wesentlichen kognitiven und die eigenen Gefühle nicht zulassenden Äußerungen dahinzubringen, dass er sich seiner Gefühle bewusst wird und in der Lage ist, sie zu verbalisieren. Dies geschieht, indem der Berater ihm in schneller Abfolge mehrere Begrif-

fe, die emotionale Zustände beschreiben, anbietet und auf diese Weise ein zentrales Gefühl fokussiert.

Dieses Vorgehen ist dann angebracht, wenn der Klient anfängt, lange über seine Antworten nachzudenken und, indem er laufend Erklärungen mitliefert, seine Gefühle zu rationalisieren und auf diese Weise den emotionalen Bezug zum angesprochenen Thema zu verlieren. Um diese Gedankenschleifen zu durchbrechen, bietet sich das Staccato an, da der Klient auf diese Weise 'gezwungen' wird, schnell Stellung zu den vom Berater angebotenen Gefühlszuständen zu beziehen. Dabei wird die Entscheidung für oder gegen ein Gefühl dann nicht mehr rational, sondern emotional gefällt. Durch eine begriffliche Einkreisung während des Staccato kommt die Beschreibung des Gefühlszustandes mehr und mehr an das vom Klienten nicht exakt beschreibbare, aber dennoch empfundene Gefühl heran, welches ihm ja zunächst nicht bewusst und verbal verfügbar ist. Hierbei ist es nicht erforderlich, dass der Berater mit den von ihm angebotenen Gefühlen besonders häufig den Kern trifft. So kann er beispielsweise um den Kernbegriff 'Aversion' herum eine Reihe von Gefühlen wie etwa unsympathisch, unangenehm, unbehaglich, widerwärtig und abstoßend anbieten. Diese Angebote geben auch ihm selbst die Möglichkeit zur eigenen Überprüfung, um nicht zu einer Fehlinterpretation der Gefühlslage des Klienten zu kommen.

Beispiel: Die Klientin erzählt von einer Kollegin, die ständig für das Verhalten anderer Menschen Erläuterungen und Erklärungen parat hat. Sie deutet ihre Gefühle gegenüber der Kollegin lediglich an, spricht sie aber nie konkret aus. Berater: „Sie sind sauer auf die Frau." Klientin: „Nein, sauer nicht, die kann ja nichts dafür ..." Berater: „Entschuldigen Sie, wenn ich Sie jetzt unterbreche. Aber Sie schildern immer wieder die Situation. Aber wie ist das mit Ihren Gefühlen? Ich schlage Ihnen deshalb vor, dass ich Ihnen einige sage, und Sie sagen zunächst nur, ob die zutreffen oder nicht." Klientin:„Wenn Sie meinen. Ja, machen Sie mal. Berater: „Sie sind wütend." Klientin: „Nein, das stimmt nicht ganz." Berater: „Enttäuscht." Klientin: „Ja." Berater: „Ärgerlich." Klientin: „Auch nicht." Berater: „Sauer." Klientin: „Nein, auch nicht." Im Anschluss gehen Klientin und Berater genauer auf das Gefühl der Enttäuschung ein.

Durchführungshinweise
Das Staccato kann vom Berater im Verlauf von Beratungsgesprächen spontan ohne ein spezielles methodisches Setting eingesetzt werden, um den Überraschungseffekt zu nutzen und diese Methode auch ohne große Vorankündigung durchzuführen. Der Klient soll - im positiven Sinne - 'überrumpelt' werden, um seine rationalisierenden Mechanismen und die kognitive Kontrolle bewusst zu umgehen.

Wenn das Staccato angekündigt eingesetzt wird, sollte der Baustein *Einsatz von Methoden* berücksichtigt werden.

Der Berater muss bei der Durchführung darauf achten, dem Klienten bewusst keine Pausen einzuräumen und dabei möglichst schnell verschiedene ähnliche Adjektive zu nennen, die den wahrgenommenen Gefühlszustand des Klienten annähernd beschreiben.

Übung

(1) Adjektive finden
Da unsere Alltagssprache relativ arm an Adjektiven ist, die die Möglichkeit zu differenzierenden Beschreibungen von Gefühlszuständen bieten, fällt es Beratern anfangs recht schwer, ihren Klienten Angebote zu machen, die deren Gefühle hinlänglich erfassen. Von daher ist es zunächst sinnvoll, das sprachliche Handwerkszeug in dieser Hinsicht zu festigen und auszuweiten. Diesem Zweck dient folgende Übung:

Den Teilnehmern werden der Reihe nach verschiedene Situationen vorgegeben, so zum Beispiel: Sekunden vor einem Vorstellungsgespräch, Beginn einer Klassenarbeit, mein Partner beendet unsere Beziehung, mein Vorgesetzter kündigt mir. Sie haben anschließend die Aufgabe, innerhalb eines vorgegebenen Zeitraumes möglichst viele Adjektive zu notieren, die die vermuteten Gefühle in der jeweiligen Situation beschreiben. Im Anschluss daran tauschen die Teilnehmer ihre Ergebnisse aus und vervollständigen auf diese Weise ihren Wortschatz.

Siehe Übungsbogen 'Adjektive finden' (Arbeits- und Trainingsbögen, Kap. 5).

Baustein 36: Interpersonale Barriere thematisieren

Ziele:
1. Die zwischen dem Klienten und dem Berater während des Gesprächs auftretenden Barrieren erkennen und ansprechen;
2. dem Klienten die Möglichkeit geben, offen und angstfrei über die Barrieren zu sprechen;
3. dem Klienten behutsam Angebote für vermutete Barrieren machen;
4. die zu bearbeitende Thematik in den Hintergrund stellen.

Erläuterungen
Der Berater tritt außer in Gestalt seiner fachlichen Kompetenz auch als Person, d.h. auch als ein Individuum mit eigener Ausstrahlung, dem Klienten gegenüber. Nun kann es durchaus sein, dass der Berater ein hervorragender Experte ist, aber der Klient mit ihm 'menschlich nicht klar kommt'. Ist dies der Fall, dann baut sich eine 'Mauer' zwischen beiden auf, die als so genannte interpersonale Barriere den Beratungsprozess behindert. In diesem Fall besteht die Gefahr, dass der Klient in seiner Kommunikation dem Berater gegenüber und damit auch in Bezug auf das von ihm eingebrachte Problem zunehmend widersprüchlicher, unklarer, verzerrter, defensiver,

oberflächlicher oder auch teilnahmsloser wird. Dieses Gesprächsverhalten kann der Hinweis auf eine Störung in der Beziehung zwischen Klient und Berater sein. Da der Klient sich meist aufgrund seiner psychischen Verfassung in der Beratungssituation dem Berater unterordnet, wird er aus Rücksicht oder Angst von sich aus die entstandene Barriere kaum ansprechen. Ein Klient, der Schwierigkeiten mit dem Berater hat, der sich nicht geborgen fühlt, der nicht angstfrei sprechen und agieren kann, kommt bei der Lösung seiner Problematik keinen Schritt weiter, weil ihn die Barriere daran hindert, so zu sein, wie er es möchte.

Der Berater ist von daher in besonderer Weise zur Sensibilität aufgerufen, d.h. er muss mögliche, den Beratungsprozess behindernde Barrieren erkennen und diese ansprechen. Solche Hindernisse können beispielsweise das Geschlecht des Beraters, sein Alter, sein Auftreten, sprachliche Verständigungsschwierigkeiten, ein Wunsch an den Berater, der nicht erfüllt wird, oder die Art und Weise des Vorgehens sein. Die Thematisierung und Bearbeitung dieser Barrieren hat immer Vorrang vor einer weiteren Bearbeitung der eigentlichen Problematik.

Für den Berater gilt es, in solchen Situationen herauszufinden, ob die angesprochene Barriere auf Seiten des Klienten gegebenenfalls nur einen Widerstand signalisiert. Geht er beispielsweise mit diesem in bestimmten Situationen besonders konfrontativ um, dann fühlt sich der Klient - was von der Sache her zu vertreten wäre - möglicherweise an einem 'kritischen Punkt' getroffen und möchte sich dem dadurch entziehen, dass er sein Unwohlsein kundtut. Erkennt der Berater diesen Mechanismus, der vom Klienten unbewusst möglicherweise häufig in solchen Situationen zur kurzfristigen Flucht vor der Auseinandersetzung mit sich selbst eingesetzt wird, dann muss gerade dieses Verhalten im Beratungsgespräch thematisiert werden.

Natürlich trifft das Gesagte ebenso auf den Berater zu. Auch er kann Barrieren gegenüber dem Klienten aufbauen. Auf der Basis der eigenen Selbstexploration muss er in einem solchen Fall entscheiden, ob er mit dem betreffenden Klienten weiterarbeiten kann oder nicht.

In jedem Fall gilt jedoch, dass selbst dann, wenn durch die Thematisierung der vorhandenen Barrieren deutlich wird, dass Klient und Berater nicht mehr miteinander weiterarbeiten können, diese Tatsache - aus Sicht des Beraters - nicht als Niederlage oder Versagen zu werten ist.

Übungen

(1) Beraterwechsel

Ein Teilnehmer nimmt die Rolle des Klienten ein und sucht sich zwei bis drei Berater aus, die mit ihm der Reihe nach ein Gespräch über ein beliebiges Thema führen. Er berichtet der Gruppe hinterher, welche Gedanken und Gefühle er bei den jeweiligen Beratern gehabt hat. Im Anschluss berichten die Berater über ihre Eindrücke und Einschätzungen. Dabei soll reflektiert werden, welche Barrieren gegebenenfalls aufgetreten und ein Abbruch der Arbeit erwogen worden ist.

Bei dieser Übung soll deutlich werden, wie unterschiedlich man sich als Klient bei verschiedenen Beratern fühlen kann.

(2) Echte Barrieren
Diese Übung setzt das Einverständnis der Teilnehmergruppe voraus. Alle Teilnehmer platzieren sich im Raum einzeln, aber füreinander sichtbar. Sie notieren sich zunächst die Eindrücke, Einschätzungen, Vorurteile und Blockaden, die sie den anderen Teilnehmern gegenüber empfinden. Danach entscheiden sie für sich, welche echte Barriere (gegenüber welchem Teilnehmer) sie versuchen wollen, zu thematisieren.

Im Anschluss werden Dreiergruppen gebildet. Es tun sich immer ein Teilnehmer (als Klient) mit seinem 'Barriereträger' und einem neutralen Berater zusammen. Im Gespräch versucht der Klient die Barriere gegenüber dem Anwesenden zu thematisieren. Der neutrale Berater versucht, den Klärungsprozess zu unterstützen. Danach werden neue Dreiergruppen zusammengestellt.

Baustein 37: Intrapersonale Barriere thematisieren

Ziele:
1. Erkennen von möglichen Hemmungen oder Ängsten des Klienten, das Problem oder einen thematischen Teilaspekt artikulieren zu können (angedeutete selbstkommunikative Signale bzw. Äußerungen);
2. negative und positive Selbstkommunikationsäußerungen des Klienten (verbale und nonverbale Signale) erkennen;
3. negative, an sich selbst gerichtete Äußerungen des Klienten als Gesprächsbarriere thematisieren;
4. positive, an sich selbst gerichtete Äußerungen des Klienten durch Zuwendung und Verbalisierung verstärken;
5. dem Klienten Angebote zur Äußerung und zur Überwindung hemmender Selbstbarrieren machen.

Erläuterungen
Wir alle kennen von uns selbst das Phänomen, dass wir Selbstgespräche führen. Man beobachtet auf der Straße Menschen, die allein vor sich hinsprechen. Häufig nimmt man hierbei nur die Bewegungen der Lippen wahr. Man nennt diese Art der Kommunikation, bei der Gedanken, die die eigene Person betreffen, laut oder leise 'gesprochen' oder 'gedacht' werden, Selbstkommunikation.

In extremen, d.h. besonders angenehmen oder unangenehmen Situationen tritt diese Art der Kommunikation verstärkt auf, weil durch die lauten oder leisen sprachlichen Äußerungen tatsächlich ein Verstärkungseffekt eintritt, der entweder besonders positiv stimulierend oder aber negativ destruktiv wirkt. In angenehmen Situationen können die Äußerungen beispielsweise lauten: 'Oh, das geht ja prima!'; 'Ja, noch mal, das geht ja gut!'; 'Ja, das schaffe ich!'. In unangenehmen Situationen dagegen: 'Das klappt und klappt einfach nicht!'; 'Das hat ja sowieso keinen Sinn.'; 'Ich bin einfach nicht fähig, das richtig zu machen.' Die geäußerten selbstkommunikativen Anteile wirken hierbei als Motor oder Bremse, in jedem Fall aber sagen sie etwas über den momentanen Zustand des Individuums aus.

In Beratungssituationen tritt diese Art der Selbstkommunikation offen und verdeckt auf. Als offen bezeichnen wir sie dann, wenn der Klient die Äußerungen andeutet, sie halblaut vor sich hinspricht oder durch nonverbale Signale entsprechende Hinweise gibt. Als verdeckt bezeichnen wir sie, wenn er sie in seinen verbalen Äußerungen versteckt, d.h. sie in den von ihm geäußerten Inhalten implizit enthalten sind und der Berater sie heraushören muss. Die Beachtung besonders der negativen Äußerungen ist deshalb wichtig, weil sie den Klienten und damit auch den Beratungsprozess als intrapersonale Barriere behindern. Der Berater muss nicht nur sehr viel Einfühlungsvermögen und Vorstellungskraft aufbringen, um solche Signale zu registrieren, er muss vor allem dem Klienten sehr nahe sein.

Ein besonders schwierig zu erkennender, weil paradoxer Mechanismus ist dabei, dass Klienten in besonders schwierigen Situationen mit sich selbst vorsichtig umgehen und sich durch verstärkende Selbstkommunikation schützen wollen und sich damit letztendlich selbst blockieren. So benutzt der Klient möglicherweise die Äußerung 'Ich schaffe das nicht!' als Verstärker für den Status quo und verstärkt die Barrieren, die er um sich selbst herum aufbaut.

Der Berater sollte die zu vermutende intrapersonale Barriere mit dem Klienten zusammen in den Mittelpunkt der Bearbeitung stellen, da die damit verbundenen, hemmenden Selbsteinschätzungen (Attribuierungen) diesem den Weg zu sich selbst und zu möglichen Lösungsansätzen versperren.

Übung

(1) Barriere klären
Zwei Teilnehmer setzen sich zusammen und übernehmen die Rollen des Klienten und Beraters. Der Klient überlegt sich eine Thematik, über die er hier und heute nicht sprechen will. Der übende Berater thematisiert nun diese Barriere, ohne den Versuch anzustellen, sie zu überwinden. Der Klient soll sich zusammen mit dem Berater seine Barriere zunächst nur ansehen und klären, worin sie genau besteht.

Beispiel: Klient: „Es gibt etwas, über das ich nicht sprechen möchte." Berater: „Es wäre Ihnen unangenehm, hier darüber zu sprechen, weil hier so viele Zuhörer sind." Klient: „Nein, die Zuhörer stören mich nicht so sehr, ich will einfach nicht darüber reden." Berater: „Sie möchten da nicht dran rütteln, weil Sie sonst befürchten, dass da etwas aufbricht." Klient: „Ja, ich glaube, dass ich damit dann nicht mehr so klarkomme, wenn ich so viel darüber nachdenken muss." Berater: „Ihnen ist es lieber, das Thema nicht anzurühren." Klient: „Ja, das habe ich mir irgendwann geschworen, dass das nie jemand erfahren darf. Sonst bin ich unten durch. Wir sollten das jetzt so stehen lassen!"

Baustein 38: Barriere als Problemindikator

Ziele:
1. Herausarbeiten, welche persönlichkeitsspezifischen psychischen Strukturen oder persönlichen Anteile für den Klienten mit der Barriere verbunden sind;
2. herausfinden, inwieweit die Barriere selbst das eigentliche Problem darstellt und damit thematisiert werden muss;
3. herausfinden, ob die Barriere Hinweise auf andere Problemkonstellationen gibt.

Erläuterungen

Im Rahmen von Beratungsgesprächen kommt es immer wieder zu Situationen, in denen das Gespräch nicht mehr weitergeht oder sich im Kreis zu drehen beginnt. Gründe hierfür können eine inhaltliche Unstrukturiertheit oder auftretende Barrieren sein. Die unterschiedlichen Formen sind in den Bausteinen *Interpersonale Barriere thematisieren* und *Intrapersonale Barriere thematisieren* beschrieben worden. Barrieren können darüber hinaus aber auch ein Problemindikator sein, d.h. die identifizierte Barriere kennzeichnet das eigentliche Problem oder gibt Hinweise auf Problemkonstellationen bzw. persönlichkeitsspezifische psychische Strukturen und persönliche Anteile des Klienten, die das eigentliche Problem ausmachen. Durch die Bearbeitung der inter- bzw. intrapersonalen Barrieren sollen diese Zusammenhänge gegebenenfalls aufgedeckt und anschließend im Rahmen des Beratungsgesprächs bearbeitet werden.

Der Berater muss darauf achten, ob z.B. die auftretende intrapersonale Barriere eines Klienten, über das Thema Sexualität in der Beratungssituation nicht sprechen zu können, nicht das eigentliche Problem ausmacht, mit Niemandem über sexuelle Dinge reden zu können und Sexualität insgesamt mit einem 'internen Tabu' zu belegen. Der Klient schiebt die Ursache für seine Schwierigkeiten in Gesprächen über Sexualität eventuell auf das Verhalten anderer Personen. Der Klient baut damit gegenüber dem Berater die gleiche Barriere auf, die ihn auch im Problemzusammenhang behindert. Hier ist es nun Aufgabe des Beraters, mit dem Klienten zusammen herauszufinden, inwieweit diese Barriere durch dessen innerpsychische Strukturen aufgebaut wird. In der geschützten Beratungssituation kann es möglich sein, die Hintergründe und Ursachen der Barriere zu ergründen. In diesem Zusammenhang ist es wichtig, die (Schutz-)Funktion dieser Barriere für den

Klienten zu verdeutlichen, die ihn vor einer generellen Auseinandersetzung mit dem Thema bewahrt.

In einem anderen Beispiel kann die auftretende interpersonale Barriere zwischen einer Klientin und ihrem Berater Hinweise geben, dass es sich bei dem zu bearbeitenden Thema um Probleme in der Beziehung zu Männern handelt, die die Klientin auf den (männlichen) Berater projiziert.

Bei der Erarbeitung von persönlichkeitsspezifischen psychischen Strukturen oder persönlichen Anteilen des Klienten muss der Berater kleinschrittig und feinfühlig vorgehen. Die innerpsychischen Barrieren müssen zunächst benannt werden, ohne dass für den Klienten ein Zwang zur Überwindung entsteht. Im nächsten Schritt versucht der Berater mit dem Klienten zusammen herauszufinden, welche typischen psychischen Strukturen und Mechanismen damit verbunden sind. In der Folge kann dann das eigentlich zu bearbeitende Problem benannt und mit der Bearbeitung begonnen werden.

Übungen
entfallen.

Baustein 39: Kognitive Aufarbeitung

Ziele:
1. Erkennen, wann eine kognitive Aufarbeitung einer Problemkonstellation angemessen ist;
2. dem Klienten das kognitive Aufarbeiten von Problemkonstellationen anbieten und ermöglichen;
3. bei der Aufarbeitung die logische Stringenz beachten.

Erläuterungen
Es gibt Situationen, in denen auch ein sonst unbelasteter Mensch in Schwierigkeiten gerät und aus denen er allein schwer herausfindet. Diese Schwierigkeiten - das sei an dieser Stelle vorausgesetzt - belasten und beeinträchtigen ihn nicht derart, als dass die psychischen Belastungen aufgearbeitet werden müssten. Es geht vielmehr um eine zeitlich begrenzte, kognitive 'Verwirrung' oder 'Irritation im Kopf', die wieder entwirrt werden muss. Dieses Phänomen ist uns allen bekannt, und wir haben dafür den Satz parat: 'Ich sehe da nicht mehr klar. Das wächst mir alles über den Kopf!' In solchen Situationen sucht man gewöhnlich das Gespräch mit anderen Menschen (einem guten Freund), um Ordnung in die eigenen Gedanken zu bringen. Es gibt empirische Belege, nach denen die meisten Probleme auf der kognitiven Ebene liegen und daher auch kognitiv bearbeitet werden können. Zumindest beginnen die meisten Schwierigkeiten auf dieser Ebene. Werden sie nicht rechtzeitig gelöst, verlagern sie sich mehr und mehr auf die psychische Ebene. Aus kognitiven Problemen werden dann psychische (emotionale) Belastungen.

Während der Beratungsgespräche kommen solche Situationen häufiger vor, als man geneigt ist anzunehmen. Die durchaus berechtigte Annahme, dass die Gefühlswelt zu wenig beachtet wird, kann uns auf der anderen Seite dafür blind werden lassen, dass auch etwas aufgearbeitet werden kann, ohne die Gefühle explizit anzusprechen. Der Berater muss also nicht bei jeder oder hinter jeder Problematik ein darin verstricktes Gefühl sehen, das unbedingt aufgearbeitet werden muss. Gerade weil wir die Gefühle im Allgemeinen vernachlässigen und aus diesem Wissen heraus eben diese Gefühlswelt wieder in Ordnung bringen wollen, verfallen wir zu schnell in die Annahme, alles müsse zuerst über die Gefühle bearbeitet werden.

Der Berater muss abwägen und einschätzen lernen, wo eine vorrangig kognitiv orientierte Aufarbeitung angemessen und für die Problemlösung weiterführend und voranbringend ist. Er leitet den Klienten in solchen Fällen an, sich bei der Bearbeitung seines Anliegens allein auf die Thematisierung der Gedanken, Überlegungen und vorhandenen 'kognitiven Knoten' zu konzentrieren.

Der Berater wird zum gleichrangigen (Gesprächs-)Partner des Klienten, der ihm durch seine Gedankenführung eine wertvolle Hilfe sein kann. Gemeint sind keine Diskussionen, wohl aber kritische Fragen und Anregungen zum Weiter- und Nachdenken. Er leitet den Klienten an, sachlogisch und realistisch zu denken. Ihm kommt bei der kognitiven Aufarbeitung in seinem Auftreten und in seiner Gesprächsführung gegenüber dem Klienten eine besondere Rolle zu:

– Der Berater verhält sich nüchtern und distanziert;
– er agiert personenzentriert, argumentiert aber sachorientiert;
– er lässt Probleme benennen und definieren;
– er analysiert Fakten und Aufgaben;
– er lässt Ziele herausarbeiten und formulieren;
– er überprüft sachlich-logische Gedankenketten;
– er zeigt mögliche Konsequenzen auf oder lässt mögliche Konsequenzen abschätzen;
– er lässt einen Ist-Soll-Vergleich aufstellen;
– er weist auf inhaltliche und sachlogische Widersprüche hin;
– er thematisiert reale Bezüge (soziale Umwelt, objektive Gegebenheiten);
– er lässt Entscheidungen begründen;
– er deckt Lücken in der Argumentation des Klienten auf;
– er gibt gesicherte Informationen und verweist auf Erfahrungstatsachen (siehe Baustein *Informationen geben*);
– er sammelt mit dem Klienten zusätzliche Informationen;
– er stellt problembezogene, kognitive Modelle auf;
– er entwickelt mit dem Klienten Alternativen;
– er zeigt neue Perspektiven und Sichtweisen auf (siehe Bausteine *Kognitive Umstrukturierung* und *Zukünftige Lebensgestaltung*).

Übungen
entfallen.

Baustein 40: Kognitive Umstrukturierung

Ziele:
1. Erkennen, wann Probleme durch kognitive Bearbeitung und Veränderung der Situationswahrnehmung lösbar erscheinen;
2. erkennen der kognitiven Strukturen, die der subjektiven Situationswahrnehmung des Klienten zugrunde liegen;
3. die Situation (das Problem) in einen anderen Betrachtungs-, Bedeutungs- und Bewertungszusammenhang bringen;
4. dem Klienten die alternativen Situationswahrnehmungen und kognitiven Sichtweisen anbieten;
5. mit dem Klienten gemeinsam die Situation (das Problem) neu betrachten, einordnen, bewerten und gegebenenfalls neu definieren.

Erläuterungen

„Der Mensch braucht kein Gefangener seiner Gefühle zu sein, sondern er kann die kognitive Komponente seiner Gefühle dazu benutzen, sich zu befreien. Dies ist die Grundlage für die Annahme, dass ein Mensch lernen kann, was er nicht weiß, und dass er Wege der Stellungnahme oder des Verständnisses ändern kann, wenn sie nicht stimmen" (Satir 2000, 117). Die Aussage des Zitates kann man auch so formulieren: Nicht die Ereignisse oder die Umstände an sich sind traumatisierend oder erdrückend, sondern die Bewertungen, die ihnen zugeschrieben werden.

Die vom Klienten in die Beratung eingebrachten Probleme werden von ihm und/oder seiner direkten Umwelt in der Regel als dysfunktional und störend bewertet. Systemisch betrachtet, ist jedoch alles Verhalten der Personen innerhalb eines Systems für dessen Funktion und dessen Erhaltung sinnvoll.

Die Grundidee des *kognitiven Umstrukturierens* (in der systemischen Theorie 'Reframing' genannt) ist es, eine Situation oder ein Verhalten kognitiv umzudeuten. Ein begrifflicher und gefühlsmäßiger Rahmen (engl. 'frame'), in dem eine Sachlage erlebt und beurteilt wird, wird durch einen anderen ersetzt, der der Situation ebenso gut oder sogar besser gerecht wird (vgl. Watzlawick 1999, 39).

In Anlehnung an die Rational Emotive Therapie werden dabei die Gefühle als wichtig anerkannt, aber sie werden auch als Annahmen gesehen bzw. auf diese zurückgeführt, die durch kognitive Verarbeitungsprozesse entstanden sind. In einfachen Worten: Viele Gefühle und Verhaltensweisen sind das Resultat irrationalen oder unlogischen (falschen) Denkens; die momentanen Gefühle oder Verhaltensweisen können das Ergebnis falscher kognitiver Interpretationen sein. Daraus resultiert die Tatsache, dass die den Gefühlen zugrunde liegende Problematik rational aufgearbeitet und der zugrunde liegende kognitive Bewertungszusammenhang aufgedeckt werden kann.

Trotz aller zugestandener Subjektivität, die jeder zu einer bestimmten Sache entwickelt, gibt es doch so etwas wie 'reale Tatbestände'. Das Gefühl oder die Angst, z.B. eine Prüfung nicht zu bestehen, mag subjektiv durchaus vorhanden sein, obwohl realiter über 90% aller Prüfungskandidaten nachweislich bestehen. Die Angst vor dem Fliegen ist - aus objektiver Sicht - ebenso irrational, weil das Flugzeug nachweislich das sicherste Verkehrsmittel ist. Nun sollen die Gefühle des Klienten nicht heruntergespielt werden, wohl aber soll und kann zu ergründen versucht werden, wie sie entstanden sein könnten. Vielfach sind sie Produkte oder Ergebnisse kognitiver Bewertungsprozesse: Die Situationen (die Prüfung, das Fliegen) werden auf bedrohliche bzw. nicht bedrohliche Momente hin eingeschätzt, und die entsprechenden Gedanken (Kognitionen) lösen Handlungsimpulse aus, die ihrerseits mit spezifischen Erregungsmustern (z.B. Gefühle der Freude oder Angst) verbunden sind. Nicht wenige Probleme der Klienten sind auf diese Weise entstanden.

Der Berater hat die Aufgabe festzustellen, ob und durch welche Form des kognitiven Umstrukturierens das Problem dem Klienten positiv bzw. annehmbar erscheinen könnte, und ihm diese neue Sichtweise anbieten. Das Umstrukturieren (Reframing) kann sich auf einen anderen Kontext (Kontext-Reframing) oder auf eine andere inhaltliche Beurteilung (Inhalts-Reframing) beziehen.

Ein Beispiel für ein Kontext-Reframing: Ein junger Mann sagt von sich selbst er sei in seinem Beruf viel zu ehrgeizig. Er glaubt weiter, dass die Kunden und Kollegen, mit denen er täglich umgeht, ihn ebenfalls als zu ehrgeizig ansehen. Wird das Verhalten des Klienten in den Kontext eines Mannschaftssport-Wettkampfes gebracht, ist eine andere Sichtweise möglich.

Ein Beispiel für ein Inhalts-Reframing: Ein Mann sieht sich selbst als ungeheuer träge, langsam, nicht spontan und unflexibel an. Eine neue Bedeutung bekommt die Situation, wenn das Verhalten in einem Rahmen der Bedachtheit, Umsichtigkeit, Ausgeglichenheit und der inneren Ruhe betrachtet wird.

Als Voraussetzung für das kognitive Umstrukturieren muss der Klient in der Lage und bereit dafür sein, sich auf andere Sichtweisen einlassen zu können. Der Berater muss die Impulse so formulieren, dass sie dem Vorstellungsvermögen und der Lebenssituation des Klienten entsprechen. Die neuen Sichtweisen müssen einen grundsätzlichen Unterschied zu den bisherigen Sichtweisen des Klienten erkennen lassen. Die bisherige Wahrnehmungsstruktur und das bisherige Verständnis der als problemhaft empfundenen Situation muss durch das Umstrukturieren (Reframing) überzeugend in Frage gestellt werden.

Siehe Bausteine *Kognitive Aufarbeitung* und *Zukünftige Lebensgestaltung*.

Übung
(1) Reframing
Es werden Vierergruppen gebildet und die Rollen des Klienten und Beraters werden verteilt. Der Klient schildert sein Problem. Der Berater hat die Aufgabe kognitive Umstrukturierungen zu den geschilderten Problem- und Bewertungszusammenhängen des Klienten zu entwerfen und sie als 'neue Sichtweisen' (im Sinne des Reframings) anzubieten. Nachdem der Klient Stellung genommen hat, nennen die Beobachter, wenn möglich, zusätzliche andere Sichtweisen. Nach einem Austausch über die Arbeit wechseln die Rollen.

Baustein 41: Zukünftige Lebensgestaltung

Ziele:
1. Dem Klienten die Möglichkeit geben, sich über seine nähere oder weitere Zukunft Gedanken zu machen;
2. mit dem Klienten an Fragen der zukünftigen Lebensgestaltung arbeiten.

Siehe Baustein *Einsatz von Methoden*

Erläuterungen
Aus dem alltäglichen Leben kennen wir Situationen, in denen wir mit Freunden über die momentane Lebenssituation und die damit verbundene Gestaltung der Zukunft sprechen. Diese Gespräche 'tun der Seele gut', weil man einen aufmerksamen und wohl wollenden Gesprächspartner findet, aber sie sind nur selten konstruktiv. Freunde neigen in der Regel dazu, alles für gut zu befinden, die Ideen und Vorhaben im Prinzip zu bejahen, Bewunderung anklingen zu lassen und selbstbezogene Kommentare abzugeben. Eine harte, nüchterne, sachliche und auf Daten und Fakten, auf vorhandene Fähigkeiten, Potenziale sowie auf sich ergebende Konsequenzen bezogene Auseinandersetzung findet selten statt. Die Ideen und Pläne für die unmittelbare Lebensgestaltung und die weitere Zukunftsplanung, sind zumeist diffus, indifferent, verschwommen, fragmentarisch oder sehr vage. Sie werden nur selten (gedanklich) konkretisiert, was zur Folge hat, dass sie auch nicht entschleiert bzw. entzaubert werden. Sie dämmern im Individuum als Hoffnungen, Erwartungen und Träume vor sich hin. Erst nach vielen Jahren - spätestens in der so genannten Midlife-Crisis - wird rückblickend auf die verflossene Zeit häufig resümiert: 'Ja, ja, das wollte ich eigentlich auch mal machen, das hatte ich ursprünglich vor, das habe ich verpasst ...'

Die klassische Gesprächspsychotherapie nach Rogers hat in ihrer Weiterentwicklung zahlreiche Varianten hervorgebracht, die es erlauben, sie auf die konkrete Beratungsarbeit zu übertragen. So können in Beratungssituationen beispielsweise allgemeine Fragen zur Lebensführung, Lebensgestaltung oder Zukunftsplanung angesprochen werden, etwa der 'Übergang zu einem neuen Lebensabschnitt' (vgl. Schwertfeger, Koch 1995, 99) oder 'konstruktive Überlegungen zum persönlichen Wachstum' (vgl. Kraiker, Peter 1998, 168 f.). Dem Klienten wird dadurch die Möglichkeit eröffnet, die eigenen Visionen für die Lebensgestaltung und Zukunftsplanung im Rahmen der Beratung konstruktiv zu thematisieren. Dann können aus Visionen Illusionen und aus Illusionen Realisationen werden (siehe Baustein *Lösungsmatrix: Lösungen erschließen*).

Der Berater leitet den Klienten an, prospektiv und gleichzeitig realistisch zu denken und zu handeln. Ihm kommt im Rahmen der Arbeit an den Entwürfen für eine zukünftige Lebensgestaltung in seinem Auftreten und in seiner Gesprächsführung gegenüber dem Klienten eine besondere Rolle zu, die sich an den Prinzipien einer kognitiven Aufarbeitung orientiert (siehe Baustein *Kognitive Aufarbeitung*).

Durchführungshinweise
Berater und Klient verlassen in gegenseitiger Absprache das 'klassische' Beratungssetting. Beide verstehen sich bei der Arbeit mit dieser Methode als gleichwertige und gleichrangige Gesprächspartner, wobei der Berater in die strenge Rolle des 'Advocatus Diaboli' schlüpft. Sein Verhalten ist dabei z.B. gekennzeichnet von:

– Ernstnehmen aber auch Entzaubern von Visionen;
– Raumgeben für Illusionen;
– Realitätsnahes Ausloten von Chancen und Hindernissen;
– Konturieren von Herausforderungen durch Konfrontation;
– Erkennen von Potenzialen und Ansprechen von Grenzen und Begrenzungen;
– Klarstellungen von Ungereimtheiten;
– Aufdecken von Widersprüchen;
– Formulieren von konkreten Fragen zu Sachverhalten;
– Konfrontieren mit Gegenargumenten;
– penetrantes Durchdenken bzw. Durchspielen zu konkretisierender Pläne und Ideen;
– realistische Einschätzung der Ist-Situation bezogen auf die prospektive Gestaltung;
– Durchführen einer klaren und eindeutigen Zeitanalyse;
– klares und eindeutiges Formulieren von Folgen und Konsequenzen;
– persönlichkeitsspezifische Muster, Strukturen oder Dispositionen (Neigungen, Haltungen, Eigenschaften etc.) ansprechen und in Beziehung zur prospektiven Lebensgestaltung bringen;

- persönlichkeitsbezogene Verhaltensweisen (Flexibilität, Kreativität, Mobilität, Beharrungsvermögen, Vorurteilskraft u.a.) im Kontext von Gestaltungen betrachten.

Der Berater muss hierbei besonders Widerstände und Blockaden sensibel wahrnehmen, die beim Klienten auftreten können, weil er es gegebenenfalls schlecht oder schwer ertragen kann, dass ein anderer ihn bei seinen Überlegungen (Planungen, Wünschen, Träumen) auf den Boden der Tatsachen und Realitäten (zurück-)holt. Kognitive Widerstände schlagen hier schnell in emotionale um. Diese Widerstände treten bei intellektuell geschulten Klienten besonders heftig auf, fühlen sie sich doch in ihrer Unzulänglichkeit ertappt. Der Berater tut gut daran, einfühlend abzuwägen, wann und in welcher Form er diese Widerstände anspricht.

Siehe Baustein *Kognitive Umstrukturierung*.

Übung

(1) Zukunftsgestaltung
Drei Teilnehmer bilden eine Gruppe: Berater, Klient und Beobachter. Der Klient bereitet sich auf das Gespräch kurz vor, in dem er seine Vorstellungen über seine nächste Zukunft oder über seine weitere Lebensgestaltung stichwortartig festhält. Er entscheidet sich für ein Thema und spricht es gegenüber dem Berater an. Das Gespräch wird unter den oben genannten Gesichtspunkten geführt. Der Beobachter gibt dem Berater anschließend Rückmeldung.

Baustein 42: Zirkuläres Befragen

Ziele:
1. Dem Klienten einen Perspektivwechsel in Bezug auf die angesprochene Problematik ermöglichen;
2. den Klienten durch Fragen auffordern, die verschiedenen Perspektiven in einem möglichen Beziehungsgefüge einzunehmen;
3. dem Klienten durch 'zirkuläres Befragen' neue Sichtweisen und problemfördernde bzw. problemerhaltende Zusammenhänge verdeutlichen;
4. dem Klienten neue Sichtweisen hinsichtlich der Problemlösung eröffnen.

Siehe Baustein *Einsatz von Methoden*

Erläuterungen

Das *Zirkuläre Befragen* ist eine systemische Interventionsform und bietet die Möglichkeit, den Problemkontext ausführlich zu erfassen und trotzdem nicht vertiefend in das Problem einzutauchen (der 'Problemtrance' zu entgehen), sondern dem Klienten neue Perspektiven und Zusammenhänge aufzuzeigen (vgl. Huschke-Rhein 1998, 62).

„Die grundlegende Überlegung dieser Methode ist, dass in einem sozialen System alles gezeigte Verhalten immer (auch) als kommunikatives Angebot verstanden werden kann: Verhaltensweisen, Symptome, aber auch die unterschiedlichen Formen von Gefühlsausdruck sind nicht nur als im Menschen ablaufende Ereignisse zu sehen, sondern sie haben immer auch eine Funktion in den wechselseitigen Beziehungsdefinitionen" (v. Schlippe & Schweitzer 1997, 138).

Dieser Aussage folgend, bietet das Zirkuläre Befragen dem Berater und dem Klienten die Möglichkeit, wichtige Informationen über dessen Selbstbild, über das Problem, das Verhalten, die Vorstellungen, die Haltungen und Ansichten der an der Beziehung beteiligten Personen (z.B. Arbeitskollegin, Vorgesetzter, Klient) zu erhalten. Diese für den Klienten neuen Informationen können ihm Zusammenhänge innerhalb des Beziehungsgefüges, in dem er sich bewegt, sowie problemerhaltende und problemfördernde Aspekte verdeutlichen und neue Sichtweisen hinsichtlich der Problemlösung eröffnen.

Durchführungshinweise
Die zirkulären Fragen werden dem Klienten systematisch gestellt. Im Rahmen dieser spezifischen Methode sind Fragen ausdrücklich erlaubt und sinnvoll. Der Berater soll sich dabei im weiteren Vorgehen vom Feedback bzw. von den Antworten des Klienten leiten lassen.

Wir arbeiten (in Anlehnung an Huschke-Rhein 1998) mit zwei Formen des zirkulären Befragens:

(a) Die dyadische Form
Die dyadische Form gibt Auskunft über die Beziehung zwischen zwei Personen eines Systems. Das zirkuläre Befragen über die Person und die Eigenschaften des Klienten geben Auskunft über sein Selbstbild.

Mögliche Fragen können beispielsweise sein:
„Wie würde sich Person X zu Ihrem Problem äußern?"
„Wie würde Person Y Ihr Problem einschätzen?"
„Was würde Person X über Ihre Person sagen?"
„Was würde Person Y über Ihr Problem sagen?"

(b) Die triadische Form
Die triadische Form gibt Auskunft über die Beziehung zwischen drei Personen eines Systems.

Mögliche Fragen können hier sein:
„Was sagt Person X über Ihre Probleme mit Person Y?"
„Was sagt Person Y über Ihre Beziehung zu Person X?"

Innerhalb der dyadischen und triadischen Form lassen sich vier Arten von Fragen unterscheiden:

Klassifikationsfragen: Das Ziel der Klassifikationsfragen ist die Bildung von Rangfolgen. Mögliche Fragen können hier sein:
„Was würde Person X sagen, wer sich am meisten, am zweitmeisten, ... durch Sie gestört fühlt?"
„Was würde Person X zu Person Y sagen, wer am meisten unter Ihren Stresssymptomen leidet?"

Sequenzfragen: Bei den Sequenzfragen werden Handlungssequenzen und Muster deutlich. Mögliche Fragen können hier sein:
„Was macht Person X, wenn Sie einen Wutanfall bekommen?"
„Wie würde Person X das Verhalten von Person Y beschreiben, wenn Sie einen Wutanfall bekommen?"

Erklärungsfragen: Bei den Erklärungsfragen geht es nicht um das Aufdecken von Ursachen, sondern um die Klärung von Zusammenhängen. Mögliche Fragen können hier sein:
„Wie erklären Sie sich, dass sich Person X so verhält?"
„Wie erklären Sie sich, dass sich Person X so zu Person Y verhält?"

Zustimmungsfragen: Durch das Verwenden der Zustimmungsfragen können eventuelle Koalitionen im Beziehungsgefüge aufgezeigt werden. Mögliche Fragen können hier sein:
„Wer außer Ihnen, sieht den Sachverhalt so wie Sie?"
„Was würde Person X sagen, wer außer Ihnen den Sachverhalt ebenso sieht?"

Die genannten möglichen zirkulären Fragen sind exemplarisch zu verstehen und können modifiziert und erweitert werden. Eine Möglichkeit, den Klienten bei der Beantwortung der zirkulären Fragen zu unterstützen, kann die Visualisierung des Beziehungsgefüges sein.

Der Berater kann zur Verdeutlichung des Beziehungsgefüges, Stühle im Raum für die beteiligten Personen positionieren, so dass der Klient die Positionen bzw. Perspektiven auch körperlich einnehmen kann, um die zirkulären Fragen zu beantworten (siehe Baustein *Positionsstühle*).

Übung
(1) Beziehungsgefüge
Es werden Gruppen mit jeweils drei Personen gebildet. In jeder Gruppe übernimmt jeweils eine Person die Rolle des Klienten, des Beraters und des Beobachters. Der Klient überlegt sich ein Beziehungsgefüge mit drei Personen, inklusiv seiner eigenen. Der Berater unterstützt den Klienten beim Perspektivwechsel durch Zirkuläres Befragen. Der Berater soll möglichst viele unterschiedliche Formen und Arten der zirkulären Fragen benutzen. Der Beobachter protokolliert die zirkulären Fragen und ordnet sie den Formen und Arten zu. Nach Beendigung des Gespräches gibt der Beobachter dem Berater Rückmeldung, danach wechseln die Rollen.

Baustein 43: Ausnahmen suchen

Ziele:
1. Dem Klienten verdeutlichen, dass es problemfreie Zeiten gibt;
2. den Klienten auffordern, nach Situationen zu suchen, in denen das Problem gerade nicht auftritt;
3. das Lösungspotenzial in den Ausnahmen in die Gegenwart bringen, um den Veränderungs- und Lösungsprozess zu beschleunigen;
4. den Klienten ermutigen, sich häufiger Ausnahmesituationen zu schaffen.

Erläuterungen
Es gibt in unserem Leben, auch wenn wir ein Problem als noch so bedrückend und belastend empfinden, in den meisten Fällen Situationen, in denen das Problem nicht auftritt. Durch die genauere Betrachtung dieser Ausnahmesituationen können wir eigene Ressourcen und Potenziale erschließen, die uns gegebenenfalls auch helfen können, die aktuelle Problemsituation konstruktiv zu bewältigen. Das Fragen nach Ausnahmesituationen, in denen das Problem nicht oder abgeschwächt auftritt, stammt aus der lösungsorientierten Kurzzeittherapie.

Ausnahmen lassen sich in diesem Zusammenhang als jene Verhaltensweisen, Wahrnehmungen, Gedanken und Gefühle definieren, die einen Gegensatz zur Beschwerde bilden und aus denen sich Lösungspotenziale erschließen lassen, wenn sie vom Berater verstärkt bzw. vom Klienten häufiger 'angewendet' werden (vgl. Lipchik nach de Shazer 1994, 102).

Ausnahmen beinhalten demnach zumindest Lösungsanteile, können teilweise sogar die Lösung selbst darstellen. Durch die Exploration der beschwerdefreien Zeiten, die es im Leben des Klienten bereits gibt, ist die Problemlösung gegenwarts- und nicht nur zukunftsorientiert. Das hat zur Folge, dass die Verhaltensweisen, Wahrnehmungen, Gedanken und Gefühle für den Klienten greifbar und nahe sind. Ihm soll dadurch verdeutlicht werden, dass er die Ressourcen zur Lösung seiner Probleme in sich trägt. Dementsprechend steigt seine Erwartungshaltung hinsichtlich einer positiven Veränderung, die wiederum eine Beschleunigung des Beratungsprozesses mit sich bringt.

Ein Beispiel zur Verdeutlichung: Ein Klient schildert das Problem, dass er in Teambesprechungen immer keinen Mut findet, seine Meinung zu äußern. Wenn die Besprechung dann beendet ist, ärgert er sich immer über sich selbst, dass er es wieder nicht geschafft hat. In der Beratung benennt er als Situationen, bei denen das Problem nicht auftritt, Familienfeiern, bei denen er vor allen Verwandten frei reden und Witze erzählen kann. Als Ausnahme erarbeitet er zusammen mit der Beraterin, dass er bei den Feiern denkt, 'Witze sind meine Stärke, das kann ich', und dass sein auch dort vorhandenes Grummeln im Magen nach dem ersten Satz wie weggeblasen ist. Die Beraterin verbalisiert verstärkt das Gefühl 'Das kann ich'.

Durchführungshinweise
Der Berater erläutert dem Klienten den Sinn des 'Ausnahmen finden' und das schrittweise Vorgehen.

Wie beim Baustein *Zirkuläres Befragen* ist das Stellen von Fragen innerhalb des folgenden Ablaufes ausdrücklich erlaubt.

Um die Verstärkungen und positiven Veränderungen zu erreichen, sollte die Exploration von Ausnahmen sehr detailliert erfolgen. Hilfreich ist es, das Erarbeiten von Ausnahmen in vier Schritte zu unterteilen:

1. Schritt: Ausnahmen erfragen
Als Erstes wird allgemein nach Ausnahmen vom Problem gefragt. Mögliche Fragen können hier sein:
„Wann (in welchen Situationen) machen Sie jetzt schon etwas von dem, was Sie (anders machen) wollen?"
„Wann (in welchen Situationen) tritt das Problem nicht auf?"
Unter Zuhilfenahme der ausgemachten Unterschiede können die Ausnahmen dann exploriert werden. Lassen sich keine Ausnahmen festmachen, kann mit dem Baustein *Wunderfrage* weitergearbeitet werden.

2. Schritt: Unterschiede zu Problemsituationen hervorheben
Im nächsten Schritt werden die Unterschiede zu den Problemsituationen hervorgehoben, um dem Klienten seine veränderten Verhaltensweisen, Gefühle, Wahrnehmungen und Gedanken zu verdeutlichen. Mögliche Fragen können hier sein:
„Was ist in solchen Zeiten anders?"
„Welche Erklärung haben Sie dafür, dass das Problem nicht aufgetreten ist?"
„Woran merken Sie, dass die Situation anders ist?"
„Wie denken Sie, wenn die Situation anders ist?"
„Wie fühlen Sie sich (wie geht es Ihnen), wenn die Situation anders ist?"

3. Schritt: Ausnahmen spezifizieren
Durch eine möglichst detaillierte, schrittweise Beschreibung der Ausnahmesituation werden die Ausnahmen spezifiziert. Mögliche Fragen können hier sein:
„Woher hatten Sie die Idee, in dieser Situation etwas anders zu machen?"
„Was machen Sie in dieser Situation anders?"
„Wie nehmen andere Sie wahr, wenn Sie in der Situation anders handeln?"

4. Schritt: Überprüfung der Ausnahmen
In einem letzten Schritt wird überprüft, ob das Aufrechterhalten der Ausnahmen für den Klienten (besonders auch in den aktuellen Problemsituationen) akzeptabel ist. Eine mögliche Frage kann hier sein:

„Können Sie sich vorstellen, dass ein erster Schritt, Ihr Ziel zu erreichen, sein könnte, diese Dinge weiterhin zu tun?"
Grundsätzlich sollte der Klient darin bestärkt werden, sich auf das zu besinnen (das zu tun), was hinsichtlich seiner Ziel- und Lösungsvorstellung schon funktioniert und hilfreich ist.

Übung
(1) Ausnahmen suchen
Es werden Dreiergruppen gebildet und die Rollen Klient, Berater und Beobachter vergeben. Der Klient schildert ein aktuelles Problem. Danach exploriert der Berater die Ausnahmen. Im Anschluss gibt der Beobachter dem Berater Rückmeldung über sein Arbeiten und alle drei Teilnehmer tauschen sich abschließend über ihre Empfindungen, Wahrnehmungen und Beobachtungen aus. Danach wechseln die Rollen.

Baustein 44: Wunderfrage

Ziele:
1. Erkennen, wann es hilfreich ist, dem Klienten die Wunderfrage zu stellen und welche Variante im Hinblick aus dessen Weltbild am ehesten geeignet ist;
2. den Aufbau einer positiven Erwartungshaltung beim Klienten fördern;
3. dem Klienten eine Projektion der Zukunft in die Gegenwart ermöglichen, um den Veränderungs- und Lösungsprozess zu beschleunigen;
4. dem Klienten durch die Wunderfrage die Exploration von Lösungen erleichtern.

Erläuterungen
Die Basis der Wunderfrage (miracle question) bildet die von Erickson entwickelte Kristallkugel-Technik. Ursprünglich sollte sich der Klient eine Zukunft vorstellen, in der das Problem gelöst ist. Der Klient blickt dann von der Zukunft in die Gegenwart zurück, um die Wege der Problemlösung zu erkennen. Diese Technik der Hypnotherapie wird in der lösungsorientierten Kurzzeittherapie modifiziert unter dem Namen 'Wunderfrage' eingesetzt.

Die klassische Wunderfrage, die den Blickwinkel des Klienten beleuchtet, lautet: „Angenommen, es würde eines Nachts, während Sie schlafen, ein Wunder geschehen, und Ihr Problem wäre gelöst. Wie würden Sie das merken? Was wäre anders? Wie wird Ihr Ehemann davon erfahren, ohne dass Sie ein Wort darüber zu ihm sagen?" (de Shazer 1995, 24).

Mit Hilfe der Wunderfrage soll eine realistische Zukunft, in der das Problem gelöst ist oder in der das Problem gelöst werden kann, in die Gegenwart projiziert werden. Der Klient soll sich sowohl an der Gegenwart als auch an der Zukunft orientieren. Es sollen entsprechende Hoffnungen und Erwartungen im Klienten geweckt werden, damit er sich der Vorstellung

'Veränderung ist möglich' öffnet. Somit wird der Fokus vom Problem auf die Problemlösung und die Ressourcen verlagert.

Da Klienten oft ein sehr diffuses, vages oder auch gar kein Bild von möglichen Lösungen haben, kann die Wunderfrage diesem und dem Berater zu einem klaren Bild und einem breiten Spektrum an Lösungen verhelfen.

Durchführungshinweise
Der Berater führt den Klienten an die Wunderfrage heran, in dem er deren Sinn kurz erläutert. Beim Einsatz der Wunderfrage müssen folgende Aspekte berücksichtigt werden:

Die Wunderfrage muss der Weltsicht des Klienten angepasst werden
Einige Klienten können durch den Begriff 'Wunder' irritiert werden. Nimmt der Berater den Klienten als phantasievollen, kreativen Menschen wahr, kann die Wunderfrage in ihrer ursprünglichen Form gestellt werden (siehe oben). Nimmt er ihn als realistisch und pragmatisch wahr, werden 'Wunder' eher nicht seiner Weltsicht entsprechen. Dementsprechend sollte die Wunderfrage umformuliert werden: „Stellen Sie sich vor, die Beratung ist erfolgreich abgeschlossen. Sie hätten Ihr Problem gelöst. Was würden Sie anders machen?"

Erweiterungsfragen zur Wunderfrage einsetzen
Es bietet sich grundsätzlich an, den Blickwinkel des Klienten um den einer, im Beziehungsgefüge stehenden, anderen Personen zu erweitern. Der Klient unterbricht sein übliches Denken und es können durch diese Erweiterungsfrage neue Informationen und Zusammenhänge erschlossen werden. Eine mögliche Frage kann hier sein:
„Woran würde Ihr Arbeitskollege merken, dass das Problem gelöst ist?"
Oft beschreiben Klienten bei der Beantwortung der Wunderfrage ausschließlich ihre veränderten Gefühle und nicht ihre veränderten Verhaltensweisen. Durch die Einnahme des Blickwinkels einer 'neutralen' Person soll der Klienten unterstützt werden, seine Emotionen in den Hintergrund zu stellen, um damit seine veränderten Verhaltensweisen beschreiben zu können. Eine mögliche Erweiterungsfrage kann hier sein:
„Stellen Sie sich vor, eine Fliege an der Wand beobachtet Sie, was würde sie Sie anders machen sehen?"
Die genannten Erweiterungsfragen können erweitert und modifiziert werden.

Die Wunderfrage auf Übereinstimmungen mit Ausnahmen überprüfen
Die Wunderfrage kann durch den Einsatz des Bausteins *Ausnahmen finden* unterstützt werden. Klient und Berater vergleichen dann die Beantwortung der Wunderfrage mit den geschilderten Ausnahmen hinsichtlich möglicher Übereinstimmungen. Sind Übereinstimmungen festzustellen, sollte der Klient bestärkt werden, sich häufiger so zu verhalten.

Übung

(1) Passende Wunderfrage
Es werden Dreiergruppen gebildet und die Rollen Klient, Berater und Beobachter vergeben. Der Klient schildert ein aktuelles Problem. Danach stellt der Berater ihm eine Wunderfrage mit möglichen Erweiterungsfragen, die dessen Weltsicht entspricht. In der Nachbesprechung tauschen sich alle drei Teilnehmer über den Verlauf aus und formulieren Wunderfragen, die der Weltsicht des Klienten nicht entsprochen hätten. Danach wechseln die Rollen.

Baustein 45: Blick in die Zukunft

Ziele:
1. Den Klienten auffordern, sich eine im Zusammenhang mit der Problematik stehende Situation mit den vermuteten Veränderungen und Entwicklungen in der Zukunft konkret vorzustellen;
2. den Klienten gegebenenfalls durch die Anleitung zu einer vertiefenden Besinnung oder Entspannung unterstützen;
3. zu der zukünftigen Situation im 'Hier und Jetzt' aufkommende Gefühle ansprechen und beschreiben lassen;
4. neue Perspektiven und Lösungsansätze, die sich aus dem vermuteten zukünftigen Verlauf ergeben, in die Bearbeitung der gegenwärtigen Problematik miteinbeziehen.

Siehe Baustein *Einsatz von Methoden*

Erläuterungen
Für die Lösung von Problemen wird der Blick häufig in die Vergangenheit gerichtet, um die Vorgeschichte, die Ursachen und die Hintergründe für die Bearbeitung der jeweiligen Problematik zu erschließen. Gerade bei der Erarbeitung von Lösungsmöglichkeiten und Lösungsansätzen ist es meist ebenso hilfreich, einen *Blick in die Zukunft* zu wagen. Im Beratungsgespräch kann der Klient in einem geschützten Raum die Gelegenheit wahrnehmen, über zukünftige Veränderungen und Entwicklungen nachzudenken und Hoffnungen oder Befürchtungen zu artikulieren.

Bei dieser prospektiven Arbeit lassen sich Klient und Berater darauf ein, über noch nicht eingetretene Ereignisse, Situationen und Abläufe zu phantasieren und zu spekulieren. Um das kreative Potenzial nutzen zu können, ist ein 'spielerischer' Umgang mit den zukünftigen Ereignissen hilfreich. Der Klient wird aufgefordert, sich in vermutete Konstellationen hineinzudenken und -zufühlen. Der Berater versucht, diese 'Reise in die Zukunft' zu unterstützen und macht dem Klienten Angebote, über mögliche Abläufe, Gedanken, Gefühle und Empfindungen zu sprechen, in dem er dessen Phantasien und Spekulationen antizipierend begleitet.

Dabei können zusammen mit dem Klienten unterschiedliche Zielrichtungen für das Phantasieren und Spekulieren zukünftiger Ereignisse und Verläufe ausprobiert werden:

- Sich die Auswirkungen einer gewünschten Veränderung oder Entwicklung vorstellen, beispielsweise einer konkreten Situation: Ein Klient tritt in Mitgliederversammlungen ruhig, sicher und souverän auf und spricht überzeugend vor der ganzen Gruppe;
- sich die Auswirkungen und Konsequenzen einer gefällten Entscheidung oder einer umgesetzten Lösung vorstellen, beispielsweise: Eine Klientin entscheidet sich, eine vom Vorgesetzten dringend benötigte Zuarbeit aufgrund wichtigerer Aufgaben zurückzustellen, teilt diesem die Entscheidung per E-Mail mit und trifft ihn dann zufällig in der Kantine oder auf dem Flur;
- sich die Befreiung von einer belastenden Problematik konkret vorstellen, beispielsweise: Ein Klient geht jeden Morgen mit Magendrücken und Kopfschmerzen zur Arbeit. Er stellt sich vor, morgens wohlauf zur Arbeit zu gehen (siehe auch Baustein *Wunderfrage*);
- sich das 'Weiter-Vorhandensein' einer Problematik in der Zukunft vorstellen, beispielsweise: Eine Klientin stellt sich vor, dass der Konflikt mit dem Lebenspartner über die Wiederaufnahme ihrer beruflichen Tätigkeit nach einer siebenjährigen Kinderpause über Monate oder Jahre ungeklärt bleibt und sich nichts ändert;

Durch das antizipierende Denken, Wahrnehmen und Fühlen von denkbaren Ereignissen im 'Hier und Jetzt' wird der Klient in die Lage versetzt, die mit den vermuteten Veränderungen und Entwicklungen verbundenen Überlegungen, Perspektiven und Lösungen durchzuspielen.

Durchführungshinweise
Da in diesem Baustein mit Phantasien, Spekulationen, Vermutungen und 'Wahrscheinlichkeiten' gearbeitet wird, muss der Berater besonders feinfühlig mit Widerständen, Blockaden und dem 'Ausstieg' des Klienten aus den 'zukünftigen Ereignissen' umgehen. Das Bearbeiten der Barrieren ist dann unabdingbar.

Für den Klienten ist es in der Regel hilfreich, den 'Blick in die Zukunft' auf einem Extra-Stuhl durchzuführen, um sich besonders von befürchteten Verläufen durch einen Stuhlwechsel besser distanzieren zu können. Requisiten (ein Tisch, ein Fenster, eine Tür, eine Jacke etc.) können helfen, besser in Situationen hineinzufinden. Der Berater leitet den Klienten an, die Situation so aufzubauen, wie es diesem hilfreich und unterstützend erscheint.

Wenn es sich um konkrete Ereignisse, Situationen und Abläufe handelt, leitet der Berater den Klienten an, in der Präsens-Form zu sprechen, um das 'Hier und Jetzt' zu verstärken (siehe Baustein *Erlebnis ins 'Hier und Jetzt'*).

Für viele Klienten ist es hilfreich, wenn der Berater ihnen zu Beginn der Arbeit eine vertiefende Besinnung oder eine kurze Entspannungsübung anbietet, die ihnen den 'Blick in die Zukunft' erleichtert.

Übung
(1) Blick in die Zukunft
Die Teilnehmer arbeiten in Paaren und legen zunächst fest, wer jeweils in der Rolle des Klienten bzw. Beraters beginnt. Der Klient überlegt sich eine Situation in der Zukunft, über deren vermuteten Verlauf er gerne sprechen möchte. Der Berater leitet ihn zu einer vertiefenden Besinnung oder Entspannung an und begleitet ihn dann bei seinen Phantasien und Spekulationen. Nach einer kurzen Reflexion wechseln die Rollen.

Baustein 46: Körperbewegungen bewusst verstärken lassen

Ziele:
1. Eine Körperbewegung des Klienten von ihm selbst bewusst wahrnehmen lassen;
2. diese Körperbewegung durch Wiederholung und Intensivierung verstärken lassen;
3. die Gedanken und Gefühle, die mit dieser Körperbewegung einhergehen, intensiver wahrnehmen (spüren, empfinden, erleben etc.) und beschreiben lassen.

Erläuterungen
Als Erweiterung zum Baustein Nonverbale Signale geht es hier darum, auffällige oder immer wiederkehrende Körperbewegungen bzw. Körperhaltungen des Klienten wahrzunehmen und sie im geeigneten Moment 'festzuhalten', um an und mit ihnen zu arbeiten.

Der Klient ist sich in der Regel dieser Körperbewegungen - oder auch bestimmter Körperhaltungen - nicht bewusst. In Bewegungen bzw. Haltungen zeigen sich zum einen über die Jahre verfestigte Eindrücke, Erlebnisse und Erfahrungen, zum anderen begleiten sie die gesprochene Sprache, unterstreichen Sinneinheiten oder betonen Emotionen.

Nachdem der Berater die wahrgenommenen Körperbewegungen bzw. -haltungen angesprochen hat, fordert er den Klienten auf, diese Bewegung bewusst zu wiederholen oder diese Haltung bewusst einzunehmen und dabei wahrzunehmen, was in ihm vorgeht. Er soll die Bewegung langsam ausführen oder in ihr einen Moment verharren und versuchen, in Worten zu beschreiben, was er empfindet, welche Gedanken ihm spontan kommen oder welche Bilder er mit diesen Bewegungen bzw. Haltungen verbindet.

Ein Beispiel zur Veranschaulichung: Ein Klientin nimmt, während sie über ihre Mutter spricht, häufig die linke Hand an den Hals und umfasst ihn. Der

Berater fordert sie im weiteren Verlauf auf: „Ich unterbreche Sie einmal. Sie haben die Hand jetzt wieder am Hals. Lassen Sie sie mal dort. Diese Handbewegung haben Sie gerade ganz häufig gemacht." Klientin: „Wirklich. Aber es passt. Ich habe häufig das Gefühl, dass meine Mutter mich im Griff hat." Berater: „Nehmen Sie Ihre Hand jetzt noch einmal ganz bewusst langsam zum Hals, umfassen Sie ihn und spüren Sie mal nach, wie sich das anfühlt und was Sie denken!" Klientin: „Sie nimmt mir die Luft zum Atmen, in dem Sie sich in alles einmischt. Hilflosigkeit! Ich will das nicht mehr." Sie nimmt die Hand ruckartig weg.

Dabei wird es sehr häufig vorkommen, dass die eigentliche Problematik verlassen wird, um sich den Gedanken bzw. Gefühlen zuzuwenden, die durch die Körperbewegung bzw. -haltung ausgelöst wurden. Ein Berater kann jedoch zwischen den kognitiven und emotionalen Assoziationen und der therapeutischen Problematik in den meisten Fällen eine Verbindung erkennen, die dann weiterbearbeitet werden kann. Die Verstärkung der Körperbewegung bzw. -haltung dient dazu, dem Klienten ein neues (erneutes) Erleben zu ermöglichen. Und durch die bewusste Konzentration auf den Körper die Gedanken und Gefühle ins 'Hier und Jetzt' zu holen. Dem Klienten wird dadurch der Zugang zu seinen Gedanken und Gefühlen und somit zu seinem Problem erleichtert.

Übung

(1) Typische Körperbewegungen oder -haltungen
Jeder Teilnehmer überlegt sich, welche Körperbewegungen oder Körperhaltungen er - seines Erachtens nach - sehr häufig oder in bestimmten Situationen ausführt oder einnimmt. Diese soll er nun bewusst einnehmen und darin für eine bestimmte Zeit verharren. Er kann die Bewegung bzw. Haltung langsam wiederholen und verstärken.

Diese Körperarbeit kann als Einzel-, Klein- oder Großgruppenübung durchgeführt werden. Sichergestellt werden sollte, dass die Teilnehmer Gelegenheit erhalten, sich über ihre gemachten Erfahrungen auszutauschen.

Baustein 47: Körperkontakt aufnehmen

Ziele:
1. Als Berater einschätzen, wann und in welchen Situationen oder Problemkonstellationen die Aufnahme von Körperkontakt zum Klienten zumutbar und hilfreich sein könnte;
2. in für den Klienten belastenden und emotional bewegenden Situationen durch vorsichtiges Aufnehmen von Körperkontakt kontinuierliche Unterstützung und Begleitung signalisieren;
3. gegebenenfalls Körperempfindungen des Klienten durch Körperkontakt verstärken;

4. die (gegebenenfalls nachträgliche) Einwilligung des Klienten zur Aufnahme von Körperkontakt einholen;
5. den Klienten durch die Aufnahme von Körperkontakt nicht beschwichtigen, trösten oder einengen.

Siehe Baustein *Einsatz von Methoden*

Erläuterungen
Das Aufnehmen von Körperkontakt ist in Beratungssituationen nur im Ausnahmefall von Bedeutung. Die Aufnahme von Körperkontakt fußt auf den Grundlagen der Gestalttherapie nach F. Perls. Der Berater muss deshalb eine klare Grenzziehung zur therapeutischen Arbeit bzw. zur Therapie vornehmen, wenn diese Intervention im Rahmen der Beratung Berücksichtigung finden soll. Darüber hinaus ist es im Falle eines Aufnehmens von Körperkontakt wichtig, die Auswirkungen auf die Klient/in- Berater/in- Beziehung im Blick zu behalten und zu reflektieren. Der Körperkontakt soll als gezielte Intervention und nicht als wiederkehrendes Ritual eingesetzt werden (siehe Baustein *Alter Ego*).

Es gibt zwei Anlässe in Beratungsgesprächen, in denen die Aufnahme von Körperkontakt weiterführend ist und in vielen Fällen von den Klienten als hilfreich empfunden wird:

a. Für den Klienten emotional sehr bewegende und/oder belastende Situationen, in denen der Berater durch die vorsichtige Aufnahme von Körperkontakt (z.B. leichtes Handauflegen auf die Hand oder am Oberarm des Klienten) Anwesenheit, Begleitung und Unterstützung signalisiert. Der Körperkontakt soll für den Klienten in solchen Situationen die (seinerseits meist unmögliche) Aufnahme von Blickkontakt zum Berater ersetzen, in dem dieser spürbar 'Ich bin weiterhin für Sie da' signalisiert. Darüber hinaus wirkt der Körperkontakt in vielen Fällen als unausgesprochener Appell und Ermutigung an die Adresse des Klienten, den momentan intensiv spürbaren Gefühlen weiter nachzugehen, sich nicht 'zusammenzureißen', sondern diese weiterhin zuzulassen.

b. Situationen, in denen der Klient deutlich spürbare Körperempfindungen beschreibt, sie aber nicht zuordnen oder entschlüsseln kann. Der Berater kann das Erspüren dieser Körperempfindungen durch gezieltes Aufnehmen von Körperkontakt in der beschriebenen Körperregion unterstützen. Der Klient äußert während des Körperkontaktes aufkommende Assoziationen und Bilder, um die Bedeutung der Körperempfindung fassbarer zu machen. Beispiele können sein: Kopfschmerzen, Druck im Kopf - Auflegen einer Hand auf die Stirn oder den Hinterkopf; Druck und Last auf den Schultern - Auflegen der Hände auf die Schultern und Ausüben eines passenden Druckes; Kloß im Bauch - Auflegen einer Hand auf den Bauch.

Siehe Baustein *Körperbewegungen bewusst verstärken lassen*.

Durchführungshinweise

Das Aufnehmen von Körperkontakt in emotional bewegenden Situationen kann nicht im Voraus geplant werden, sondern ergibt sich spontan im Verlauf des Gesprächs. Für das Verstärken von Körperempfindungen sollte der Baustein *Einsatz von Methoden* berücksichtigt werden.

Der Berater muss besonders bei diesem Baustein die Einwilligung des Klienten für dieses Vorgehen einholen. Bei Aufnahme von Körperkontakt in 'emotional bewegenden' Situationen muss das Einholen dieser Einwilligung mitunter im Nachhinein geschehen.

Der Klient sollte in jedem Fall nach Aufnahme von Körperkontakt durch den Berater die Auswirkungen reflektieren und aufarbeiten. Dabei muss der Berater besonders die Klient/in-Berater/in-Beziehung im Auge behalten (siehe Baustein *Alter Ego*).

Die Aufnahme von Körperkontakt durch den Berater sollte als Interventionsform sparsam eingesetzt werden. Er muss dabei feinfühlig und vorsichtig vorgehen, sowie die Form und die Intensität des Kontaktes bewusst beachten.

Die Reaktionen des Klienten müssen sehr genau beobachtet und in das Handeln des Beraters einbezogen werden. Der Körperkontakt sollte sofort abgebrochen und thematisiert werden, wenn der Berater Widerstand oder Ablehnung registriert.

Übung

(1) Körperkontakt
Die Teilnehmer bilden Paare und probieren miteinander und wechselweise verschiedene Formen des Körperkontaktes aus (z.B. Handauflegen auf die Hand, auf den Oberarm, leichtes Umarmen, spürbaren Druck ausüben durch Handauflegen auf Kopf, Schultern, Brust, Bauch). Anschließend reflektieren sie ihre Erfahrungen und ihr Erleben, besonders auch unter dem Gesichtspunkt: 'Was war für mich zumutbar/unzumutbar, angenehm/unangenehm, angemessen/unangemessen?'

Danach wechseln die Paare gegebenenfalls mehrmals.

Baustein 48: Gefühlsimplosion

Ziele:
1. Dem Klienten die Möglichkeit geben, seine unterdrückten Gefühle laut zu artikulieren bzw. auszudrücken;
2. mit dem Klienten über den 'Gefühlsausbruch' sprechen.

Erläuterungen
Jeder von uns hatte wohl schon einmal das Bedürfnis, seinen momentanen Ärger, seine Wut oder seine Freude lauthals hinauszuschreien. Meistens sind die äußeren Gegebenheiten nicht so beschaffen, dies ungestraft zu tun oder nicht zumindest Missverständnisse zu erzeugen. Die Gefühle werden unterdrückt und kanalisiert, sie werden abgeleitet.

In der Beratungssituation kommt es nun häufig vor, dass der Klient spürt, wie in ihm Gefühle aufsteigen, welche er gewöhnlich unterdrückt. Es würde ihm aber sehr gut tun, diese Gefühle zu äußern, und zwar nicht in moderater, kontrollierter Form, sondern eher unkontrolliert, spontan und laut. Wenn der Berater den Eindruck gewinnt, dem Klienten würde das 'Herausschreien' der Gefühle gut tun, dann sollte er dafür die Möglichkeit schaffen und ihn in seinem Wunsch unterstützen.

Dieser von uns so benannte Baustein Gefühlsimplosion erinnert sehr stark an die Implosionstheorie. Diese arbeitet nach dem (paradoxen) Prinzip, möglichst z.B. die Gefühle so stark zu provozieren, die gerade verhindert bzw. abgebaut werden sollen: Angst wird mit Ängsten, Beklemmung wird mit Beklemmungen und psychischer Druck wird mit psychischem Druck bearbeitet. Dieses Arbeitsprinzip wurde von der Verhaltenstherapie, vom Psychodrama und von anderen therapeutischen Schulen in jeweils modifizierter Fassung übernommen.

Im Beratungszusammenhang geht es nicht um Implosionstherapie, sondern darum, den unterdrückten Gefühlen einen Raum zu schaffen, sich zu befreien. Wenn diese Möglichkeit für die pädagogischen Gesprächssituationen besonders herausgestellt wird, dann deshalb, weil es in der Regel 'bei Gesprächen' (auch bei Beratungsgesprächen) 'gesittet' zuzugehen hat und ein Schreien oder Brüllen als nicht normal angesehen wird. Aber gerade in Beratungsgesprächen bietet sich die Chance, die öffentlichen Tabus zu ignorieren.

Beispiel: Klient: „Oh, ich habe eine Wut auf ihn!" Berater: Die möchten Sie am liebsten loswerden." Klient: Oh ja, einmal so richtig ..." Berater: „... brüllen." Klient: „Genau." Berater: „Tun Sie's!" Klient: „Was? Jetzt? Hier?" Berater: „Ja! Jetzt! Hier! Brüllen Sie! Brüllen Sie alles, was Sie wollen!" Klient: „Sie sind ja verrückt!" Berater: „Mag sein, brüllen Sie! Hier können Sie es."

In einzelnen Ausnahmefällen besteht die Gefahr, dass der Klient sich in das Herausbrüllen derart hineinsteigert, dass er mit sanfter Gewalt zur Besinnung gebracht werden muss. Auf diese Ausnahme sei hier nur hingewiesen.

Übung

(1) Gefühle herauslassen
Für diesen Baustein ist eine Übung schlecht einzuplanen. Andererseits gibt es während des Trainingsseminars viele Gelegenheiten, in denen bei den Teilnehmern angestaute Gefühle nach Befreiung verlangen. Es liegt an der Feinfühligkeit der Trainer und am Gruppenklima insgesamt, solche 'echten' Gelegenheiten zur Gefühlsimplosion zu nutzen.

Baustein 49: Psychodramatische Konkretisierung

Ziele:
1. Erkennen, wann intrapsychische Spannungen (psychische Strukturen) durch dramatische Darstellungen verdeutlicht werden können;
2. dem Klienten durch die szenische Darstellung seine Wahrnehmungskanäle, Handlungskomponenten und -ursachen deutlich machen;
3. durch die Übernahme der unterschiedlichen Rollen dem Klienten die jeweiligen Abhängigkeiten innerhalb eines Beziehungsgefüges verdeutlichen;
4. dem Klienten durch szenische Darstellung die Möglichkeit einräumen, vorbewusste, unbewusste und bewusst unterdrückte Gefühle, Einstellungen, Empfindungen usw. auszuagieren;
5. dem Klienten die Grundzüge der psychodramatischen Konkretisierung erläutern;
6. durch Umgestaltung des Raumes die darzustellende Situation möglichst genau herstellen;
7. durch methodische Elemente die intrapsychischen Spannungen und Abläufe verdeutlichen lassen;
8. den Klienten Lösungsmöglichkeiten dramatisch konkretisieren lassen.

Siehe Baustein *Einsatz von Methoden*

Erläuterungen
Die psychodramatische Konkretisierung basiert auf den Grundgedanken des Psychodramas nach J.L. Moreno. Aus den Ideen des Stegreiftheaters entwickelte sich die Form dramatisierender Darstellung psychischer Zu- und Umstände. Das Psychodrama ist eine Methode, welche 'die Wahrheit der Seele durch Handeln ergründet'.

Die psychodramatische Konkretisierung ist dann angezeigt, wenn intrapsychische Zustände durch eine dramatische Darstellung deutlicher gemacht werden können. Durch diese Form der Darstellung werden Strukturen deutlicher sichtbar und leichter bearbeitbar. Der Klient kann die eigenen Handlungsweisen, Handlungsmotive, Handlungsnormen etc. besser kennen lernen.

Im Rahmen des Beratungsgesprächs und der pädagogisch-therapeutischen Interventionen wird die Methode der psychodramatischen Konkretisierung einerseits zur Problemsondierung und Verdeutlichung der äußeren Abläufe und des inneren Erlebens eingesetzt. Sie findet besonders dann Anwendung, wenn verbale Darstellungen der Problemlage durch Rationalisierung des Klienten auf der Ebene des 'Über-das-Problem-Redens' bleiben bzw. dann, wenn durch die verbale Darstellung die Beziehungen, Emotionen, Strukturen und Bedingungen nicht deutlich genug werden. Durch die szenische Darstellung können Klient und Berater sich die konkreten Ereignisse, Erlebnisse und Situationen (mit den emotionalen Anteilen) genau vor Augen führen.

Andererseits ist die psychodramatische Konkretisierung geeignet, um im Rahmen der Beratungsarbeit entwickelte Lösungsansätze (z.B. Situationsabläufe und Verhaltensweisen) in einem angstfreien Raum konkret 'durchzuspielen' (siehe Baustein *Lösungen probehandeln*).

Die Aufgabe des Beraters besteht bei der Konkretisierung immer darin, die neu auftretenden psychischen Situationen durch Darstellungen verdeutlichen zu lassen. Darstellungsformen sind z.B.:

– Szenische Darstellung von Erlebnissen und Situationen;
– Beziehungsskulpturen zu problembezogenen interpersonalen Konflikten;
– Skulpturen zu intrapersonalen Konflikten und inneren Teams (siehe Baustein *Inneres Team*).

Es geht dabei nicht - wie im Theater - um die Reproduktion einer 'objektiven' Wirklichkeit, sondern um den Versuch, mit Hilfe des dramatischen Spiels das Erleben und Verhalten des Klienten in bestimmten Situationen oder Konstellationen zu verstehen und ihm dabei zu helfen, seine Wirklichkeit, seine Probleme, Ängste und Phantasien zu bewältigen (vgl. Kösel 1993, 1). Dabei ist die Sichtweise des Klienten der zentrale Ausgangspunkt. Die 'mitspielenden' Personen oder Gegenstände werden nach seinen Anweisung bewegt, in Beziehung zueinander gesetzt oder durch Entfernen bzw. Näher bringen dazu genutzt, dessen innere Strukturen zu verdeutlichen.

Anmerkung: Der Einsatz der psychodramatischen Konkretisierung bedarf weitreichender Erfahrungen des Beraters mit psychodramatischen Arbeitsformen und Elementen sowie einer guten Einschätzungsfähigkeit bezüglich der Belastbarkeit des Klienten. Die Dramatisierung und Dynamik dieser Methode unterliegt nicht immer dessen Kontrolle und durch Aktion dargestellte Beziehungen oder Emotionen sind nicht so leicht steuerbar wie verbale. Der Berater muss den Klienten also bei der manchmal drastischen Verdeutlichung weitreichender psychischer Momente, mit denen dieser durch diese Form der Bearbeitung konfrontiert wird, intensiv begleiten.

Durchführungshinweise
Eine psychodramatische Konkretisierung läuft in der Regel in drei Phasen ab (vgl. Kösel 1993, 6):

- Erwärmungsphase (Initialphase);
- Spielphase (Aktionsphase);
- Integrationsphase (Gesprächsphase).

Diese drei Phasen lassen sich, in Verbindung mit den allgemeinen Hinweisen des Bausteins *Einsatz von Methoden*, als grundlegender Ablauf auch auf die Methode der psychodramatischen Konkretisierung im Rahmen von Beratungsgesprächen übertragen.

Der Berater erläutert dem Klienten zunächst die Grundzüge der psychodramatischen Darstellung. Dieses ist auch deshalb wichtig, da der Begriff 'dramatisch' im Umgangssprachlichen anders verstanden wird als es hier gemeint ist. In der *Erwärmungsphase* schildert der Klient die Situation oder das Beziehungsgefüge genau, dass dargestellt werden soll, um sich einzustimmen und 'warm zu reden'. Danach werden die für die Darstellung wichtigen Personen (für die Besetzung der Rollen der Mitspieler) und Requisiten zusammengetragen. In der Beratungssituation besteht in den meisten Fällen das Problem, dass es außer dem Berater keine weiteren anwesenden Personen gibt, die Rollen übernehmen könnten. Der Berater kann - wenn er viel Erfahrung hat - neben dem Anleiten selbst eine Mitspieler-Rolle übernehmen. Wenn keine Personen zur Verfügung stehen, können auch Gegenstände als fiktive andere Personen (Stellvertreter) platziert werden. Die Situation oder Konstellation wird dann für den Klienten passend aufgebaut. In der *Spielphase* wird die Situation, nach den Anweisungen des Klienten, nachgespielt und so häufig wiederholt, bis dieser sagt, dass die gespielte Situation, verglichen mit der empfundenen Realsituation, stimmig ist. Durch den Einsatz psychodramatischer Elemente konkretisiert der Berater besonders die innerpsychischen und emotionalen Anteile. Diese verschiedenen Handlungstechniken sollen nur aufgeführt, aber nicht ausführlich erläutert werden, weil ein Einsatz nur nach dem Erwerb einer umfangreicheren psychodramatischen Handlungskompetenz möglich ist:

- *Rollentausch:* Der Klient tauscht mit einem Mitspieler (Gegenstand) die Position und spielt die Szene aus dessen Rolle und Perspektive;
- *Doppeln und Doppelgänger:* Der Berater oder ein Mitspieler doppeln den Klienten, in dem sie ihm Angebote zu Gefühlen oder Äußerungen machen oder ihn in seiner Rolle nachspielen (siehe Baustein *Doppeln*);
- *Psychodramatischer Spiegel:* Der Berater hält dem Klienten durch ein konfrontatives Doppeln oder einen konfrontativen Doppelgänger 'den Spiegel vor'.
- *Selbstdarstellung:* Der Klient stellt sich selbst 'realistisch' und in möglichen Variationen seines Verhaltens dar;

– *Selbstgespräch:* In einem 'Beiseitereden' kommentiert der Klient seine aktuellen Handlungen oder spricht seine Gefühle und Empfindungen aus.

Nach dem Spielen gibt der Berater dem Klienten in der *Integrationsphase* Feedback über die Wahrnehmungen der Spieldurchläufe und wertet die psychodramatische Konkretisierung zusammen mit diesem aus.

Übung
(1) Stegreifspiele
Die Form des Stegreifsspiels dient dazu, über die Spontaneität des Spiels an Lebenskonzepte oder Vorstellungen der Trainingsteilnehmer heranzukommen. Diese Übung dient dazu, die Grundzüge der psychodramatischen Konkretisierung zu erlernen und den Teilnehmern Erfahrungen mit psychodramatischen Elementen zu vermitteln.

Der Spielleiter teilt den Raum in Bühne und Zuschauerraum. Er gibt der Gruppe, die jeweils spielen soll, ein Thema vor (Kneipenbesuch, Besuch eines Friedhofes, Familie am Samstagabend, etc.). Die Spieler spielen nun die Szene, ohne sich vorher abzusprechen. Nach dem Spiel werden die Spieler im Sharing nach ihren Emotionen und dem Grund der jeweiligen Rollenübernahme gefragt. Danach geben die Zuschauer Rückmeldungen an die Spieler. Im nachfolgenden Gespräch werden die Entscheidungen und die Frage danach, ob die Entscheidungen und Verhaltensweisen typisch für den jeweiligen Spieler sind, besprochen.

Baustein 50: Körperempfindungen aufspüren

Ziele:
1. Dem Klienten ermöglichen, sich im Raum und in der Sitzposition wohl zu fühlen und sich zu entspannen;
2. den Klienten verbal unterstützend und aktiv zuhörend auf dem 'Weg nach Innen' begleiten;
3. dem Klienten die Möglichkeit geben, sich einen Überblick über sein 'Gefühlschaos' zu verschaffen;
4. dem Klienten ermöglichen, seine Probleme bildlich neben sich zu stellen und sich einen Freiraum zu schaffen ('Ich bin nicht das Problem, ich habe ein Problem');
5. dem Klienten ermöglichen, seine Körperempfindungen bezogen auf ein 'Thema', durch Worte, Bilder, Farben, Töne, Temperaturen, Gerüche oder Bewegungen begreifbar (verständlich) zu machen;
6. dem Klienten durch das schrittweise und begleitende Vorgehen eine körperliche Entlastung ermöglichen.

Siehe Baustein *Einsatz von Methoden*

Anmerkung
Das *Focusing* (Körperempfindungen aufspüren) ist eine spezielle von E.T. Gendlin entwickelte Methode der Selbsterfahrung; es ist inzwischen zu einem eigenständigen therapeutischen Verfahren geworden, lässt sich aber mit vielen anderen therapeutischen Maßnahmen verbinden (vgl. Gendlin 1998, 16ff.). Das Focusing ist aber auch - unabhängig von jeder Therapie - eine spezielle Methode der Selbsterfahrung, die jeder anwenden kann und auch in bestimmten Momenten (unbewusst) anwendet. Vereinfacht ausgedrückt besagt das Focusing, die körperliche Aufmerksamkeit dorthin zu lenken, wo im Körper etwas Neues entsteht. Dieses 'innere körperliche Spüren' wird von Künstlern, Schriftstellern, Geschäftsleuten oder spirituell veranlagten Menschen angewandt, und zwar nach dem Gefühl: 'Ich wusste das schon, aber irgendwie wusste ich nicht, dass ich es wusste'.

Erläuterungen
Jeder von uns hat schon einmal Folgendes erlebt: Man fährt mit dem Auto von der Arbeit nach Hause, versucht abzuschalten und fühlt stattdessen eine innere Unruhe. In Gedanken beschäftigt einen die Frage: 'Was beunruhigt mich eigentlich - was war denn bloß los, dass ich mich nicht entspannen kann?' Es fällt einem nicht ein, was es sein könnte. Mehrere Möglichkeiten gehen einem durch den Kopf: 'Muss ich heute an irgendetwas Wichtiges denken? Steht mir heute noch etwas bevor? Was darf ich nicht vergessen?' Es lässt einem keine Ruhe. Das kann sich eine Weile fortsetzen. An einem ruhigen Ort (beispielsweise zu Hause) plagt einen der Gedanke immer noch. Man spürt in sich den Wunsch oder den inneren Drang, die Frage endlich zu lösen. Auch körperlich wird man unruhig, man kann sich nicht recht auf andere Dinge konzentrieren, weil einem immer dieser Gedanke in den Kopf (und in den Körper) kommt. Und nun beginnt quasi ein Suchspiel: 'Muss ich noch jemanden anrufen? Nein, aber irgendwie hat die Schule etwas damit zu tun. Sollte ich noch eine Arbeit korrigieren? Nein, aber es hängt mit meinem Mathematikkurs zusammen. Sollte noch etwas vorbereitet werden? Nein, mit dem Schreibtisch hat es nichts zu tun. Genau, ich muss heute noch mal weg. Ich habe noch ein Gespräch mit den Eltern eines Schülers aus dem Mathematikkurs. Darf ich nicht vergessen!' Endlich ist einem die Lösung eingefallen, und spürbar entkrampft sich der Körper. Man fühlt sich wie befreit und ist den augenblicklichen Ereignissen gegenüber wieder aufgeschlossen.

Mit dieser Umschreibung haben wir annähernd den Vorgang oder den Prozess des *Focusing*, wie er sich im alltäglichen Leben abspielt, wiedergegeben. Dieser Prozess wird nun durch den Berater 'künstlich' eingeleitet und der Klient durchschreitet ihn. Künstlich deshalb, weil der Berater in oder an bestimmten Gesprächssituationen (Themen) erkennen kann, wann diese Methode dem Klienten eine Hilfe sein kann, sein Gefühlschaos, das ihm auch körperlich Unbehagen bereiten kann, zu entwirren.

Es ist also möglich, über den Prozess des Körperempfindens seinen innersten Gefühlen und Wahrnehmungen oder seinem innersten Erleben auf die Spur zu kommen. Stimmen das 'psychisch Innere' (Erleben, Wahrnehmungen, Bilder) mit dem Körpergefühl überein, spricht man vom 'Griff'. Umgangssprachlich könnte der Klient sagen: 'Jetzt habe ich den passenden Griff gefunden'. Der Berater kann das 'Griff finden' durch das Anbieten von Symbolen, Begriffen oder Bildern unterstützen.

Der Klient folgt, begleitet und unterstützt durch den Berater, seiner emotionalen Befindlichkeit (genannt: 'felt sense'), bis schließlich eine körperliche Entlastung oder Entspannung (genannt: 'felt shift') einsetzt oder eintritt.

Gelingt das Aufspüren der Körperempfindungen, also die Konzentration nach innen, dann verändern sich auch möglicherweise die verdeckten (impliziten) und verkrusteten Erlebnisinhalte; sie werden aus ihren starren einverleibten Strukturen (genannt: 'structure-bound') gelöst, sie werden quasi wieder 'flüssig' gemacht und können auf diese Weise neu bearbeitet werden.

Die Ursachen psychischer Probleme sind häufig Gefühlsverdrängungen. Aus Angst vor dem eigenen Gefühlsleben werden Probleme häufig mit dem Kopf anstatt mit dem 'Bauch' zu lösen versucht. Der Mensch als ein sehr komplexes Wesen verarbeitet sowohl die symbolische Welt (graphische Darstellungen, Bilder, Sprache usw.) als auch die körperlichen Vorgänge zu einem 'Gesamten'. Die verarbeiteten Erlebnisse, Bilder und Gefühle formen unbewusst den 'felt sense' (die Befindlichkeit) des Menschen, sie sind aber nicht immer genau und detailliert wahrnehmbar. Das Unbewusste oder Implizite tritt aber ins Bewusstsein, „... sobald der Einzelne seine innere Aufmerksamkeit wie den Lichtkegel einer Taschenlampe auf das richtet, was er bereits spüren kann: auf den 'felt sense'" (Wiltschko/Köhne 1984, 25).

Das Spielen mit den aufkommenden Symbolen hat den Zweck, bei jedem Reiz die 'gespürte Bedeutung' wahrzunehmen, die dem klaren Gedanken vorausgeht. Unter den vielen aufkommenden Bildern könnte ein Schlüsselsymbol sein, das zu der erwünschten psychischen und körperlichen Entlastung einen Beitrag leistet ('Aha-Erlebnis').

Das Focusing bietet dem Klienten die Möglichkeit, sich einen Freiraum zu schaffen und einmal nicht das Problem selbst zu sein, sondern eines zu haben; er kann sich von allen Seiten ansehen und abtasten, muss sich aber nicht in das Problem hineinbegeben. Wichtig ist nicht unbedingt, die aufkommenden Gefühle herauszulassen, sondern sie anzunehmen und bewusst zu fühlen und zu spüren. Das bedeutet nun andererseits nicht, aufkommende emotionale Reaktionen zu unterdrücken. Das Ziel dieser quasi-therapeutischen Intervention ist, das Gefühl als 'Echo' aus und in dem Körper wahrzunehmen und das Problem 'auf den Punkt' zu bringen.

Durchführungshinweise
Voraussetzung für die Anwendung ist das Beherrschen von Anleitungen zur Entspannung und Anleitungen 'zum Begleiten' im Entspannungszustand. Es wird darüber hinaus dringend empfohlen, diesen Baustein nur von den Beratern durchführen zu lassen, die die Methode des *Körperempfindungen aufspüren* selbst intensiv er- und durchlebt bzw. therapeutische Grundkenntnisse besitzen. Auf konkrete Anleitungshinweise wird aus diesem Grund verzichtet.

Die Methode kann auf verschiedene Weise gehandhabt werden (vgl. Gendlin 1998, 191ff.). Wir stellen hier die sieben wesentlichsten Phasen (Schritte) vor:

a. Die Entspannung als Vorbereitung;
b. das Spüren der körperlichen Befindlichkeit;
c. die Lokalisierung des Körpergefühls;
d. das Symbolisieren, Anbieten von und 'Spielen' mit Bildern;
e. *das Fokussieren auf den 'felt sense', bis eine körperliche Entspannung 'felt shift' spürbar wird ('Griff finden');*
f. den Vergleich der Bilder mit dem Körpergefühl (Übereinstimmungen, Gegensätze, Veränderungen);
g. das Aufarbeiten des inneren Erlebens im Gespräch.

Übungen
(1) Selbst erfahren
Der Berater kann sich dann am besten in die Lage des Klienten hineinversetzen und ihn optimal beim Körperempfinden begleiten, wenn er selbst den Prozess durchlaufen hat. Der Trainer der Übungsgruppe übernimmt unter der Voraussetzung, dass er selbst Erfahrungen in oder mit Focusing gemacht hat, die Begleiterrolle und lässt einzelne Teilnehmer oder die gesamte Gruppe das Verfahren erleben.

Thema: 'Zwei vertraute Personen': 'Stellen Sie sich zwei vertraute Personen aus Ihrem Freundes- oder Bekanntenkreis vor, die in Ihrem jeweiligen Wesen unterschiedlich sind. Lassen Sie beide Personen abwechselnd vor Ihr inneres Auge treten, und versuchen Sie bei jeder Person, die jeweiligen Gefühle oder Empfindungen körperlich - vor allem in der Bauchgegend - aufzunehmen und zu spüren!'

Den Prozess des wechselnden Auftretens der zwei Personen kann der Trainer auch durch seine Anweisungen dirigieren.

(2) Übung für den Begleiter
Ein Trainingsteilnehmer übernimmt die Rolle des Begleiters (Beraters). Er bittet einen anderen Teilnehmer, der die Klientenrolle übernimmt, in eine leichte Entspannung zu gehen. Im Zustand der Entspannung arbeitet er mit ihm.

Thema: 'Die letzten Ferien - der letzte Urlaub': Der Übungsteilnehmer versetzt sich innerlich in die Tage der letzten Ferien, er durchlebt noch einmal einzelne Stationen oder Erlebnisse; er begibt sich auf eine 'Reise nach innen'. Der Berater begleitet ihn dabei, indem er die Empfindungen und Gefühle anspricht (auch die körperlichen), die beim Übungsteilnehmer hochkommen.

Nach der Übung sollen die Erfahrungen beider gemeinsam aufgearbeitet werden.

Baustein 51: Innere Bilder erleben

Ziele:
1. Dem Klienten ermöglichen, sich im Raum und in der Sitzposition wohl zu fühlen und sich zu entspannen;
2. den Klienten anleiten, in einen möglichst hohen Zustand der Entspannung zu gelangen;
3. dem Klienten ein 'imaginatives Bild' anbieten und ihn auffordern, Bilder aufsteigen zu lassen und diese zu beschreiben;
4. dem Klienten ein einfühlsamer (Reise-)Begleiter sein und ihn unterstützend, bestätigend und sehr behutsam im Fluss des Geschehens halten;
5. den Klienten anregen, sich im Bild fortzubewegen und Personen, Tiere oder Symbole hinzukommen zu lassen;
6. während des Prozesses auf die nonverbalen Signale des Klienten achten;
7. mit dem Klienten gemeinsam das 'Erlebte' durcharbeiten und dabei die emotionalen Wahrnehmungen ansprechen;
8. mit dem Klienten gemeinsam die Bilder deuten;
9. mit dem Klienten über die 'neue Erfahrung' sprechen.

Siehe Baustein *Einsatz von Methoden*

Anmerkung

Das 'Katathyme Bilderleben (KB)' (hier *Innere Bilder erleben* genannt) ist eine der Tiefenpsychologie entlehnte Methode, die von H.-C. Leuner zu einem eigenständigen Verfahren weiterentwickelt wurde. Diese Methode, die auch manchmal als 'Symboldrama' bezeichnet wird, lässt sich mit anderen therapeutischen Interventionen verbinden. Sie ist ein 'imaginatives Verfahren'. Als eigenständige Kurztherapie hat es sich inzwischen bei vielen Störungen bewährt, die allerdings für die Klienten unseres Adressatenkreises nicht in Betracht kommen. Von daher ist es auch nicht erforderlich, das Katathyme Bilderleben in vollem Umfange einzusetzen. Bei Angstzuständen, Anpassungsschwierigkeiten, Träumen und starkem inneren Erleben lässt sich diese Methode jedoch in vereinfachter Form (der sogenannten Grundstufe) übertragen (vgl. Leuner 1994, 15ff.).

Das eigentliche 'Geschehen' beim Katathymen Bilderleben (katathym = die Seele beeinflussend) vollzieht sich unabhängig vom eigenen Willen, und es tritt bei allen Menschen auf, wenn sie sich Tagträumen, einer meditativen Versenkung oder einem Halbschlaf hingeben.

Erläuterungen
Das Katathyme Bilderleben ist eine 'Erscheinung', die nicht außergewöhnlich ist. Wir alle kennen das Phänomen, im Halbschlaf oder im Zustand des Dösens in uns Bilder aufsteigen zu sehen, die so verworren und miteinander auf unerklärliche Weise verwoben sind, dass wir damit in aller Regel nichts anzufangen wissen. 'Also, ich habe ein unmögliches Zeug zusammengeträumt!' ist häufig unsere Reaktion. Dabei wissen wir mitunter gar nicht, ob es ein Traum war oder ob es nur Bilder im Halbschlaf waren. Die Bilder verwirren uns umso mehr, da sie an keine konkreten Erinnerungen oder Erlebnisse gebunden sind. Es sind vielmehr in Bildern verdichtete, verarbeitete, un-, unter- oder vorbewusste symbolische Verdichtungen aus unserer Gefühls- und Erlebniswelt, die völlig unkontrolliert, d.h. dem Willen entzogen, aufsteigen und uns in ihren Darstellungen freuen (also angenehm berühren) oder beunruhigen (also unangenehm berühren).

Dieses 'alltägliche Geschehen' künstlich herbeizuführen, ist vereinfachend formuliert die Methode des *Inneren Bilder Erlebens*. Der Berater begleitet den Klienten in einen tiefen Entspannungszustand und bietet ihm ein 'imaginatives Motiv' an. Der Klient soll sich dieses angebotene Bild innerlich und mit geschlossenen Augen anschauen und seine Erlebnisse erzählen. Der Berater ist ein 'Reisebegleiter im Bild', der mit dem Klienten mitgeht, ihn fragt, ihn zu weiteren Erkundungen anregt, ihm Vorschläge macht oder sich einfach berichten lässt, wie es diesem geht. Der Klient unternimmt also eine Phantasiereise, die weitgehend ungesteuert und ungeplant verläuft. Bei der Konfrontation oder Begegnung mit bestimmten Bildern ist es dabei nicht unbedingt erforderlich und auch gar nicht möglich, die Bedeutung der Bilder in der realen Welt des Klienten wiederzuerkennen; sie dienen ihm aber möglicherweise dazu, bestimmte Gefühlskonstellationen zu entschlüsseln. In vielen Fällen dienen sie auch einfach der Befreiung und der Erlösung.

Siehe Baustein *Entspannung III*.

Durchführungshinweise
Voraussetzung für die Anwendung ist das Beherrschen von Anleitungen zur Entspannung und Anleitungen 'zum Begleiten' im Entspannungszustand. Es wird darüber hinaus dringend empfohlen, diesen Baustein nur von den Beratern durchführen zu lassen, die die Methode des *Inneren Bilder Erlebens* selbst intensiv er- und durchlebt bzw. therapeutische Grundkenntnisse besitzen. Auf konkrete Anleitungshinweise wird aus diesem Grund verzichtet.

Der Klient ist bereits in einen Zustand der tiefen Ruhe und Entspannung gebracht worden.

Es gibt nun zwei methodische Zugänge, in die Arbeit einzusteigen. Diese Möglichkeiten sind abhängig von der jeweiligen Problemkonstellation, die gerade bearbeitet wird:

1. Der Berater fordert den Klienten auf, in eine Landschaft bzw. in ein Bild eigener Wahl zu gehen, in der sich der Klient entweder sehr geborgen fühlt, oder die der Klient für passend in Bezug auf sein Problem hält.
2. Der Berater bietet dem Klienten eine Landschaft oder ein Bild an, die/das er für passend in Bezug auf sein Problem hält.

Die Erfahrung zeigt, dass bestimmte Standardmotive für die Thematisierung bestimmter Gefühle und Probleme besonders geeignet sind:

– *Wiese* (für Wohlfühlen/Ausgewogenheit und als Einstiegsmotiv, von dem man leicht in andere Bilder gehen kann);
– *Bach oder Fluss* (für Aktivität, Bewegung oder auftretende Hindernisse);
– *Berg* (für Erhabenheit, Schwierigkeit, Leistungsanspruch, Autoritätsfrage);
– *Haus* (für das Innere, als Schlüssel zur eigenen Person);
– *Waldrand* (für Entscheidung, Abgrenzung, Veränderung);
– *Schlucht* (für Angst, Beklemmung, Schwierigkeit);
– *Höhle* (für Unklarheit, Unsicherheit, Problem);
– *offenes Feld* (für Arbeit, Weite, Zukunftsperspektive).

Die oben genannten Standardmotive sind als Ausgangspunkte zu verstehen, von denen aus sich die imaginativen Bilder des Klienten entwickeln. Der Berater begleitet den Klienten sehr einfühlsam beim Erleben seiner Bilder und bei den eintretenden Veränderungen (Landschaft, Wetter, Gegenstände, auftretende Personen und Tiere), macht ihm Angebote, fordert ihn auf, sich z.B. im Bild umzusehen oder zu bewegen, zwingt ihn aber dabei zu nichts, was der Klient nicht möchte.

Beispiel: Eine Klientin steigt über das Bild 'Wiese' ein und sagt: „Es ist eine Wiese im Frühjahr mit einigen kleinen Blumen. Links steht ein Haselnussstrauch, an der anderen Seite ist ein Kartoffelacker. Eine Hochspannungsleitung läuft über die Wiese zu einem Transformatorenhäuschen. Das steht an einem kleinen Sumpf. Ich habe Angst, dass ich dort hinaufgehen sollte auf die Straße. Dort kommen nämlich Panzer angefahren. Ich verlasse die Wiese schnell und laufe eine Anhöhe hinauf. Hier ist eine Ruine, vielleicht von einem alten Schloss. In einem Flügel ist ein Ausflugslokal. Ich gehe herum und rutsche plötzlich aus, weil es schlüpfrig wird. Ich falle hin und rutsche in ein dunkles Loch. Ich glaube es ist das Burgverlies ..." In der Aufarbeitung sagt die Klientin, dass ihr zu der Ruine ihr Elternhaus einfällt.

Sie erlebt es als zerstört, aber nicht ohne Wertschätzung und Großartigkeit ('Schloss') (vgl. Leuner 1994, 68).

Die Bearbeitung kann durch das Malen der Bilder im Nachhinein konstruktiv unterstützt werden (siehe Baustein *Zusammenhänge visualisieren*).

Übung
(1) Einstiegsmotiv Wiese
Die Teilnehmer bilden Paare und wechseln sich in den Rollen Klient und Berater ab. Der Berater versetzt den Klienten in einen Zustand tiefer Ruhe und Entspannung. Anschließend bietet diesem ihm das Einstiegsmotiv 'Wiese' an und begleitet ihn durch das Bild. Als Abschluss reflektieren die beiden Teilnehmer ihre Erfahrungen.

Entspannung

Vorbemerkungen

In Beratungssituationen kommt es häufig vor, dass sich die Bearbeitung bestimmter (besonders psychischer) Probleme besser im entspannten Zustand durchführen lässt. So kann es für den Klienten eine Hilfe sein, über die Entspannung leichter oder besser 'zu sich selbst zu finden' oder überhaupt 'mit sich selbst in Kontakt zu treten'. Viele Bausteine lassen sich mit Entspannungsphasen sehr gut koppeln (siehe z.B. Bausteine *Erlebnis ins 'Hier und Jetzt', Freie Assoziation, Wunderfrage, Blick in die Zukunft*). Andere Bausteine sind ohne Entspannungsphasen nicht durchführbar (siehe Bausteine *Körperempfindungen aufspüren, Innere Bilder erleben*).

Der jeweilige Entspannungszustand wird bei der Bearbeitung von Problemen unterschiedlich bzw. unterschiedlich notwendig sein. Die drei folgenden Bausteine repräsentieren diese unterschiedlichen Stufen der Entspannungstiefe:

– körperlich (Baustein *Entspannung I*);
– körperlich und geistig (Baustein *Entspannung II*);
– körperlich, geistig und seelisch (Baustein *Entspannung III*).

Entspannung I: Auf dieser Stufe ist jene Entspannungsform gemeint, die lediglich den Körper zur Ruhe bringt. Sie ermöglicht es dem Klienten, sich besser zu konzentrieren, sich intensiver auf das Problem einzulassen oder sich körperlich zu entspannen.

Entspannung II: Auf dieser Stufe geht es zum einen um die körperliche und geistige Entspannung, zum anderen aber auch darum, bestimmte Körperempfindungen bewusst wahrzunehmen.

Entspannung III: Auf dieser Entspannungsstufe, die die körperlich-geistige Entspannung voraussetzt, wird eine bedeutende Erweiterung vollzogen. Neben der körperlich-geistigen Entspannung wird hier bewusst auf den Zusammenhang von Körper (einzelne Körperregionen), Geist (Thema, Inhalt, Problem usw.) und Seele (Gefühl, Bild, Imagination usw.) geachtet. Für die Bausteine *Körperempfindungen aufspüren* (eine bestimmte Methode der Selbsterfahrung) und *Innere Bilder erleben* (ein imaginatives Verfahren), wird diese Entspannungsstufe zu einer unerlässlichen Voraussetzung. In der tiefsten Stufe kommt die körperliche Entspannung einem Wachtraum sehr nahe: Erhöhung der Suggestibilität, eingeschränkte Wahrnehmung des Zeitgefühls, Einengung des Bewusstseins, Schwächung der rationalen Anteile, Verminderung der Abwehrkräfte, relativ tiefe Versenkung und Vertiefung.

Um diese unterschiedlichen Stufen der Entspannung - die auch gleichzeitig unterschiedliche Zugänge zum Individuum erlauben - zu erlernen und um deren Wirkungen selbst zu erfahren, sollte ein Berater sie unter zwei Aspekten erproben: (1) Lernen, die entsprechenden Anweisungen bzw. Anleitungen zu geben, und (2) selbst erfahren, was er in den einzelnen Entspannungstiefen fühlt, spürt, erfährt oder wahrnimmt. Aus lern- und übungsdidaktischen Gründen ist die Thematik 'Entspannung' daher in drei Teile (Bausteine) untergliedert.

Es empfiehlt sich zum besseren Gesamtverständnis und zur Einordnung in den beraterischen Kontext die hier getrennt beschriebenen Bausteine im Zusammenhang zu lesen, sie aber getrennt zu üben. Sie sind also auch als besondere Übungsbausteine für den Berater gedacht.

Baustein 52: Entspannung I - Körperliche Entspannung

Ziele:
1. Den Klienten durch Anleitung in eine körperlich ruhige und bequeme Position bringen;
2. gegebenenfalls im körperlich entspannten Zustand mit dem Klienten am Thema arbeiten.

Siehe Baustein *Einsatz von Methoden*

Erläuterungen
Unter 'Entspannung' wird viel verstanden. Über die sportlich orientierten Entspannungsmethoden - die in diesem Rahmen nicht von Bedeutung sind - hinaus, reicht die Bandbreite psycho-physischer Entspannungsformen von der reinen Muskelentspannung (z.B. 'Progressive Relaxation' nach Jacobsen) über das 'Rolfing' (eine körperorientierte Therapie nach I. Rolf), die Bioenergetik (vor allem in der Körpertherapie nach A. Lowen), das Autogene Training (z.B. in der Form von B. Hoffmann) bis hin zu meditativen Formen der Entspannung. Jede dieser Entspannungsformen, -techniken o-

der -methoden ist ein Programm für sich, jede hat ihre eigene Philosophie und entsprechend unterschiedlich sind die angesprochenen Adressaten. So unterschiedlich die psycho-physischen Methoden auch im einzelnen sein mögen, in den wesentlichen Fragen und Zielen stimmen sie nahezu überein. In allen Entspannungsformen gibt es gemeinsame Basisübungen, die unabhängig von den einzelnen Ausrichtungen für das Individuum hilfreich und sinnvoll sind.

Für den beraterischen Kontext besitzen die Entspannungen eine helfende und unterstützende Funktion; sie sind kein Selbstzweck. Die in pädagogisch-therapeutischen Gesprächen eingesetzten Entspannungen dienen der Erleichterung in der Arbeit mit dem Klienten. Die Erleichterung erfährt sowohl der Klient, indem er sich über die Entspannung bestimmten Problemen leichter nähern kann, als auch der Berater in seiner Arbeit, indem er über Entspannungsverfahren dem Problem des Klienten näher kommt. Dabei kann es durchaus vorkommen, dass die angebotenen Entspannungsformen dem Klienten so fremd und unbekannt sind, dass sie möglicherweise eher angstinduzierend wirken als förderlich sind. In einem solchen Fall sollte auf die Entspannungsangebote verzichtet werden. In Beratungssituationen kommt es allerdings eher vor, dass ein Klient aus der Entspannungsphase 'aussteigt', nämlich dann, wenn sich während der Entspannungsphase ein virulentes Gefühl oder Problem auftut, vor dem sich der Klient nur durch eine kontrollierbare Aktion zu schützen weiß. 'Kontrollierbare Aktionen' sind Formen des alltäglichen Umgehens mit einem Gefühl oder einem Problem, z.B. Reden, irgendetwas zur Ablenkung tun, Verdrängen.

Durchführungshinweise
Entspannungsübungen sollten erst dann durchgeführt werden, wenn sich zwischen Klient und Berater ein gegenseitiges Vertrauensverhältnis aufgebaut hat.

Für die Durchführung der Entspannung auf dieser Stufe lassen sich - trotz individueller und situativer Unterschiede - in der Praxis bewährte Schritte und Formulierungen nennen, die jedoch nicht formelhaft, sondern mit Rücksicht auf den jeweiligen Klienten und dessen 'Tempo' angewendet werden müssen:

a. Ich möchte Ihnen vorschlagen, sich körperlich zu entspannen. Dabei werde ich Ihnen einige Hilfestellungen geben. Können Sie sich darauf einlassen?
b. Setzen Sie sich so bequem wie möglich hin! Versuchen Sie, auf dem Stuhl die beste Position zu finden! Das Gesäß etwas nach hinten, es kann ruhig die Rückenlehne des Stuhles berühren, und den Rücken auch ganz leicht an die Rücklehne, dann sitzen Sie etwas aufrechter, aber auf Dauer bequemer. Sie müssen das Gefühl haben, Ihr Körperschwerpunkt liegt im unteren Beckenraum. Versuchen Sie einmal, das zu spüren.

c. Stellen Sie die Beine parallel zueinander und rechtwinklig auf, aber nicht zu eng zusammen, das erleichtert das Sitzen für eine längere Zeit. Die Füße sollten mit der ganzen Fußsohle den Boden berühren. Versuchen Sie, auch durch die Schuhsohle den Boden unter sich zu fühlen. Ja, probieren Sie ruhig die beste Position aus!
d. Sitzt Ihre Kleidung bequem? Öffnen Sie gegebenenfalls Ihren Hosenbund! Sie müssen gut und leicht atmen können!
e. Die Arme legen Sie bequem auf die Lehne, so dass Sie die Hände wie eine Schale geformt vor Ihren Bauch legen können, die Hände sind ganz locker und leicht; die Hände können ruhig auf den Oberschenkeln liegen. Ja, probieren Sie in aller Ruhe aus, wie es für Sie am besten ist.
f. Achten Sie auf Ihre Schultern, lassen Sie sie locker und leicht hängen, ohne das Gefühl zu haben, Sie verkrümmen sich.
g. Wenn Sie soweit sind, schließen Sie die Augen! Halten Sie sie möglichst geschlossen. Wenn die Augenlider zucken, lassen Sie sie ruhig zucken. Das vergeht im Laufe der Zeit. Sie sollten aber auf keinen Fall die Augen verkrampft schließen. Wenn es nicht geht, suchen Sie sich sonst einen Fixpunkt circa zwei bis drei Meter vor Ihnen auf dem Fußboden!
h. Richten Sie Ihren Blick langsam von außen nach innen! Die Geräusche, die Sie hören, nehmen Sie zwar noch wahr, aber sie werden langsam unwichtiger!
i. Halten Sie den Kopf locker, etwas leicht nach vorne gebeugt, sonst versteift sich Ihr Nacken bzw. Ihre Halsmuskeln werden zu straff, und das erschwert Ihnen das Atmen.
j. Gehen Sie mit Ihrer Aufmerksamkeit in Ihre *Beine* und weiter bis in die *Füße*! Fühlen Sie, ob Sie angespannt sind, und probieren Sie aus, ob eine andere Haltung bequemer ist! Lassen Sie sich dabei Zeit!
k. Wenn Sie soweit sind, konzentrieren Sie sich nun auf Ihre *Arme* und *Hände*! Fühlen sie sich locker, leicht und entspannt an?
l. Gehen Sie über Ihre *Schultern* in Ihren *Nacken* und spüren Sie nach, ob Sie dort Spannungen fühlen! Lassen Sie sich dabei Zeit!
m. Gehen Sie dann über Ihren *Hinterkopf* zu Ihrer *Stirn* und Ihrem *Gesicht*! (Augenbrauen, Augen, Wangen, Mund)
n. Lassen Sie sich Zeit dabei! Spüren Sie die eintretende Entspannung? Gehen Sie erst weiter, wenn Sie soweit sind!
o. Gehen Sie nun weiter in Ihren *Brustkorb* und Ihren *Bauch*! Fühlen Sie Ihren Atem, der ganz ruhig und normal geht! Spüren Sie, wie mit jedem Ausatmen ein Stück Spannung entweicht und wie langsam Ruhe einkehrt!
p. Lassen Sie sich Zeit dabei! Spüren Sie, wie Ihr gesamter Körper entspannt ist!
q. Bleiben Sie so entspannt sitzen und genießen Sie den ruhigen Zustand!
r. (...)
s. Kommen Sie nun langsam zurück. Ballen Sie Ihre Hände zu Fäusten, ziehen Sie die Beine an und öffnen Sie die Augen!

Nach der Übung ist es wichtig, dem Klienten die Gelegenheit zu geben, sich wieder in die Gesprächssituation einzufinden und über die erlebten Gefühle zu sprechen.

Übungen

(1) Einzelübung Entspannung
Die Übung dient der körperlichen Sensibilisierung. In normalen Gesprächssituationen sitzt man in der Regel nur deshalb bequem, weil man sich ständig völlig unkontrolliert und unbewusst bewegt und die Position laufend ändert. Diese Übung soll eine konzentrative, 'bewegungslose' Bequemlichkeit vermitteln.

Jeder Teilnehmer nimmt sich einen Stuhl und versucht, sich in eine körperlich bequeme Position zu bringen. Er soll in der jeweiligen Position so lange verharren, bis er bemerkt, die Position doch verändern zu müssen. Er soll dabei besonders darauf achten, welche Körperpartien beim längeren Sitzen immer wieder neu korrigiert werden müssen, bis eine bequeme und angenehme Position gefunden worden ist. In der letztendlich angenehmen, bequemen und entspannenden, in sich ruhenden Position soll der Teilnehmer mehrere Minuten verharren.

(2) Partnerübung Entspannung
Einer der Partner gibt die Anleitungen zur Entspannung, der andere führt diese aus. Der Anleitende soll lernen, auf die Körperlichkeit des Partners zu achten und die Anweisungen den Ausführungen des Partners anzupassen. Er soll lernen, Korrekturen vorzunehmen und die nonverbalen Signale (z.B. Verspannungen der Augen) anzusprechen.

Der ausführende Partner gibt nach der Übung dem Partner Rückmeldung darüber, ob die Anleitung klar, deutlich und im Tempo angemessen war.

Baustein 53: Entspannung II -
  Körperliche Entspannung und Körperempfinden

> **Ziele:**
> 1. Siehe Baustein *Entspannung I*;
> 2. den Klienten anleiten, in einen körperlichen und geistigen Entspannungszustand zu gelangen;
> 3. den Klienten auffordern, im entspannten Zustand körperliche Empfindungen bewusst wahrzunehmen;
> 4. den Klienten ermutigen, die körperlichen Empfindungen zu artikulieren.
>
> Siehe Baustein *Einsatz von Methoden*

Erläuterungen
Jeder von uns, der über ein Erlebnis erzählt, besonders wenn es sich um ein sehr emotionales handelt, agiert dabei unmerklich nonverbal. Der Inhalt des Erlebten wird von uns körperlich begleitet, er wird durch die Körperhaltung und durch Gestik und Mimik verstärkt. Hinzu kommen sogenannte 'paralinguistische Begleitreize': Das sind besondere Merkmale der individuellen Sprache wie Lautstärke, Klangfarbe oder Tonhöhe, aber auch die Sprachmelodie, die Art der Pausen und das Sprechtempo. Wir nehmen diese Art der kommunikativen Vermittlung bzw. diese Signale an uns selbst nicht mehr bewusst wahr; wir stellen sie allenfalls noch bei unserem Gegenüber fest. Unsere Gefühle werden über die Körpersprache ausgedrückt, obwohl wir den Körper selbst nicht mehr wahrnehmen. Nur in Extremsituationen 'schlägt es uns auf den Magen' oder 'die Hände werden vor Angst feucht'.

Die zweite Stufe der Entspannung soll dem Klienten ermöglichen, Gefühle und Gedanken wieder körperlich zu spüren. In der Entspannung konfrontiert sich dieser mit seinem Problem oder Gefühl und achtet dabei besonders auf seine Körperempfindungen. Der Berater leitet den Klienten an, bestimmte Körperpartien zu spüren.

Jedes Gefühl ist immer auch ein körperliches Gefühl, jede seelische Regung zieht körperliche Empfindungen nach sich. Wir haben es nur im Laufe unserer Lebensgeschichte verlernt, die Verbindungen und Verknüpfungen wahrzunehmen. Der Klient soll (wieder) lernen, mehr auf seinen Körper zu achten, sensibler die körperlichen Signale oder Empfindungen zu registrieren und zu artikulieren. Der Berater unterstützt den Klienten, indem er diesem durch das Wiederholen der Gefühle bzw. der Empfindungen die Möglichkeit bietet, sich diese Gefühle und die damit verbundenen Körperempfindungen 'genauer anzuschauen', sie überhaupt zuzulassen. Das Anschauen und das Zulassen der Empfindungen soll der Klient sprachlich ausdrücken. Die Angebote des Beraters erleichtern ihm die Artikulation seiner Gefühle. So kann dieser aufgefordert werden, ganz auf seinen Körper zu achten: 'Wo und was fühlen Sie körperlich? Sind die Gefühle angenehm oder unangenehm?', 'Was verbinden Sie mit diesen körperlichen Empfindungen?', 'Was verbinden Sie mit den aufkommenden Gefühlen?', 'Welche Gedanken kommen Ihnen?', 'Welche Assoziationen haben Sie?'.

Wenn die Entspannung mit der Erarbeitung oder Fokussierung eines bestimmten Problems verbunden wird, weiß der Berater, welche Körperpartien er gezielt ansprechen muss, z.B. die Schultern, die eine schwere Last zu tragen haben, die Beine und Füße, die sich nicht mehr bewegen können, oder die hintere Beckenregion, die steif und unbeweglich ist und schmerzt. Darüber hinaus gibt die gezielte Beobachtung des - in der Regel unkontrolliert ablaufenden - körperlichen Verhaltens dem Berater Hinweise, welche Körperpartien oder Körperregionen Signale aussenden. Unruhige Augenbewegungen, das Heben oder Senken der Schultern, der eingezogene Bauch oder die unruhigen Füße sind Hinweise, die körperliche Reaktion durch den Klienten artikulieren zu lassen.

Durchführungshinweise
Der Klient ist bereits angeleitet worden, sich in einen körperlich entspannten Zustand zu bringen (siehe Durchführungshinweise Baustein *Entspannung I*). Für die Anleitung der zweiten Stufe der Entspannung sind folgende Formulierungen geeignet:

a. Sie sind nun völlig entspannt und ruhig! Lassen Sie sich Zeit, sich auf sich selbst zu konzentrieren!
b. Wenn ein bestimmtes Gefühl oder ein besonderer Gedanke aufkommt, lassen Sie das Gefühl oder den Gedanken zu! Lassen Sie sich dabei Zeit!
c. Versuchen Sie nun, das Gefühl (den Gedanken) körperlich zu spüren! Spüren Sie intensiv Ihren Körper und achten Sie darauf, an welcher Körperstelle sich das Gefühl manifestiert!
d. Was fällt Ihnen dazu spontan ein?
e. Erzählen Sie mir, was Sie spüren oder denken?

Übungen
(1) Körperempfindungen spüren
Die Übung wird in Paaren durchgeführt. Die Teilnehmer nehmen wechselweise die Rolle des Klienten und des Beraters ein. Der Klient überlegt sich eine besonders emotional durchlebte (angenehme oder unangenehme) Situation, die er dem Berater nur in groben Zügen erzählt. Der Berater leitet eine Entspannungsübung an und fordert den Klienten auf, die Situation zu erzählen. Beim Erzählen soll der Klient seine körperlichen Empfindungen wahrnehmen und artikulieren, bzw. der Berater versucht, in geeigneten Passagen körperliche Empfindungen anzusprechen. Ist die Übung beendet, tauschen beide ihre Erfahrungen aus.

(2) Körperpartien fokussieren
Die folgende Übung mutet sehr künstlich an, aber durch mehrmaliges Üben erfahren die Teilnehmer Erstaunliches an und über sich.

Es wird, wie in Übung (1) in Paaren gearbeitet. Nach der Entspannungseinleitung fordert der Berater den Klienten auf, sich nur auf bestimmte Körperpartien oder Körperteile zu konzentrieren. Der Klient soll ganz bewusst und sehr intensiv die angesprochenen Körperpartien oder Körperteile 'in sich aufnehmen', nur auf das 'Geschehen in ihnen achten', die Veränderung spüren und darüber sprechen.

Beispiel: 'Konzentrieren Sie sich bitte nur auf Ihre Fußsohlen! Spüren Sie Ihre Fußsohlen auf dem Boden! Achten Sie einmal darauf, wie Sie den Boden oder die Fußsohlen wahrnehmen! Was fühlen Sie? Was geht in Ihnen jetzt vor? Welche Gedanken kommen Ihnen? Bemerken Sie Veränderungen?'

Besonders fokussiert werden können auch die Augen, das Becken, die Hände, der Bauch oder die Schultern.

Baustein 54: Entspannung III - Körperliche Entspannung, Körperempfinden und Imaginationen

Ziele:
1. Siehe Baustein *Entspannung I* und *Entspannung II*;
2. den Klienten zur tiefen Ruhe anleiten, die ihm eine Versenkung und Vertiefung erlaubt;
3. in tiefer Ruhe dem Klienten ermöglichen, imaginative Bilder zuzulassen, zu betrachten, wahrzunehmen und zu bearbeiten.

Siehe Baustein *Einsatz von Methoden*

Erläuterungen

Wir alle kennen die sogenannten Tagträume. Sie entstehen beim 'Vor-Sich-Hindösen' oder im Halbschlaf. Wir schlafen eigentlich nicht richtig, sind aber auch nicht richtig wach. Es ist eine Art Stadium zwischen Wachsein und Schlafen. In diesem entspannten Zustand tauchen häufig Bilder, Wunschvorstellungen oder Ereignisse auf, die uns entweder momentan beschäftigen oder die schon eine längere Zeit zurückliegen. Im Quasi-Dämmerzustand verarbeiten wir diese Bilder. Nach dem Aufwachen fühlen wir uns dann häufig nicht wohl, denn die Bilder und Geschehnisse ließen uns nicht richtig schlafen (tief entspannen), sie verfolgen uns teilweise noch eine Weile, und wir fühlen uns wie benommen. Mitunter sind diese Phasen mit leichten Schweißausbrüchen verbunden, die alles eher unangenehm machen, und manchmal benötigt man eine gewisse Zeit, bis man wieder 'richtig da ist'.

Mit dieser alltäglichen Erscheinung haben wir annähernd das umschrieben, was das Ziel der dritten Stufe der Entspannung ist, allerdings mit dem Unterschied, dass dieser Zustand künstlich herbeigeführt wird. Bei spezifischen Problemkonstellationen ist es angebracht, den Klienten zu einer tiefen Entspannung anzuleiten, um mit ihm an seiner Problematik vertiefend weiterzuarbeiten. Alle auftretenden (Begleit-)Erscheinungen sollen thematisiert werden.

Der Berater benennt das Problem bzw. den Problemzusammenhang und fordert den Klienten auf, die aufkommenden imaginativen Bilder, Vorstellungen oder Assoziationen zuzulassen, zu betrachten und wahrzunehmen. Aufgabe des Beraters ist es, eine Balance zu finden zwischen einem vorsichtigen, behutsamen und einfühlsamen Begleiten und einem vorsichtigen, behutsamen und einfühlsamen Führen. Er muss sich entscheiden zwischen einer engagierten Zurückhaltung und der Konfrontation des Klienten mit bestimmten Bildern.

Während der 'Arbeit an den Bildern' bleibt der Berater mit dem Klienten in verbalem Kontakt. Er spricht mit ihm, fragt ihn nach Erlebnissen, Begegnungen, Empfindungen, spiegelt Gefühle wieder, bittet ihn, sich besondere Bilder genauer anzuschauen, fordert ihn auf, länger in einem Bild zu verweilen und konfrontiert ihn mit bestimmten Ereignissen. Er achtet dabei besonders auf die nonverbalen Reaktionen des Klienten. Die nonverbalen Signale sollten angesprochen werden, denn das Wahrnehmen des körperlichen Empfindens während der Imaginationen kann äußerst aufschlussreich und weiterführend sein.

Nach der Betrachtung der Imaginationen in der Entspannung, bearbeiten Klient und Berater das Erlebte. Beide versuchen, gemeinsam zu ergründen, welche Bedeutung die Bilder, die Ereignisse, die Geschehnisse, die Landschaften, die Gefühle, die Vorstellungen usw. haben. Die gemeinsame Deutung bietet eine gute Grundlage, um an der eigentlichen Problematik weiterzuarbeiten.

Siehe Baustein *Innere Bilder erleben.*

Durchführungshinweise
Gerade bei der dritten Stufe der Entspannung muss ein gegenseitiges Vertrauen zwischen Klient und Berater aufgebaut sein. Der Berater erklärt dem Klienten, worauf er sich einlassen soll, wie er mit ihm arbeiten und dass nichts gegen den Willen des Klienten unternommen wird. Bei allem, was angeboten wird, bleibt es dem Klienten überlassen, ob er sich darauf einlassen will oder nicht. Der Klient muss das Vertrauen haben, dass der Berater tatsächlich nur das mit ihm macht, was vorher vereinbart worden ist.

Der Klient ist bereits angeleitet worden, sich in einen körperlich entspannten Zustand zu bringen (siehe Durchführungshinweise Baustein *Entspannung I*). Für die Anleitung der dritten Stufe der Entspannung sind folgende Formulierungen geeignet:

a. Sie sind nun völlig entspannt und ruhig!

b. Versuchen Sie sich, Ihr Problem zu vergegenwärtigen, und lassen Sie alle Bilder, Vorstellungen und Assoziationen hochkommen, die Sie damit verbinden! oder

c. Konzentrieren Sie sich auf sich selbst und lassen Sie alle Bilder, Vorstellungen und Assoziationen aufkommen, die gerade da sind! oder

d. Suchen Sie sich einen Ort oder einen Platz, an dem Sie sich geborgen und sicher fühlen. Lassen Sie alles geschehen oder auf sich zu kommen, was passiert!

Der Berater schützt den Klienten während der Arbeit vor zu starken emotionalen Einbrüchen. Der Schutz ist in diesem Zusammenhang der Berater in seiner Person. Der Klient muss das Gefühl und die Gewissheit haben, jederzeit aus einem bedrohlichen Zustand 'herausgeholt' zu werden. Bei negativen emotionalen Einbrüchen, d.h. der Klient hat sich so stark in die Imagination hineinbegeben, dass er vermutlich auch noch nach dem 'Erwachen' stark unter den erlebten Gefühlseindrücken stehen könnte, empfiehlt es sich, ja ist es mitunter sogar geboten, dem Klienten vor dem 'Erwachen' ein beruhigendes Bild, eine beruhigende Szene oder eine beruhigende Landschaft zur Entspannung anzubieten. Dafür sollte der Klient ausreichend Zeit haben. Nach dem unmittelbaren 'Erwachen' ('Öffnen Sie nun langsam die Augen! Recken und strecken Sie sich erst mal! Schauen Sie sich um, wo Sie wieder sind!') sollte man dem Klienten Zeit lassen, sich im 'Hier und Jetzt' wieder einzufinden.

Übungen

(1) Imaginatives Bild
Diese Übung lässt sich als Partnerübung durchführen. Der eine Teilnehmer übernimmt die Rolle des Beraters, der andere die des Klienten, danach wird gewechselt. Der Berater bringt den Klienten in Entspannung und bietet ihm nun ein 'Bild' an, das beim Klienten möglichst positive Assoziationen auslösen soll (Freude, Aktivität, Wärme, Geborgenheit, Spiel, Entspannung etc.). Nach der Übung geben sich die Partner über ihre Erfahrungen gegenseitig Feedback.

(2) Spiegelbild
Diese Übung ist als Einzelübung gedacht, allerdings sollte im Anschluss mit anderen Teilnehmern ein Erfahrungsaustausch stattfinden. Die Übung stellt hohe Anforderungen an Ungeübte. Sie kann meist aber nach mehrmaligem Ausprobieren auch zu Hause allein wiederholt werden. Die Teilnehmer brauchen einen Spiegel, der die halbe Körpergröße wiedergibt und senkrecht an eine Wand gestellt wird. Der Übende setzt sich in bequemer Position vor sein Spiegelbild. Die Übung kann im Notfall auch ohne Spiegel durchgeführt werden. Der Übende setzt sich dann vor die Wand und stellt sich sein Spiegelbild vor. Nachdem der Übende sich in ruhiger Position (möglichst unbeweglich) sitzend im Spiegel intensiv betrachtet hat (die Zeit muss jeder selbst für sich herausfinden), schließt er die Augen und konzentriert sich nur auf sein Bild. Es ist dabei wichtig, dass der Übende, wenn das Bild vor den Augen schwindet, sich bei geschlossenen Augen immer wieder seinem Bild zuwendet. Alle Gedanken, Assoziationen, Bilder, Vorstellungen und Erinnerungen von und über sich sollen - ohne darüber nachzudenken - ungestört fließen. Der sich 'innerlich Betrachtende' soll sein 'äußeres Selbst(Bildnis)' nicht 'aus den Augen' verlieren. Er soll immer wieder zu sich selbst zurückkehren.

Lösungsexploration

Vorbemerkungen

In der Regel erwartet der Klient vom Berater eine Lösung seines Problems. Dies ist ja auch der Grund, warum er sich in Beratung begibt. Der Klient sucht Hilfe bei einer anderen Person, in diesem Fall bei einem Experten. Die Erwartungshaltung des Klienten ist also immer auf eine Lösung ausgerichtet, da er professionelle Hilfe nicht in Anspruch nehmen würde, wenn er seine Probleme selbst lösen könnte. Es hilft dem Klienten daher in seiner Situation nicht, wenn der Berater ihm sagt, er müsse die Lösung selbst finden. Eine solche Haltung verunsichert den Klienten, oder er beginnt an der Kompetenz des Beraters zu zweifeln. Das kann letztlich zum Abbruch der Gespräche führen.

Die Erarbeitung von - für den Klienten 'passenden' - Lösungen ist ein entscheidender Bestandteil des Beratungsgesprächs. Dabei beginnt die Lösungsexplorationsphase erst, wenn im Verlauf des Beratungsprozesses geklärt wurde, wofür Lösungen gefunden werden sollen.

Das an der *klassischen Lösungsexploration* orientierte Vorgehen geht davon aus, dass ein Klient die für ihn angemessenen Lösungen selbst erarbeiten kann und muss. Er soll selbstständig Entscheidungen treffen, Handlungsalternativen entwickeln und mögliche Konsequenzen abwägen. Der Berater hat demzufolge ausschließlich die Aufgabe, diesen Prozess zu unterstützen und die Lösungsanstrengungen des Klienten kontinuierlich zu begleiten. Er hilft diesem bei der Bewältigung möglicher auftretender Hindernisse und Schwierigkeiten.

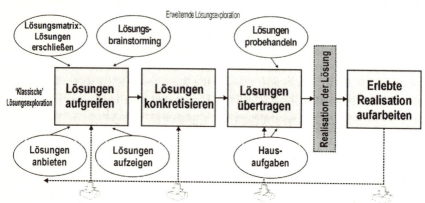

Abb. 3: Klassische und erweiternde Lösungsexploration

Der Ausgangspunkt der klassischen Lösungsexploration ist der Baustein *Lösungen aufgreifen*. Nach dem *Lösungen konkretisieren* und dem *Lösungen übertragen* werden die erarbeiteten Lösungen in der Praxis umgesetzt.

In der anschließenden Sitzung findet das *Erlebte Realisation aufarbeiten* statt. Diese Schritte kennzeichnen den Ablauf der Lösungsexplorationsphase, wie dieser sich aus den Grundlagen des Menschenbildes der humanistischen Psychologie ableiten lässt. Diese Schritte mit den zugeordneten Bausteinen sind in Abbildung 3 in rechteckiger Form dargestellt.

Die Praxis hingegen zeigt, dass es für viele Klienten hilfreich oder notwendig ist, gerade in der Lösungsexplorationsphase durch den Berater konkret unterstützt oder angeleitet zu werden. Die, in der Übersicht in runder Form dargestellten und im folgenden beschriebenen Bausteine der *Erweiternden Lösungsexploration* bieten dem Berater eine Reihe von Unterstützungsmöglichkeiten für den Klienten an, wenn die Erarbeitung von Lösungen auf dem 'klassischen' Weg nicht konstruktiv oder weiterführend verläuft.

Die Bausteine *Lösungsmatrix: Lösungen erschließen, Lösungen anbieten, Lösungen aufzeigen* und *Lösungsbrainstorming* kennzeichnen alternative Zugangswege für das Erarbeiten von Lösungen.

Die Bausteine *Lösungen probehandeln* und *Hausaufgaben* stellen konkrete Unterstützungsmöglichkeiten für das Übertragen und Umsetzen von Lösungen in die reale Problemsituation des Klienten dar.

Baustein 55: Lösungen aufgreifen

Ziele:
1. Während des gesamten Beratungsprozesses sensibel Lösungsmöglichkeiten bzw. Lösungsansätze registrieren, die der Klient direkt äußert oder indirekt andeutet;
2. diese Lösungsmöglichkeiten oder Lösungsansätze aufgreifen, dem Klienten widerspiegeln und sie damit als konkrete Möglichkeit in Erwägung ziehen.

Erläuterungen
Das 'Herzstück' und der Dreh- und Angelpunkt der Lösungsexplorationsphase ist das *Lösungen aufgreifen*. Hier kommt es ganz entscheidend auf das Einfühlungsvermögen des Beraters an. Er muss aus den vorangegangenen Gesprächen herausgehört haben, was dem Klienten an Lösungsmöglichkeiten zuzumuten bzw. nicht zuzumuten ist. Immer von der Prämisse ausgehend, dass der Klient selbst am besten weiß, was für ihn richtig, gut, zumutbar, möglich, verantwortbar oder machbar ist, hat der Berater in dieser Phase die Aufgabe, ihn bei der Entwicklung möglicher Lösungswege zu unterstützen. Er hilft ihm, diese zu artikulieren, und bestärkt ihn in seinen Lösungsansätzen. Erst auf diesem Wege erkennt der Klient, dass er selbst viele Lösungsmöglichkeiten in sich trägt, dass er viele Ideen hat und dass er nur Lösungen ins Auge fassen kann, die aus ihm selbst kommen. Er bemerkt an sich selbst, dass er auf die Lösungen anderer nicht angewiesen ist und nur die in ihm vorhandenen Lösungsmöglichkeiten zulassen und artikulieren muss.

Bei diesem Prozess hilft ihm der Berater, indem er sehr aufmerksam auf alles achtet, was der Klient an Lösungsmöglichkeiten benennt oder andeutet, ohne dass dieser selbst seine Ideen als Lösungsansätze begreift bzw. versteht. Dies geschieht oft schon zu einem frühen Zeitpunkt des Beratungsgesprächs. Der Klient ist zu dieser Zeit meist noch nicht bereit, diese Lösungsansätze aufzugreifen und daran zu arbeiten. Hier ist der Berater gefordert, diese Lösungsideen zu speichern, um sie zu gegebener Zeit aufzugreifen und in den Prozess einzubringen. Wiederholt der Berater die vom Klienten angedeuteten Lösungen mit dessen Worten, so erkennt sich der Klient wieder, findet sich bestätigt oder kann selbst Modifikationen vornehmen. In jedem Falle aber arbeitet der Klient somit an einem 'Stück' von sich selbst; er begreift, dass der Lösungsweg oder die Lösungsidee von ihm selbst stammen, und fühlt sich bestätigt.

Beispiel: Ein Klient fühlt sich in seiner beruflichen Position überfordert. Schon zu Beginn des Gesprächs (in der deskriptiven Phase) sagt er: „Es kommen immer mehr Aufgaben hinzu, es ist schrecklich. Wenn ich alles überdenke, was mich da so kaputtmacht, dann möchte ich am liebsten die Verantwortung loswerden. Immer die ewigen Auseinandersetzungen mit den Kollegen, und immer ..." Die beiläufig genannte Lösung, die Verantwortung abzugeben, greift der Berater in der Lösungsexplorationsphase wieder auf.

Übungen

(1) Lösungen heraushören
In Paaren werden wechselweise die Rollen Klient und Berater eingenommen. Der Klient erzählt ein (klar eingegrenztes) Problem, für das er Lösungen sucht. Der Berater versucht, während er zuhört, gezielt darauf zu achten, ob der Klient im Laufe seiner Schilderungen mögliche Lösungen direkt benennt oder indirekt andeutet. Nachdem der Klient zu Ende erzählt hat, bietet der Berater die herausgehörten Lösungen an. Beide klären dann gemeinsam im Gespräch, ob die Lösungen realisierbar sind. Danach beginnt das zweite Gespräch.

(2) Lösungen aus der Vergangenheit aufgreifen
Es ist durchaus vorstellbar, dass der Klient in Bezug auf ein bestimmtes Problem keinerlei Lösungsideen oder -vorstellungen entwickelt. Dies kann daran liegen, dass er durch die momentane Problematik vollständig blockiert ist. Eine Möglichkeit, aus dieser Sackgasse herauszukommen, besteht darin, ihn an ähnliche, frühere Probleme zu erinnern und ihn aufzufordern, zu erzählen, wie er damals seine Probleme gelöst hat. Der Klient berichtet detailliert von konkreten Situationen und der damals praktizierten Lösung.

Dieses Vorgehen kann als Übung für die Teilnehmer genutzt werden. In Dreiergruppen übernehmen sie die Rollen des Klienten, des Beraters und des Beobachters. Geübt wird im Wechsel.

Ziel dieser Übung ist es, dem übenden Klienten zu zeigen, dass er früher selbst schon zu Lösungen gefunden hat, d.h. dass er selbst die Kraft und die Fähigkeit besitzt, eigene Lösungen zu finden, und dass er diese Kraft auch für die anstehende Problematik in sich trägt. Diese positive Kraft gilt es zu mobilisieren.

(3) Lösungen spekulieren
Die Teilnehmer bearbeiten die Übungsbeispiele (siehe Übungsbögen 'Übungsbeispiel I und II', Arbeits- und Trainingsbögen, Kap. 5) unter der Aufgabenstellung, sich zu überlegen, welche Lösungsansätze zu den genannten Beispielen vermutlich passen.

Baustein 56: Lösungsmatrix: Lösungen erschließen

Ziele:
1. Den Klienten mit Hilfe der Lösungsmatrix bei der Erschließung seiner Lösung(en) unterstützen;
2. die für den Klienten relevanten psychischen Indikatoren (elementaren Bedürfnisse) erfassen und ihm bewusst machen;
3. psychische Indikatoren als eine Entscheidungsgrundlage nutzen, um mittel- und langfristige Lösungen anzubahnen;
4. den Klienten bei der Erschließung innerer Lösungen unterstützen, wenn äußere Lösungen nicht möglich sind.

Erläuterungen
Gerade beim Erschließen passender Lösungen ist es für den Berater wichtig, die relevanten psychischen Indikatoren des Klienten für das Bestimmen und Auswählen von Lösungen zu erfassen. Unter psychischen Indikatoren werden die elementaren und existentiellen Bedürfnisse einer Person verstanden, die im Rahmen zufriedenstellender Lösungen befriedigt werden müssen. Psychische Indikatoren können beispielsweise Freiheit, Selbstbestimmung, Geborgenheit, Sicherheit, Angstfreiheit, Selbstachtung, Zuneigung und Liebe sein. Sie lassen sich mit Hilfe der sogenannten Lösungsmatrix aufdecken. Die Lösungsmatrix ist ein heuristisches Modell zur Erarbeitung mittel- oder langfristiger Lösungen.

Die schematische Abbildung verdeutlicht das Denkmodell möglicher Lösungsvarianten anhand von vier Schlüsselfeldern:

ideale Lösung	reale Lösung
innere Lösung	äußere Lösung

Die Lösungsmatrix dient dem Berater entweder als 'Hintergrundfolie' beim Erschließen von Lösungen oder sie wird dem Klienten erläutert und gemeinsam bearbeitet (siehe Baustein *Lösungen aufgreifen*).

Beim Erschließen möglicher Lösungen werden die vier Lösungsvarianten einzeln (mit dem Klienten) durchgegangen:

(1) Ideale Lösung
Die Ideallösung entspricht der Wunschvorstellung einer optimalen Problemlösung. Eine ideale Lösung ist von der Realisierbarkeit, von den Moralvorstellungen und von gesetzlichen Einschränkungen unabhängig. Meistens ist die Ideallösung nicht erreichbar. Durch das Analysieren der idealen Lösung lassen sich jedoch die unerfüllten, psychischen Indikatoren des Klienten herausarbeiten, die in den geäußerten Wunschvorstellungen zumeist nur verborgen (implizit) enthalten sind.

(2) Reale Lösung
Unter Reallösungen werden alle Lösungen verstanden, die für den Klienten *im Prinzip realisierbar* sind. Es sind hier auch Lösungsideen gemeint, die beispielsweise nicht gänzlich der Moralvorstellung des Klienten entsprechen oder nicht wirklich stimmig zu der Person bzw. nicht zu der Situation des Klienten passen.

(3) Äußere Lösung
Äußere Lösungen sind alle Lösungen, die der Klient allein oder mit Hilfe anderer durch Veränderungen innerhalb der vorgegebenen räumlichen, institutionellen, gesellschaftlichen und/oder sozialen Rahmenbedingungen umsetzen kann.

(4) Innere Lösung
Mit inneren Lösungen sind Lösungen gemeint, die der Klient durch die Veränderung seiner inneren Einstellungen findet, ohne dass es zu äußeren Veränderungen kommt. Meist beinhalten diese Lösungen einen tragbaren Kompromiss mit sich selbst. Bedingt werden innere Lösungen durch die Unveränderlichkeit der äußeren Umstände.

Durchführungshinweise
Die Bearbeitung der Felder innerhalb der Lösungsmatrix ist variabel. Die Arbeit im Gespräch kann durch die Visualisierung der erarbeiteten Lösungen unterstützt werden.

Die übliche Durchführung erfolgt in drei Schritten:

1. Schritt: Erschließung und Analyse der Ideallösung
Der Klient wird gebeten, seine Ideallösung zu formulieren. Eine mögliche Frage kann hier sein: „Stellen Sie sich vor, Sie hätten alle Macht der Welt.

Alle Wünsche, so unmöglich Sie auch erscheinen mögen, werden erfüllt. Wie würde dann Ihr Problem gelöst sein?"

Der Berater unterstützt den Klienten bei der Beantwortung der Frage kreative, verrückte, absurde, unmoralische und auch gesetzeswidrige Lösungen zu artikulieren, da die psychischen Indikatoren sich anhand von 'geheimen' (bzw. verheimlichten) Wünschen, Hoffnungen, Träumen, Sehnsüchten und Vorstellungen am deutlichsten herausarbeiten lassen. Ein Beispiel soll dies veranschaulichen: Eine Klientin nennt die Ideallösung: „Am liebsten würde ich den Rest meines Lebens mit diesem Mann glücklich sein."

Die in diesem Wunsch verborgenen, unerfüllten psychischen Indikatoren der Klientin können Liebe, Zuneigung, Schutz, Geborgenheit und Sicherheit sein.

2. Schritt: Erschließung von Reallösungen
Da die Ideallösung selten realisierbar ist, werden im zweiten Schritt Reallösungen unter Beachtung der Bausteine *Lösungen aufgreifen, Lösungen anbieten* und *Lösungsbrainstorming* erschlossen und gesammelt.

3. Schritt: Auswahl der umzusetzenden Lösung
Berater und Klient vergleichen die Ideallösung mit den Reallösungen und beurteilen sie in Bezug auf ihre Umsetzbarkeit. Bei der Auswahl einer geeigneten, realisierbaren Lösung gilt es, darauf zu achten, dass die wichtigsten psychischen Indikatoren - zumindest im Ansatz - darin enthalten sind und die Befriedigung der elementaren Bedürfnisse für den Klienten sicher gestellt wird.

Zunächst wird überprüft, ob etwas an den äußeren Rahmenbedingungen verändert werden kann, ob also äußere Lösungen gefunden werden können. Ist eine Veränderung der äußeren Bedingungen nicht möglich und der Klient möchte sich der Situation nicht ganz entziehen, versuchen Klient und Berater, eine innere Lösung zu finden. In diesem Fall schließt der Klient einen für ihn tragfähigen Kompromiss mit sich selbst.

Ein Beispiel für eine innere Lösung: Ein Klient leidet sehr unter dem, seiner Meinung nach, inkompetenten und autoritären Schulleiter. Eine Veränderung der Situation, außer sich an eine andere Schule zu bewerben, gibt es nach der Exploration der Reallösungen für den Klienten nicht. Es kommt für ihn aber auch nicht in Frage, die Schule zu verlassen. In diesem Fall ist der Ansatzpunkt für eine innere Lösung, seine innere Einstellung gegenüber dem Schulleiter zu verändern. Klient und Berater entwickeln gemeinsam, wie diese Änderung aussehen kann. Die, in der vom Klienten genannten Ideallösung, bedeutenden psychischen Indikatoren waren Unabhängigkeit und In-Ruhe-Gelassen-Werden. Der Klient beschließt für sich, daran zu arbeiten, sich von dem inneren Druck zu befreien, dem Schulleiter über die eigenen Tätigkeiten zu berichten (einem Vorgesetzten gegenüber Rechenschaft ablegen zu müssen).

Nach der Lösungsauswahl wird im Rahmen der Lösungsexplorationsphase mit den Bausteinen *Lösungen konkretisieren* und *Lösungen übertragen* weitergearbeitet.

Übung
(1) Ideallösung für ungelöste Probleme
In Partnerarbeit wird festgelegt, wer zuerst in die Rolle des Klienten geht und ein Problem aus der Vergangenheit schildert, das bis heute für ihn ungelöst oder nur teilweise gelöst ist. Nachdem der Berater zugehört hat, erarbeitet er mit dem Klienten seine Ideallösung und die damit verbundenen psychischen Indikatoren. Im Anschluss werden mögliche Reallösungen überlegt, die das Problem vielleicht doch noch lösen. Danach wechseln Klient und Berater die Rollen.

Baustein 57: Lösungen anbieten

Ziele:
1. Erkennen, wo und welche Lösungsmöglichkeiten bzw. Lösungsansätze sich aus der Problematik ergeben könnten;
2. diese dem Klienten anbieten, wenn im Verlauf des Beratungsprozesses von ihm selbst keine Lösungsmöglichkeiten bzw. Lösungsansätze benannt oder andeutet worden sind (siehe Baustein *Lösungen aufgreifen*);
3. durch mehrere Angebote weitere Lösungsansätze bei dem Klienten anregen;
4. mit dem Klienten nicht über Lösungen diskutieren.

Erläuterungen
In vielen Fällen bieten Klienten im Laufe des Beratungsprozesses Lösungsmöglichkeiten oder -ideen an, die dann vom Berater aufgegriffen werden können. Oft sind die Lösungsvorstellungen des Klienten aber verschlüsselt in anderen Botschaften enthalten. Hier ist es die Aufgabe des Beraters, diese herauszuhören und sie dem Klienten 'wiederzugeben'.

Wenn der Klient selbst aber keine Lösungsideen benennt und der Berater auch keine Lösungsansätze aus dem Gesagten heraushört, sollte dieser versuchen, Lösungsmöglichkeiten für den Klienten zu erkennen bzw. zu erschließen, die sich aus der geschilderten Problematik ergeben könnten oder sich für den Klienten als Denkmöglichkeit anbieten. Der Berater bringt diese Lösungsmöglichkeiten dann als Angebote in das Gespräch ein. Er kann auch dann Lösungsangebote einbringen, wenn die bisher gefundenen Lösungen sich als nicht passend für den Klienten herausstellen bzw. das Benennen von mehreren Lösungsalternativen für die Problemlösung sinnvoll erscheint.

Es bedarf dabei einer besonderen Fähigkeit bzw. Schulung, diese Lösungsangebote nicht als Ratschläge zu formulieren oder den Eindruck zu erwecken, dass bestimmte Möglichkeiten favorisiert werden. An dieser Stelle soll noch einmal auf den Unterschied zwischen Lösungsangeboten und Ratschlägen eingegangen werden. Pädagogen neigen zuweilen dazu, ihrer Klientel Ratschläge zu geben. Nun sind diese zwar wohlgemeint und für spezifische Situationen auch angebracht und wirkungsvoll. Sie vermitteln häufig aber einen Hauch von Besserwisserei, denn sie dividieren die Partner in Überlegene und Unterlegene. Bei Lösungsangeboten darf der Eindruck von Belehrung gegenüber dem Klienten erst gar nicht aufkommen. Bei gegenseitiger Wertschätzung von Klient und Berater wird es auch in der Regel nicht zu einem Überlegenheits- bzw. Unterlegenheitsgefühl kommen. Damit sie aber dennoch vom Klienten nicht falsch verstanden werden, sollen die angebotenen Lösungen vom Berater so formuliert sein, dass sie alternative Möglichkeiten als Denkimpulse aufzeigen. Der Klient muss die Lösungsangebote als natürliche, d.h. logische oder zwingende Schlussfolgerungen aus seiner Problematik verstehen, welche der Berater lediglich in Worte fasst. Sie müssen so formuliert sein, dass der Klient gedanklich sofort 'einsteigen' und damit weiterarbeiten kann. Die Angebote des Beraters haben in diesem Zusammenhang die Funktion, den Klienten zum 'lauten Mitdenken' anzuregen, so dass er sich die Lösungsideen zu eigen machen, modifizieren oder verwerfen kann. Sie sollen den Klienten 'anstacheln', selbst wieder kreativ zu denken und zu handeln.

Auch wenn der Berater hier aufgefordert wird, Lösungen anzubieten, muss das Ziel erhalten bleiben, den Klienten selbst arbeiten zu lassen und ihn aktiv am Lösungsfindungsprozess zu beteiligen. Sonst kann das Anbieten von Lösungen auch in der Lösungsexplorationsphase zum Gesprächsstörer werden (siehe Baustein *Gesprächsstörer vermeiden*).

Siehe Bausteine *Lösungsmatrix: Lösungen erschließen* und *Lösungen aufzeigen*.

Übung
(1) Lösungsangebote
In Dreiergruppen übernehmen die Teilnehmer die Rollen des Klienten, des Beraters und des Beobachters. Geübt wird im Wechsel. Der Klient thematisiert ein selbstgewähltes Problem und die Lösungen, die er bereits verworfen hat. Der Berater bietet ihm anschließend Lösungen an, die er für das geschilderte Problem für denkbar hält oder die sich für ihn als konstruktive Lösungsansätze aus den verworfenen Lösungen herausziehen lassen. Der Beobachter achtet besonders darauf, dass die Lösungsangebote vom Berater nicht als Ratschläge vermittelt werden.

Baustein 58: Lösungen aufzeigen

Ziele:
1. Erkennen, wann die Lebenssituation des Klienten direktive bzw. Kriseninterventionen des Beraters nötig erscheinen lassen;
2. dem Klienten für sein Problem und/oder seine Lebenssituation Lösungsmöglichkeiten aufzeigen und Vorschläge machen;
3. die Lösungsmöglichkeiten und Vorschläge in ihrer Bedeutung und Wirkung für den Klienten erläutern und mit ihm gemeinsam durchsprechen;
4. die Lösungsvorschläge zum Anlass nehmen, über weitere Lebensperspektiven des Klienten nachzudenken.

Erläuterungen

In der klassisch ausgerichteten Gesprächspsychotherapie wird dem Therapeuten beigebracht, dem Klienten während der Therapie keine Vorschläge für die Lösung seiner Probleme zu unterbreiten. Der Klient wisse selbst, was er zu tun habe und was für ihn richtig und sinnvoll sei.

Gegen diese grundsätzliche Auffassung ist auch im Prinzip nichts einzuwenden, sie trifft den Kern der pädagogisch-therapeutischen Arbeit (siehe Baustein *Lösungen aufgreifen*). Wenn dieses 'Quasiverbot' dennoch in bestimmten Fällen von Therapeuten und Beratern unterlaufen wird, dann begründet sich dieses Unterlaufen oder Umgehen aus der konkreten Praxiserfahrung. Es gibt Klienten, die sich in so umfassenden Krisensituationen befinden oder so stark in eine Problematik verstrickt sind, dass sie für sich selbst keine Möglichkeiten des Handelns sehen oder erschließen können.

Darüber hinaus können Klienten es aufgrund ihrer Sozialisation (Lebensgeschichte) nie gelernt oder wieder verlernt haben, selbst Lösungen zu suchen und zu finden. Diese Muster können dabei in engem Zusammenhang mit der Problematik stehen, die sie so erdrückt, dass sich der Blick für andere Möglichkeiten immer mehr verengt und schließlich völlig verschließt. Sie sind so disponiert, dass sie immer auf die Lösungen anderer angewiesen waren und sind oder sie von anderen (z.B. von den Eltern) vorgegeben bekamen. Diese Klienten sprechen sich infolgedessen oft die Fähigkeit zur eigenen Lösungsfindung ab. Die Erwartungshaltung solcher Klienten ist eindeutig: Der Berater hat ihnen Lösungen oder Ratschläge anzubieten - er wird in der Rolle des Fachmannes gesehen, der weiß, was richtig oder falsch ist. Die Unfähigkeit zur eigenen Lösungsfindung sollte in solchen Fällen im weiteren Verlauf auch selbst zum Thema der Beratung werden.

In diesen Ausnahmefällen kann es für den Klienten hilfreich sein, vom Berater Lösungen aufgezeigt zu bekommen und damit für einen begrenzten Zeitraum beim Finden und Umsetzen von Lösungen 'an die Hand genommen zu werden'. Die vom Berater eingebrachten Lösungsmöglichkeiten und Vorschläge sollen dem Klienten in seiner Orientierungslosigkeit bzw.

in akuten Krisensituationen Halt, Sicherheit und Orientierung geben. Die aufgezeigten Lösungen müssen gerade in diesen Fällen oft sehr kleinschrittig in allen Einzelheiten thematisiert werden, weil für Klienten vielfach auch das Umsetzen von eigentlich selbstverständlichen Handlungen oder Schritten eine Überforderung darstellen kann. Der Berater muss dabei besonders im Rahmen von Krisenintervention die Verantwortungsübernahme für den Klienten und mögliche entstehende Abhängigkeiten von der Beratung oder von der Person des Beraters im Blick behalten und gegebenenfalls thematisieren (siehe Baustein *Alter Ego*).

Das Aufzeigen von Lösungen, auch für die konkrete Bewältigung und Gestaltung des Lebensalltages oder konkret anstehender Problemsituationen bieten dem Klienten Anhaltspunkte für die nächsten Schritte und können diesem wieder Mut machen, auf einen eigenen stabileren Weg zurück zu finden. Nach der Bewältigung der aktuellen Krise bzw. der subjektiv empfundenen Handlungsunfähigkeit nimmt der Berater sich im Einfluss auf den Beratungsprozess wieder mehr zurück, um mit dem Klienten in der Folge die Krise bzw. Handlungsunfähigkeit grundsätzlicher und substanzieller zu bearbeiten. Der Klient wird so angeleitet, eine Übernahme von mehr Selbstverantwortung für die Lösung seiner Probleme neu zu entwickeln oder zurück zu gewinnen.

Beispiel: Eine ältere Klientin leidet unter Kontaktmangel. Über die Bedeutung von Kontakt wurde in der Beratung schon ausführlich gesprochen. Dann sagt die Klientin: „Ich weiß wirklich nicht, wie ich es anstellen kann. Als Alte will mich doch auch niemand haben. Ich habe auch schon häufig gedacht, dass man gar nicht so alt werden muss. Wie soll denn das überhaupt noch mal was werden? Es ist so hoffnungslos." Berater: „Wenn Sie es doch versuchen wollen, gibt es z.B. die Möglichkeit, in ein Seniorencafé zu gehen." Pause. „Oder sich für einen Kursus in der Volkshochschule einzuschreiben." Pause. „Oder sich einer Gruppenreise anzuschließen." Klientin: „Sie meinen im Urlaub?" Berater: „Ja, zum Beispiel im Urlaub." Klientin: „Das habe ich zwar noch nie gemacht, aber es hätte zumindest den Vorteil, dass ..."

Siehe Baustein *Lösungen anbieten*.

Übungen
(1) Lösungen und Vorschläge zur Lebensgestaltung
In Kleingruppen tauschen die Teilnehmer Informationen aus ihrem Privatleben aus. In den Gesprächen wird deutlich werden, dass sich (fast) alle im Alltag mit bestimmten Tätigkeiten, Handlungen oder Gewohnheiten schwer tun. Aber durch den sich einschleichenden Alltagstrott werden viele Veränderungen verhindert. Passend zu diesen alltäglichen Abläufen sollen die Teilnehmer spontan Lösungen und Vorschläge für Veränderungen zusammentragen.

Baustein 59: Lösungsbrainstorming

Ziele:
1. Gemeinsam mit dem Klienten alle denkbaren Lösungsmöglichkeiten im Brainstorming sammeln, wenn im Verlauf des Beratungsprozesses keine oder zu wenig geeignete Lösungsansätze benannt oder andeutet worden sind (siehe Baustein *Lösungen aufgreifen*);
2. an den denkbaren Lösungsmöglichkeiten persönlichkeitsspezifische Denk- und Verhaltensmuster des Klienten erkennen.

Erläuterungen
Wir neigen dazu, mögliche Lösungen für irgendwelche Probleme schnell beiseite zu schieben oder sofort zu verwerfen, weil wir zu schnell sagen oder denken: 'Das geht nicht!' Dies blockiert in der Regel die Entwicklung neuer, kreativer Lösungen.

Wenn Klienten nicht in der Lage sind, eigenständig Lösungswege zu entwickeln oder die bisher thematisierten Lösungsideen wenig erfolgversprechend oder originell sind, kann der Berater mit dem Lösungsbrainstorming eine zusätzliche methodische Möglichkeit für die Lösungsexploration anbieten.

Das 'Brainstorming' ist ein Verfahren der freien Assoziation, in dem die unmöglichsten und 'verrücktesten' Gedanken und Ideen ihre Berechtigung finden. In der Lösungsexplorationsphase liegt dessen Bedeutung im Finden und Nennen möglichst vieler für das Problem denkbarer Lösungsideen. Der Berater muss dabei alle genannten Ansätze annehmen und wertschätzen, so dass im Anschluss auch die verrücktesten Ideen auf ihr kreatives Lösungspotenzial hin betrachtet werden können. Klienten können in ihrer Problematik so sehr verhaftet sein, dass sie nur eingeschränkt kreativ sein und im Brainstorming nur wenig Lösungsideen benennen können. Der Berater muss dann auf ihre jeweilige momentane Befindlichkeit Rücksicht nehmen.

Im Verlauf des Lösungsbrainstormings sollte der Berater den Klienten ermutigen, 'im Fluss zu bleiben' und alle ihm einfallenden Lösungen unreflektiert auszusprechen, ohne diese sofort genauer zu betrachten. Der Klient kann so bemerken, wie viele Lösungsansätze ihm einfallen, von denen er vorher nichts wusste. Das stärkt sein Selbstbewusstsein und steigert die aktive Mitarbeit im Beratungsprozess. Die genannten Lösungen können sich so gegenseitig 'beflügeln' und immer mehr Impulse hervorbringen.

Beim Lösungsbrainstorming soll die Frage nach der konkreten Realisierbarkeit der genannten Lösungen zunächst ausgeklammert bleiben, um den kreativen Prozess nicht zu unterbrechen. Die angstfreie Atmosphäre im Beratungssetting gestattet dem Klienten, sich auch ungewöhnlichen Lösungsideen gegenüber zu öffnen. Manch ein Klient hat nämlich durchaus schon 'heimlich' gedachte Lösungen für sein Problem parat, wagt es aber nicht, diese Ideen auszusprechen, geschweige denn, mit jemandem zu besprechen. Ängste, Skrupel oder die möglichen Konsequenzen verhindern, dass diesen Möglichkeiten weiter nachgegangen wird. Die angstfreie Atmosphäre und die Aufforderung zum Brainstorming sollen die Möglichkeit eröffnen, alle Lösungen 'öffentlich' zu artikulieren. Die Artikulation moralisch verpönter Lösungen etwa mag vorübergehend eine Kataplexie (Schrecklähmung) auslösen, bewirkt letztlich jedoch einen kathartischen (läuternden, befreienden) Effekt. Allein das Aussprechen eines vermeintlich verbotenen, heimlichen oder angstbesetzten Gedankens wirkt mitunter wie eine Erlösung.

Die vom Klienten genannten Lösungsmöglichkeiten können dem Berater darüber hinaus Hinweise geben, welche persönlichkeitsspezifischen Denk- und Verhaltensmuster beim Klienten vorliegen. Beispielsweise ließen sich aus den genannten Lösungsansätzen Tendenzen ablesen, dass ein Klient unbedingt (psychologischen oder materiellen) Schaden vermeiden will oder ein anderer auf Rache sinnt. Diese impliziten Denk- und Wertmuster können weiter bearbeitet oder beim Erarbeiten von Lösungen berücksichtigt werden.

Durchführungshinweise
Siehe die Durchführungshinweise des Bausteins *Freie Assoziation*.

Die Regeln für das Brainstorming lauten stichwortartig: Freie Äußerung der Gedanken ermöglichen - möglichst viele, auch unübliche, verrückte Ideen produzieren - keine Unterbrechungen des Ideenflusses durch andere zulassen - keine wertenden Kommentare zulassen - Ideen schriftlich festhalten (oder gedanklich speichern) - Pausen zum Nachdenken geben - Ideen unabhängig von der Realisierbarkeit produzieren.

Der Berater schreibt alle vom Klienten geäußerten Lösungsideen mit oder zeichnet das Brainstorming mit einem Tonband auf.

Im Anschluss an das Brainstorming gehen Berater und Klient gemeinsam alle genannten oder angedeuteten Lösungsmöglichkeiten durch, um sie wie 'auf einem Tablett angeordnet' sichtbar zu machen. Eine visualisierte Übersicht der Lösungsansätze unterstützt die Weiterarbeit und macht diese fassbarer.

Siehe Baustein *Lösungen konkretisieren*.

Im Unterschied zum Baustein *Freie Assoziation* ist es im Lösungsbrainstorming auch möglich, dass der Berater sich am Brainstorming beteiligt und von sich aus Lösungen nennt. Das bedeutet aber, dass die Ergebnisse nicht klientenspezifisch 'analysiert' werden können (siehe Baustein *Lösungen anbieten*).

Übung
(1) Brainstorming
Die Teilnehmer bilden Kleingruppen und führen gemeinsam die Methode Brainstorming zu einer vorher festgelegten Fragestellung durch, die nach

Lösungsmöglichkeiten für ein Problem fragt. Die Auswahl der Fragen sollte sich an den Interessen der Anwesenden orientieren (z.B. 'Wie schaffe ich es bei der Erledigung von Aufgaben nicht immer unter Zeitdruck zu geraten?', 'Wie gehe ich vor, wenn ich eine Gehaltserhöhung erreichen will?').

Baustein 60: Lösungen konkretisieren

Ziele:
1. Die Lösungsbearbeitung bewertungsfrei gestalten, um unbefangen gemeinsam mit dem Klienten Lösungen zu konkretisieren;
2. den Klienten auffordern, die vorstellbaren Lösungsmöglichkeiten 'laut zu durchdenken' und konkret auszumalen;
3. mögliche Konsequenzen der einzelnen Lösungen mit dem Klienten durchgehen und abwägen;
4. die konkretisierten Lösungen überprüfen und sich für eine entscheiden.

Erläuterungen
Dem Klienten nützt es wenig, wenn er Lösungsmöglichkeiten nur erkennt und sie sich nur vage vorstellt. Sie nützen ihm erst dann etwas, wenn er sie konkretisiert. Die Konkretisierung erfolgt zunächst verbal, d.h. der Klient soll die erwogenen Lösungen in der Beratungssituation mit Unterstützung durch den Berater konkret ausmalen. Dieses verbale Ausmalen verhilft ihm dazu, sich die Details und Schwierigkeiten besser vorstellen zu können und Konsequenzen zu bedenken. Der Berater unterstützt den Klienten durch das Widerspiegeln der konkreten Auswirkungen von Lösungen und durch ein kleinschrittiges, gründliches Vorgehen. Dem Klienten wird dadurch darüber klar, ob er zu der erwogenen Lösung stehen kann oder noch Modifikationen vornehmen muss. Die Beziehung des Klienten zum Berater muss dabei so vertrauensvoll sein, dass auch mögliche Bedenken, Befürchtungen, peinliche Anteile, etc. thematisiert werden können.

Wenn der Klient mehrere Lösungen für denkbar hält, müssen diese deutlich voneinander getrennt durchgegangen und konkretisiert werden. Der Berater hat die Aufgabe, den Konkretisierungsprozess so zu begleiten, dass der Klient sich nach dem 'Trichter-Prinzip' Schritt für Schritt der für ihn passendsten und angemessensten Lösung nähert.

Beispiel: Eine Klientin erwägt die Trennung von ihrem Ehemann. Der Berater fordert sie auf, die Auswirkungen und Konsequenzen dieser Lösung konkret zu beschreiben. Sie sagt: „Ich habe zum ersten Mal den Mut, offen über Trennung nachzudenken, weil ich früher immer dachte, eine Frau muss zu ihrem Mann halten, komme was wolle. Wenn ich jetzt konkret darüber nachdenke, was das bedeutet, fällt mir auf, dass sich das für mich gar nicht so niederschmetternd anfühlt. Die Kinder sind aus dem Haus. Was den Alltag angeht, haben wir sowieso keine großen Gemeinsamkeiten. Jeder macht, was er will. Was Trennung oder vielleicht Scheidung finanziell oder rechtlich bedeutet, da muss ich mich noch mal schlau machen, aber eine Katastrophe wird das nicht. Und ich fühle eine total unbekannte Freiheit, wenn ich mir vorstelle, dass ich mir keine Gedanken mehr machen muss, was wir uns denn noch mal vornehmen könnten, um uns nicht zu langweilen. Und ich würde mich endlich dann mit Freundinnen treffen können, wann ich das will. Allerdings fällt mir ein, dass es noch mal schwer wird, das allen Freunden und Bekannten zu erklären. Na ja."

Am Ende der Konkretisierung steht die Entscheidung für die Lösung, die der Klient in seiner realen Problemsituation ausprobieren bzw. umsetzen will. Spätestens im Zusammenhang mit dieser Entscheidung findet noch einmal eine letzte Überprüfung der ausgewählten Lösung statt. Klienten empfinden es zumeist als Unterschied, über eine Lösung zu sprechen oder sich konkret für sie zu entscheiden. Der Berater unterstützt den Entscheidungsprozess und leitet den Klienten an, sich (möglichst) zu entscheiden (siehe Baustein *Entscheidungszwang*).

Die ausgewählte Lösung wird im Anschluss mit Hilfe des Bausteins *Lösungen übertragen* für die Umsetzung in der Realsituation operationalisiert.

Übung

(1) Lösungen ausmalen
Die Teilnehmer bilden Paare und sprechen ab, wer in der Rolle des Klienten bzw. des Beraters beginnt. Der Klient wählt einen vorhandenen Wunsch aus seinem aktuellen Lebenszusammenhang aus, für dessen Realisierung er nicht nur Lösungsmöglichkeiten aufzeigen, sondern vielmehr auch eine Lösung gedanklich 'konkret ausmalen' soll. Der Berater begleitet ihn bei der Erarbeitung und Konkretisierung der Lösung und bietet geeignete Visualisierungsmöglichkeiten an. Nach einem kurzen Austausch wechseln die Rollen.

Baustein 61: Lösungen übertragen

> **Ziele:**
> 1. Die ausgewählte Lösung in die reale Problemsituation des Klienten übertragen;
> 2. gemeinsam mit dem Klienten die mit der Lösung verbundenen Handlungsmöglichkeiten und Vorgehensweisen durchspielen;
> 3. die zumutbaren, machbaren von den unzumutbaren, nicht machbaren Handlungsmöglichkeiten und Vorgehensweisen trennen;
> 4. für unzumutbare, nicht machbare Handlungsmöglichkeiten und Vorgehensweisen Alternativen finden;
> 5. die Handlungsmöglichkeiten und Vorgehensweisen kleinschrittig und genau operationalisieren - ein 'Drehbuch' entwerfen;
> 6. dem Klienten gegebenenfalls Handlungsvorschläge machen.

Erläuterungen
Nachdem der Klient in der angstfreien Beratungssituation mögliche Lösungswege erarbeitet hat, und sich für eine Lösung entschieden hat, die für ihn in Frage kommt, geht es nun darum, die Lösung auf die reale Problemsituation zu übertragen.

Die benannte Lösung wird im Rahmen des Gesprächs fiktiv auf die Problemsituation und Problemwelt des Klienten übertragen. Bei dieser gedanklichen Übertragung auf die reale Lebenssituation werden dem Klienten möglicherweise Schwierigkeiten und Probleme bei der Umsetzung deutlich, an die er noch nicht gedacht hat. Es werden Handlungsmöglichkeiten und Vorgehensweisen erörtert, analysiert und exakt durchgesprochen. Es geht hier - im Sinne einer Operationalisierung - auch um Details, die bei der Umsetzung der Lösung in der Realsituation bedacht werden müssen. Auch auf der Handlungsebene können Widerstände zutage treten, die der Berater wahrnehmen und benennen muss. Es geht in diesem Schritt dann vielfach nicht mehr darum, diese Widerstände aufzulösen, sondern dem Klienten seine Grenzen aufzuzeigen und diese bei der Erarbeitung von Vorgehensweisen und Strategien antizipierend mit einzubeziehen.

Es gibt nun Fälle, in denen der Klient zwar Lösungen erarbeitet, sich aber nicht zutraut, diese auch in der realen Lebenswelt bzw. Problemsituation umzusetzen. Gemeinsam mit dem Klienten sollte der Berater dann versuchen, alternative Handlungsmöglichkeiten und Vorgehensweisen zu finden, die für den Klienten zumutbar bzw. machbar sind. Dabei kann der Berater dem Klienten auch Handlungsvorschläge machen, gerade wenn der Klient unsicher und ideenlos ist.

Beispiel: Nachdem die Klientin festgestellt hat, dass es fast nur Vorteile für sie hat, sich von ihrem Mann zu trennen, überlegt sie zusammen mit dem Berater, wie sie diese Lösung in ihre reale Situation übertragen, wie sie also die Trennung durchführen kann. Sie sagt: „Das ist ein richtiger Angang für mich. Wir haben zwar im Streit immer mal wieder darüber geredet, aber das war nicht richtig ernst. Ich überlege, ob ich ihm das sagen oder ihm einen Brief schreiben soll. Der rastet bestimmt total aus. Ich weiß gar keine richtigen Worte. Ich glaube, ich mache das schriftlich. Ich schreibe ihm einen Brief. Das muss ich mir auch hier notieren, das geht nicht so. Schon die Anrede ist schwierig. Dabei überlege ich auch, ob ich anwesend sein will, wenn er den Brief liest. Ich muss genau überlegen, wie viel ich da 'reinschreibe." Die Klientin entwirft den Brief und geht ihn Satz für Satz mit dem Berater durch. Danach erstellt sie - unter Abwägung verschiedener Alternativen - einen genauen Ablaufplan, wie die Übergabe des Briefes stattfinden soll.

Im Anschluss klärt der Klient mit dem Berater, ob die gefundene Lösung mit den operationalisierten Handlungsabläufen zur weiteren Vorbereitung in Form eines Rollenspiels konkret durchgespielt werden soll (siehe Baustein *Lösungen probehandeln*).

Übung

(1) Drehbuch
In der Übung geht es um das imaginative Durchspielen denkbarer Lösungen. Die Teilnehmer arbeiten in Kleingruppen. Wenn Klient und Berater festgelegt sind, ist es die Aufgabe des Klienten, für eine ausgedachte Lösung ein Drehbuch zu entwerfen, das so kleinschrittig und genau auf seine Lebenssituation übertragbar ist, dass die Handlungsmöglichkeiten und Vorgehensweisen direkt umsetzbar sind. Der Berater leitet den Klienten dabei an. Das Drehbuch kann sowohl 'gedanklich' als auch als Rollenspiel konzipiert werden. Als Unterstützung können schriftliche Notizen angefertigt und die einzelnen Schritte (mit den zugeordneten Zielen) festgehalten werden.

Baustein 62: Lösungen probehandeln

Ziele:
1. Dem Klienten anbieten, eine erarbeitete Lösung zur Vorbereitung der Realisation (im Rollenspiel) durchzuspielen;
2. dem Klienten die Möglichkeit geben, konkrete Gesprächsabläufe probezuhandeln und sich auf mögliche Reaktionen der beteiligten Personen vorzubereiten;
3. dem Klienten mit Hilfe des Doppelns Formulierungshilfen anbieten (siehe auch Baustein *Doppeln*);
4. die Lösungsabläufe mit Hilfe des Einsatzes von Requisiten möglichst realitätsnah nachempfinden.

Siehe Baustein *Einsatz von Methoden*

Erläuterungen
Beim Übertragen von erarbeiteten Lösungen in die reale Problemsituation und zur konkreten Vorbereitung der Durchführung in der Realsituation hilft es vielen Klienten, die Abläufe probezuhandeln (z.B. Gespräche), d.h. genau und wortwörtlich durchzuspielen, Situationen mit allen beteiligten Positionen und Personen (so weit wie möglich) mit Requisiten im Raum aufzubauen und alternative Verläufe zu überlegen und 'durchzuprobieren'. Der Klient wird damit in die Lage versetzt, sowohl einzelne Äußerungen, als auch die präzise Auswahl des Ortes und der Räumlichkeiten sowie die Beteiligung anderer Personen zu reflektieren und zu berücksichtigen.

Das Probehandeln nutzt alle Vorteile des Psychodramas übertragen auf zukünftige Situationen, die auf den Klienten bei der Umsetzung von Lösungen zukommen könnten. Viele Äußerungen, Verhaltensweisen und Vorgehensweisen lassen sich erst im Probehandeln auf ihre Tauglichkeit und Auswirkungen hin prüfen. Auch noch in diesem Schritt der Lösungserprobung kann dem Klienten deutlich werden, dass doch andere Wege gefunden werden müssen, weil die zunächst ausgewählten Lösungen seiner eigenen Überprüfung nicht standhalten.

Beispiel: Ein Klient will als Lösung für sein Problem ein Gespräch mit seinem Chef führen. Nachdem er alle Überlegungen zur Umsetzung in die Realsituation angestellt hat, möchte er das Gespräch zur Vorbereitung noch einmal genau durchspielen. Er baut die Raumsituation des Büros seines Chefs nach, stellt die Stühle so auf, wie sie dort stehen und wird dann vom Berater aufgefordert, sich erst auf 'seinen Stuhl im Büro' zu setzen, wenn er den Probedurchlauf starten kann. Der Klient nimmt Platz und sagt: „Guten Tag, Herr Schulz. Ich habe um dieses Gespräch gebeten, weil ich mit Ihnen über eine Gehaltserhöhung sprechen will." Er formuliert seine Begründung und wird, als er alles gesagt hat, gebeten, auf den Stuhl des Chefs zu wechseln. Der Berater ermutigt ihn, sich einen Augenblick Zeit zu nehmen, um sich in die Position des Chefs hineinzuversetzen und zu überlegen, was der Chef wohl antworten wird. Der Klient sagt darauf hin: „Herr Meier, Sie wissen doch, in was für einer schwierigen Lage wir geschäftlich momentan sind. Wie stellen Sie sich das denn vor?" Nach weiteren Äußerungen und Stuhlwechseln reflektieren Klient und Berater den Verlauf. Klient: „Ich merke, ich muss das noch deutlicher und kompromissloser sagen oder ich habe schon überlegt, ob ich ihm nicht doch einen Brief schreiben soll, damit er mir nicht so ein schlechtes Gewissen machen kann."

Siehe Baustein *Lösungen übertragen*.

Durchführungshinweise
Der Berater richtet mit dem Klienten zusammen die räumliche Situation für das *Lösungen probehandeln* so ein, dass der Klient sich beim Durchspielen gut in die vermutete Situation einfühlen kann. Dabei reicht es auch aus, bestimmte Bedingungen nur anzudeuten oder Requisiten als Stellvertreter zu benutzen.

Der Berater achtet darauf, dass ein Probedurchlauf explizit begonnen und beendet wird. Der Klient muss dabei jederzeit wissen, ob die 'Situation läuft' oder gerade unterbrochen ist. Während des Probehandelns muss der Klient angeleitet werden, in direkter Anrede und in der Gegenwartsform mit den Beteiligten zu sprechen. Er soll keine Zwischenkommentare geben und in der Situation bleiben, auch wenn es einmal schwierig wird. In der anschließenden Aufarbeitung können Erfahrungen, 'Fehler' und notwendige Veränderungen besprochen werden, die in einem weiteren Durchlauf neu probiert werden können. Es ist gegebenenfalls sinnvoll, mehrere Durchläufe mit alternativen Verhaltensweisen nebeneinander zu stellen.

Der Berater fordert den Klienten auf, mit Hilfe eines 'Stuhlwechsels' die Reaktionen der beteiligten Personen vorauszuahnen, wobei die Anzahl der Rollenwechsel begrenzt bleiben muss, um die Situation nicht unübersichtlich und die Ergebnisse nicht unklar werden zu lassen. Im Ausnahmefall kann auch der Berater (mit entsprechenden Regieanweisungen) die Rolle eines Beteiligten übernehmen.

Der Berater kann dem Klienten durch das sogenannte Doppeln (siehe Baustein *Doppeln*) Hilfestellung für das konkrete Formulieren von Äußerungen und Standpunkten geben, in dem er sich hinter den Klienten stellt und mögliche Formulierungen anbietet.

Wenn beim Probehandeln Schwierigkeiten, Widerstände oder Blockaden auftreten, sollte der Durchlauf abgebrochen, thematisiert und gegebenenfalls 'neu gestartet' werden.

Übung
(1) Situationsrollenspiel
Die Teilnehmer teilen sich in Kleingruppen auf, die Rollen Klient und Berater werden vergeben. Der Klient beschreibt eine Situation, die demnächst auf ihn zukommt (z.B. Gespräch mit Lebenspartner, mit der Vermieterin, mit einem Vorgesetzten, mit der Tochter oder ein Bewerbungsgespräch) und die er mit Hilfe eines Probehandelns durchspielen und vorbereiten möchte. Der Berater leitet den Klienten an, diese Situation probezuhandeln. Im Anschluss geben die Beobachter Rückmeldung über den Ablauf und das Beraterverhalten.

Baustein 63: Hausaufgaben

Ziele:
1. Dem Klienten in Zusammenhang mit seiner Problematik Aufgaben stellen;
2. die Aufgaben aus dem alltäglichen Lebenszusammenhang des Klienten entwickeln.

Erläuterungen
Die von uns so genannte Hausaufgabe hat mit den Hausaufgaben, die wir aus der Schule kennen, nichts zu tun. Als interner Arbeitsbegriff ist er uns jedoch insofern nützlich, als es darum geht, dem Klienten eine Aufgabe mitzugeben, die er außerhalb der Beratungssituation, also in seiner normalen Alltagswelt und zwar in der Regel von einer Sitzung zur nächsten Sitzung, erfüllen soll.

Die Aufgaben stellen ein Bindeglied zwischen den Sitzungen des Beratungsprozesses dar. Nun mag es verwundern, dem Klienten Aufgaben mitzugeben, obwohl doch eigentlich in den Gesprächen gearbeitet wird. In aller Regel wissen die Klienten nichts über die Beratungsmethoden bzw. über die pädagogisch-therapeutischen Interventionen, es sei denn, der Berater hat dem Klienten vor den Gesprächen über die Art und Weise der beraterischen

Arbeit Auskunft gegeben. Viele Klienten entwickeln nun während der Beratungsarbeit das Gefühl, dass sie 'nur reden', ohne dass für sie dabei etwas 'Konkretes' herauskommt oder ohne, dass sie selbst etwas tun können. Die Wirkung (erst oft später verständlich werdender) pädagogisch-therapeutischer Interventionen wird von vielen Klienten zum Zeitpunkt der Gespräche selbst noch nicht erkannt. Das Gefühl des Selbst-Aktiv-Werden-Wollens lässt sich mit der beraterischen Arbeit sinnvoll verbinden. Der Klient stellt sich eine Aufgabe, die er in seinem Problemfeld auszuführen versucht. Es geht nicht unbedingt darum, dass der Berater dem Klienten die Aufgabe zuweist, vielmehr sollte sie sich aus den Gesprächen ergeben. Der Klient wird selbst am besten wissen und abschätzen, was er 'konkret' machen kann. Gemeinsam mit dem Berater muss über den Sinn und Zweck der Aufgabe gesprochen werden.

In der darauffolgenden Sitzung wird dann über den Erfolg oder Misserfolg der Aufgabenerfüllung gesprochen werden; oft bietet die 'konkrete Arbeit vor Ort', d.h. das Ausführen der Aufgabe, sowohl dem Klienten selbst als auch dem Berater wertvolle Hinweise für die weiteren Gespräche.

Eine mögliche Hausaufgabe kann einerseits das Umsetzen der erarbeiteten Lösung in der Realsituation sein (siehe Baustein *Lösungen übertragen*). Als Hausaufgaben sind andererseits in vielen Fällen aber auch Selbst- und Fremdbeobachtungsaufgaben sinnvoll und geeignet. Weitere Möglichkeiten sind unter anderem das Durchbrechen von alltäglichen Routinehandlungen (z.B. das Begrüßungsritual mit einer bestimmten Person) durch eingeschobene Zwischenhandlungen, das Gegenteil von dem zu probieren, was sonst schematisch abläuft (z.B. nicht immer wie sonst sofort zu antworten, sondern zunächst zu schweigen), oder dem Tagesablauf eine Besonderheit hinzuzufügen (z.B. sich fest eingeplante fünf Minuten Zeit zu nehmen, um über sich selbst nachzudenken).

Übung
(1) Eine Hausaufgabe stellen
Die Teilnehmer bilden Paare und legen fest, wer als Klient und wer als Berater beginnt. Der Klient berichtet über etwas, was ihm im Alltag schwer fällt, womit er Schwierigkeiten hat oder was er vermeidet. Der Berater entwickelt eine Aufgabe, die der Klient bis zum nächsten Treffen ausprobiert haben soll. Nach einer kurzen Nachbesprechung wechseln Klient und Berater die Rollen.

Baustein 64: Erlebte Realisation aufarbeiten

Ziele:
1. Den Klienten auffordern, über seine Erfahrungen bei der Umsetzung der Lösungen zu sprechen;

> 2. Probleme, Schwierigkeiten und Hindernisse bei der Umsetzung der Lösungen heraushören und mit dem Klienten thematisieren;
> 3. die Schwierigkeiten bei der Umsetzung der Lösungen aufarbeiten und Alternativen entwickeln.

Erläuterungen
Es muss noch einmal an die Tatsache erinnert werden, dass der Klient deshalb in die Beratung gekommen ist, weil er mit seinen Problemen allein 'in der Außenwelt' nicht zurechtkommt. Die Beratung soll ihm dazu verhelfen, eine Lösung für seine Probleme zu finden.

Nun sind beim Lösungsversuch aus der Sicht der pädagogisch-therapeutischen Arbeit zwei wichtige Schritte voneinander zu trennen:

Erster Schritt: Der Klient fasst in der angstfreien Beratungssituation überhaupt erst einmal Lösungsmöglichkeiten ins Auge. Das Beratungssetting bietet ihm die Möglichkeit, sich an 'Lösungsgedanken' heranzuwagen, sich Lösungen zuzugestehen oder sich mit Lösungsmöglichkeiten überhaupt erst vertraut zumachen. Solche vom Klienten geäußerten Lösungsmöglichkeiten haben in vielen Fällen noch wenig mit dem zu tun, was er dann tatsächlich in der konkreten Realsituation unternimmt. Aber das Ausformulieren, das Aussprechen, das Sich-Vertraut-Machen mit oder das Ausmalen von Lösungen in der angstfreien Situation bedeutet einen ersten Schritt in Richtung Lösungsumsetzung. Der Klient kann ja erst dann Lösungen in der Realsituation versuchen, wenn er sich darüber im klaren ist, was er eigentlich will und wie er es machen will.

Zweiter Schritt: Die Umsetzung einer Lösung in die Realsituation wird in der Regel immer auf Schwierigkeiten stoßen. Der Unterschied zwischen der im Beratungsgespräch erarbeiteten Lösung und der praktischen Umsetzung wird deutlich. Dieser Unterschied wird vom Klienten oft schmerzlich empfunden. Er deutet die aufgetretenen Schwierigkeiten möglicherweise als Versagen oder als Niederlage. Auch Berater, die ja zuvor die Lösung mit dem Klienten erarbeitet haben, sind häufig enttäuscht und reagieren dem Klienten gegenüber nicht angemessen. Aber weder der Berater noch der Klient haben Grund zur Resignation. Sollte die angestrebte Lösung in der Realsituation überhaupt keine Chance zur Verwirklichung haben, dann wissen beide, dass neue Lösungsmöglichkeiten gesucht werden müssen. Der Erfolg oder der Fortschritt bestehen darin, festzustellen, dass diese Lösung als Möglichkeit ausscheidet. Dies ist jedoch nur in Ausnahmefällen zutreffend. Meistens sind die gewählten Lösungswege im Prinzip angemessen, nur bei der konkreten Umsetzung treten Schwierigkeiten und Probleme auf.

Für den Klienten ist es deshalb sehr wichtig, das Erlebte bei der Umsetzung der Lösung aufzuarbeiten. Der Berater muss während der Realisationsaufarbeitung heraushören, wo und warum es Probleme gab, um diese mit dem Klienten erneut zu bearbeiten. Die umgesetzten Handlungsschritte in der

Praxis werden Schritt für Schritt durchgegangen, die Hauptschwierigkeiten werden thematisiert und analysiert und die Handlungsschritte werden schließlich an den entscheidenden Stellen geändert oder neu festgelegt.

Es kann durchaus geboten sein, die Schwierigkeiten bei der Umsetzung von Lösungen zum 'Hauptthema' der weiteren Beratungsarbeit zu machen, wenn sie ursächlich mit den Problemen zusammenhängen, deretwegen der Klient gekommen ist.

Übung
(1) Ungewöhnliche Aufgabe
Alle Teilnehmer erhalten eine ungewöhnliche Aufgabe, die aus ihrem gewöhnlichen Alltagsrahmen herausfallen, wie z.B. eine fremde Person auf der Straße anzusprechen und zu einem Kaffee in ein Restaurant einzuladen oder sich bei einem Hausbewohner für einen Tag zum Putzen anzusagen. Beim Umsetzen der Übung in der Praxis kommt es weniger darauf an, ob die Aufgabe genau erfüllt wird, sondern vielmehr darauf, was der Übende erlebt hat und wie er damit in der Folge umgeht.

In Kleingruppen werden die Erfahrungen und Erlebnisse bei der Realisation der Übung in der bekannten Klient-Berater-Beobachter-Konstellation aufgearbeitet.

Selbstexploration des Beraters

Vorbemerkungen

Jeder professionelle Berater unterzieht sich während seiner Ausbildung einer *Selbsterfahrung* oder *Selbstexploration*. Beide Begriffe meinen im Prinzip dasselbe, nämlich die Beleuchtung, Erhellung oder Aufarbeitung persönlicher Erfahrungen bzw. persönlicher Anteile mit dem Ziel herauszufinden, welche dieser Erfahrungen bzw. Anteile das gegenwärtige Verhalten vor- oder unbewusst beeinflussen. Ist man sich über die Wirkung seiner verborgenen Anteile bewusst oder kann sie möglicherweise erklären, wird es einem leichter fallen, sie im beraterischen Kontext zu kontrollieren. Gerade in diesem Arbeitsfeld wird der Berater permanent mit den persönlichen Erfahrungen seines Klienten konfrontiert; diese Erfahrungen können in ihm selbst unbewusste Anteile auslösen und ihn in einer Weise agieren, handeln oder intervenieren lassen, die für den Beratungsprozess nicht förderlich ist (vgl. Pallasch, Kölln, Reimers, Rottmann 2001, 228).

Das Ziel der *Selbstexploration* im Kontext der Beratungsausbildung ist, vor- oder unbewusste Erfahrungen, die das beraterische Handeln beeinflussen, bewusst zu machen. Eine bewusste wie kontinuierliche Auseinandersetzung mit der eigenen Person und dem eigenen Fühlen, Denken und Handeln ist als Basis für eine pädagogische und besonders beraterische Tätigkeit unerlässlich.

Die folgenden Selbstexplorationsbausteine nehmen in der Gesamtkonzeption des Lern- und Trainingsprogramms eine Sonderstellung ein. Sie sind für die Ausbildungs- und Trainingssituation bzw. für die Arbeit der Berater 'an sich selbst' bestimmt. Damit soll die kontinuierliche Auseinandersetzung mit der eigenen Person zielgerichtet angebahnt und gefördert werden.

Baustein 65: Eigenen emotionalen Bezug artikulieren

Ziele:
1. Die innere Spannung und Betroffenheit, die man als Berater während der Übungssituation verspürt, dem Trainer gegenüber äußern;
2. durch die Artikulation des eigenen emotionalen Bezuges die eigene Betroffenheit bewusster wahrnehmen und zu mehr Distanz zum Inhalt finden (siehe auch Baustein *Distanz zum Inhalt*);
3. durch die Artikulation des eigenen emotionalen Bezuges zur Strukturierung bzw. zum roten Faden im Gespräch zurückfinden;
4. als Berater nach der Artikulation entscheiden, ob die Übungssituation fortgesetzt werden kann oder abgebrochen werden muss.

Erläuterungen
Wenn grundsätzlich die Forderung besteht, der Berater solle sich mit seiner eigenen Betroffenheit oder mit seinen emotionalen Bezügen zurückhalten und dem angesprochenen Problem neutral gegenüber stehen (siehe Baustein *Distanz zum Inhalt*), so heißt das nicht, dass er sich dabei selbst nötigen soll. Jede zwanghafte Disziplinierung oder jede auf Krampf unterdrückte emotionale Regung führt nur dazu, dass das Verhalten des Beraters dem Klienten gegenüber inkongruent, d.h. unecht und unehrlich, wirkt. Damit ist weder dem Klienten noch dem Berater geholfen.

Dieser Baustein ist - im Rahmen der Selbstexplorationsbausteine für die 'übenden' Berater - nur für die Übungssituation konzipiert. Der (übende) Berater soll lernen, seine inneren Spannungen, seine Betroffenheit oder seine Schwierigkeiten zum angesprochenen Problem des Klienten wahrzunehmen und im Rahmen der Trainingssituation auch zu äußern.

Damit soll dem Berater vor Augen geführt werden, dass eine kontinuierliche Auseinandersetzung mit den eigenen Anteilen, ganz besonders in Bezug auf die Arbeit mit den jeweils aktuellen Klienten, unabdingbar für eine professionelle Beratungstätigkeit ist. Diese Auseinandersetzung bzw. Selbstüberprüfung führt der Berater dann später in der Regel mit sich selbst durch, ohne mit den Klienten darüber zu sprechen. Allerdings gibt es eine Ausnahme. Es kann durchaus vorkommen, dass man sich als Berater einem Problem gegenübergestellt sieht und schlicht überfordert ist, weil die gebotene Distanz nicht gewahrt werden kann. Kommt es zu einer solchen 'psychischen Konstellation', dann sollte der Berater dies dem Klienten gegenüber artikulieren, seine Schwierigkeiten erklären und seine Betroffenheit und Befangenheit formulieren. Dies führt zwar fast immer zum Abbruch der Gespräche, aber beide Beteiligten sind ehrlich zueinander, und der Klient kann die Problematik mit einem anderen Berater weiterbearbeiten. Dieses Eingeständnis wird kein Klient als Schwäche auslegen.

Da nicht jeder Berater - wie oft gefordert - im Rahmen seiner Ausbildung eine gesonderte Selbstexplorationsphase (Selbsterfahrung) 'durchgemacht' hat, in der die persönlichen Anteile systematisch thematisiert und aufgearbeitet werden, muss dieser selbstexplorative Teil im Rahmen des Trainings gesondert angesprochen werden.

Das Vorgehen für das *Eigenen emotionalen Bezug artikulieren* im Rahmen von Übungsgesprächen in der Trainingssituation sollte folgendermaßen ablaufen:

Der übende Berater unterbricht das Übungsgespräch mit dem Klienten, wenn er innere Unklarheiten, Spannungen und Unruhe verspürt. Er teilt dem Klienten dies mit, wendet sich dem Trainer (auch körperlich) zu und artikuliert ihm gegenüber seine momentanen Gefühle, Probleme oder Hemmungen. Er versucht zu ergründen, welches die auslösenden Momente (Stichworte, Reizworte, Bilder, Erinnerungen) sind und überprüft (fragt) sich selbst, welche unbearbeiteten Anteile beim ihm 'hochkommen'. Der Berater führt mit dem Trainer ein klärendes (zeitlich begrenztes) Zwischengespräch. Danach verständigen sich er und der Trainer, ob er das Übungsgespräch wieder aufnehmen oder abbrechen will. Bei einem Abbruch wird geklärt, ob ein anderer Teilnehmer sich in der Lage fühlt, das angefangene Gespräch als Berater mit dem Klienten fortzusetzen.

Das Ziel dieser Übung ist es nicht nur, sich als Berater der inneren Spannungen bewusst oder bewusster zu werden, sondern vielmehr das Erreichen der Fähigkeit, diese inneren Spannungen (im Sinne der eigenen Selbstexploration) auch zu artikulieren. Es besteht ein großer Unterschied darin, ob etwas 'nur' gedacht oder auch artikuliert wird.

Die Unterbrechung stört übrigens das Übungsgespräch oder den Klienten in den meisten Fällen nicht. Da der Klient selbst Übender ist, lernt er modellhaft, wie man als Berater mit der eigenen Betroffenheit umgehen kann.

Übung

(1) Richtungswechselstuhl
Die Bezeichnung 'Richtungswechselstuhl' bedeutet, dass der übende Berater während des Gesprächs seine 'Richtung' - das heißt seinen Ansprechpartner - wechseln kann. Immer wenn er sich durch die angesprochene Thematik betroffen fühlt und wegen dieser Betroffenheit gehindert ist, das Beratungsgespräch weiterzuführen, wechselt er, auch körperlich, die Rich-

tung, nämlich weg vom Klienten und hin zum Trainer. Er unterbricht das Gespräch mit dem Klienten und artikuliert seine Betroffenheit in Richtung Trainer. Ist die Betroffenheit mit Hilfe des Trainers geklärt, setzt er das Gespräch mit dem Klienten fort.

Diese Übung dient zum einen dazu, den angehenden Beratern in dieser Form der Selbsterfahrung auf eigene emotionale Erlebnisse aufmerksam zu machen. Zum anderen wird er während des Prozesses sensibler für seine eigenen emotionalen Verarbeitungsmechanismen und Beeinflussungen.

Baustein 66: Sich schmerzhafte Punkte der eigenen Biographie vergegenwärtigen

Ziele:
1. Sich als übender Berater die eigenen schmerzhaften Punkte seiner Biographie (Erlebnisse, Ereignisse, Erfahrungen, Vorkommnisse) in Erinnerung rufen und die dabei aufkommenden Gedanken reflektieren bzw. die Gefühle spüren, die noch im 'Hier und Jetzt' aufkommen oder präsent sind;
2. lernen, die schmerzhaften Erlebnisse, Ereignisse, Erfahrungen oder Vorkommnisse als persönliche Anteile zuzulassen und zu artikulieren;
3. durch das Zulassen, Artikulieren und Spüren eigener schmerzhafter biographischer Anteile ein vertieftes Verständnis und Gefühl für einen potentiellen Klienten entwickeln, der in einer (ähnlichen) Situation Vergangenes im 'Hier und Jetzt' durchlebt.

Erläuterungen
Eine kontinuierliche Auseinandersetzung mit sich als Person und den eigenen biographischen Anteilen ist eine unabdingbare Voraussetzung für eine professionelle Beratungtätigkeit. Dieser Baustein ist - im Rahmen der Selbstexplorationsbausteine für die 'übenden' Berater - nur für die Trainings- und Übungssituation konzipiert.

Anhand von selbstexplorativen Übungen wird allen Teilnehmern die Möglichkeit gegeben, sich die eigenen biographischen Abläufe und Zusammenhänge im Sinne einer Bestandsaufnahme vor Augen zu führen und den subjektiv empfundenen Klärungsbedarf in Bezug auf die Wirkung bestimmter Ereignisse oder Phasen der eigenen Biographie auf die Beratertätigkeit zu ermitteln. Diese Übungen geben den Teilnehmern die Gelegenheit, ihr bisheriges Leben bewusst Revue passieren zu lassen. Schon das einfache Bilanzieren des bisherigen Lebens kann zu einem 'neuen und besonderen Erlebnis' werden, denn allein die (sprachliche) Artikulation eigener Lebensdaten erzeugt Assoziationen, die die Betreffenden nicht erwarten und die für sie erstaunlich sein können. Bestimmte Lebensdaten werden plötzlich in Erinnerung gerufen, erhalten einen anderen Stellenwert oder werden in einem anderen Zusammenhang gesehen und bewertet. Vermeintlich vergessene oder verdrängte Erlebnisse bzw. Gegebenheiten werden reaktiviert und lassen bisher nicht bewusst wahrgenommene Bezüge erkennen. Darüber hinaus tragen diese Übungen dazu bei, die Hemmschwelle herabzusetzen, sich während der Übungen zu den einzelnen Bausteinen als Klient 'persönlich mehr zu öffnen'. Durch diese vertraute Zusammenarbeit in der Trainingsgruppe wird die Bereitschaft erhöht, auch in Übungsgesprächen persönliche Fragestellungen oder Probleme als Klient zu thematisieren. Biographische Anteile und Erfahrungen der übenden Berater können durch diese Übungen punktuell und partiell in das Training integriert werden.

In der Regel sollten die biographischen Anteile in einer Selbstexplorationsphase (Selbsterfahrung) vor dem eigentlichen Training thematisiert und aufgearbeitet werden, bei den Adressaten vieler Kurse und Ausbildungen kann dies jedoch nicht zwingend vorausgesetzt werden.

Die Berater sollen auch hier vermittelt bekommen, dass das Sich schmerzhafte Punkte der eigenen Biographie vergegenwärtigen ein kontinuierliches Prinzip in der Beratungstätigkeit ist. Die oben genannte Bestandsaufnahme kann an dieser Stelle nur den Ausgangspunkt darstellen und einzelnen Teilnehmern auch verdeutlichen, dass sie sich mit bestimmten Fragestellungen und Problemen, über den Rahmen des Trainings hinaus, vertiefender und längerfristiger mit Hilfe einer therapeutischen Bearbeitung auseinandersetzen müssen.

Es gibt verschiedene Möglichkeiten des Einstiegs in die selbstexplorative bzw. biographische Arbeit:

(1) Chronologische Schilderung der Biographie
Der Teilnehmer (übende Berater) beginnt, in chronologischer Weise sein Leben (seine Biographie) zu erzählen. An geeigneten Stellen wird er vom Trainer unterbrochen und das angesprochene Erlebnis, die Erfahrung oder das Ereignis in Bezug auf die gefühlsmäßigen (besonders die schmerzhaften) Anteile vertieft.

(2) Prägende Ereignisse der Biographie
Der Teilnehmer wählt sich selbst ein ihn damals oder noch heute bedrückendes Erlebnis, Ereignis oder Vorkommnis aus seiner Vergangenheit, über das er sprechen möchte, als Ausgangspunkt der selbstexplorativen Arbeit.

(3) Lebensfieberkurve
Der Teilnehmer erhält die Aufgabe, sein bisheriges Leben in Form einer Fieberkurve auf einem großen Papierbogen graphisch darzustellen. Die Höhen und Tiefen der Kurve symbolisieren bestimmte Daten, Ereignisse oder Erlebnisse in seinem Leben, die nach eigenen Bewertungskriterien eingezeichnet und lediglich durch Stichworte markiert werden sollen (z.B. Geburt, Schuleintritt und -abschluss, Verliebtheiten, Heirat, Geburt von Kin-

dern, Krankheiten, Wohnortwechsel, Berufswechsel, Todesfall eines nahestehenden Menschen). Im anschließenden intensiven Gespräch erläutert er seine Fieberkurve mit den entscheidenden (besonders den schmerzhaften) Punkten. Der Trainer begleitet die Aufarbeitung.

(4) 'Ich in meiner Welt', 'Ich mit meiner Biographie',
  'Ich in schweren Zeiten'
Der Teilnehmer wird aufgefordert zu einem vorgegebenen Thema ein Bild zu malen oder zu gestalten. Der Trainer begleitet das Entstehen des Bildes als stiller Beobachter und achtet auf die Reihenfolge des Entstehens sowie Selbstkommunikationsäußerungen des Teilnehmers beim Erstellen. Im anschließenden Gespräch bindet der Trainer die Beobachtungen in die Bearbeitung des Bildes mit ein. Er behält dabei besonders im Blick, welche dargestellten Lebensbereiche kongruent bzw. inkongruent wirken.

(5) Vertiefendes Sharing
Eine während des Sharings in der Nachbesprechung eines Übungsgesprächs angesprochene Problematik, die einem Teilnehmer eigene Anteile deutlich gemacht hat, wird gesondert herausgegriffen und in einem anschließenden Gespräch durch den Trainer vertiefend thematisiert.

(6) Freie Assoziation
Der Trainer gibt dem Teilnehmer in möglichst entspannter Situation bei geschlossenen Augen Begriffe vor (z.B. Schmerz - Angst - Trennung - Heimweh - Trauer - Verlust - Isolation - Versagen), die dieser auf sich wirken lassen soll. Der Trainer vertieft die Arbeit mit Fragestellungen wie: Welche Situationen, Ereignisse oder Erlebnisse verbinden sich mit diesen Stichworten? Welche Bilder kommen auf? Welche Personen stehen für Sie damit in Verbindung? Wie fühlen Sie sich im Hier und Jetzt?

Die Selbstexplorationsübungen können vom Trainer in Kleingruppen oder 'Einzelarbeit' durchgeführt werden. Wenn Teilnehmer bei diesen Übungen die Position des Beraters übernehmen, sollte der Trainer als Co-Berater fungieren, um allen Beteiligten bei der Bearbeitung zusätzliche Sicherheit zu vermitteln und gegebenenfalls auftretende emotionale Betroffenheiten und aufbrechende Problematiken auffangen und weiterbearbeiten zu können.

Die Befindlichkeit während der selbstexplorativen Arbeit kann (in Anlehnung an die Gestalttherapie) anhand der vier Ebenen der Tiefe wahrgenommen werden:

Ebene der Reflexion: Gedanken, Erinnerungen, Überlegungen oder Vorstellungen kommen ins Bewusstsein, ohne dass eine sichtbare emotionale Beteiligung zu erkennen ist.

Ebene der Vorstellungen und Affekte: Beim Erzählen treten plastische und bildhafte Vorstellungen auf, die noch sehr erlebnisnah und im 'Hier und Jetzt' stark emotional besetzt sind.

Ebene der totalen Involvierung: Gedanken, Erinnerungen, Erlebnisse oder Bilder werden im 'Hier und Jetzt' sehr intensiv emotional erlebt. Die rationale Kontrolle ist stark eingeschränkt bzw. herabgesetzt. Körperliche Reaktionen begleiten die Artikulation bzw. Emotion. Anzeichen von Regression sind zu erkennen.

Ebene der autonomen Körperreaktion: Die rationale Kontrolle ist fast ausgeschaltet; es kommt zu einer sehr starken Involvierung mit dem Ereignis oder Erlebnis. Der Körper beginnt, autonom zu reagieren (schweres, tiefes Atmen, Zittern, Schreikrämpfe usw.).

In der Nachbesinnungsphase (Nachbesprechung) können drei Fragenkomplexe für die persönliche Weiterarbeit der Teilnehmer (übenden Berater) hilfreich sein:

1. Welche persönlichen Anteile sind noch nicht bearbeitet? Welche Gefühle sind noch heute virulent? Welche Gefühle treten heute immer noch wieder auf? Was ist heute noch präsent? Wie gehe ich heute damit um?

2. Welche persönlichen Anteile sind bereits bewusst und gezielt bearbeitet? Was ist schon erledigt? Was wird erinnert, stört oder verletzt aber nicht mehr?

3. Welche persönlichen Anteile werden bewusst beiseite geschoben oder verdrängt? Welche Gefühle oder Probleme werden absichtlich unterdrückt? An welche Probleme wage ich mich nicht heran? Wovor habe ich Angst?

Das Ziel der selbstexplorativen Arbeit ist die Artikulation schmerzhafter Erfahrungen - nicht ihre Bearbeitung! Diese Artikulation bzw. das Zulassen schmerzhafter Erinnerungen oder Erlebnisse hat in der Regel allein schon einen kathartischen Effekt. Nur wenn Problematiken 'aufbrechen', müssen Teilnehmer und Trainer entscheiden, in welchem Rahmen eine Weiterbearbeitung sinnvoll erscheint. Da davon ausgegangen wird, dass alle Teilnehmer psychisch gesund sind, wird das nur in Ausnahmefällen der Fall sein. Es ist dann ohnehin zu prüfen, ob es für den Betreffenden sinnvoll und zumutbar ist, weiter am Training teilzunehmen.

Siehe auch Baustein *Eigenen emotionalen Bezug artikulieren.*

Übungen
Siehe Übungen in den Erläuterungen.

Baustein 67: Sich selbst überprüfen

Ziele:
1. Als Berater das eigene Verhalten in Beratungsgesprächen kontinuierlich reflektieren;
2. den Einfluss der eigenen personalen Wirkfaktoren auf die Beratungsarbeit erkennen, besonders in Bezug auf:
   a. die Klient/in-Berater/in-Beziehung
   b. die Umsetzung der beraterischen Grundvariablen (Kongruenz, Akzeptanz, Empathie)
   c. die eigenen problemspezifischen Anteile und Bezüge (Blockaden, Widerstände, 'blinde Flecken', 'wunde Punkte')
   d. das Aufstellen von Arbeitshypothesen
   e. das Favorisieren von Strängen und Lösungen
   f. die Auswahl von Interventionen und Methoden
   g. die Gestaltung und das Arbeitstempo der Beratung allgemein;
3. die Distanz zum Inhalt und den Grad des persönlichen Einbringens als Berater reflektieren.

Erläuterungen
Die Auseinandersetzung mit der eigenen Person und dem eigenen Verhalten ist für jede pädagogische Tätigkeit allgemein und die pädagogisch-therapeutische bzw. beraterische Arbeit im Speziellen unabdingbar (siehe Baustein *Sich schmerzhafte Punkte der eigenen Biografie vergegenwärtigen*). Gerade das beraterische Handeln und Tun (das Intervenieren bzw. Nicht-Intervenieren, der Grad des persönlichen Einbringens) wird in hohem Maße durch die Person des Beraters, sein subjektives Selbstkonzept und dessen biografische Anteile beeinflusst und mitbestimmt. Ein professioneller Berater unterzieht sich deshalb einer regelmäßigen Reflexion und Überprüfung des eigenen Vorgehens und Handelns (z.B. durch Supervision).

Der Berater hat die Aufgabe sich mit dem Einfluss der eigenen personalen Wirkfaktoren auf die Beratungsarbeit - kontinuierlich und speziell bezogen auf die jeweiligen Klienten mit ihren Anliegen und Problemen - auseinander zu setzen. Im Rahmen dieses Bausteins *Sich selbst überprüfen* stellen wir, als Orientierungshilfe für diese Auseinandersetzung, bestimmte Themen und Fragestellungen besonders in den Vordergrund, weil sie sich durch die Trainingsarbeit mit vielen Teilnehmergruppen herauskristallisiert haben. Im folgenden Fragenkatalog wird die Ichform aus Sicht des arbeitenden Beraters benutzt, um die Fragen für die eigene Reflexion direkt umsetzen zu können.

Der Berater soll den Einfluss der eigenen personalen Wirkfaktoren reflektieren, besonders in Bezug auf:

a. die Klientin/Klient-Beraterin/Berater-Beziehung
Welche Beziehung habe ich zur Klientin/zum Klienten? Ist sie förderlich

oder hinderlich für die Beratungsarbeit? Empfinde ich Nähe, Distanz, Sympathie, Antipathie, Blockaden, Störungen und was hat das mit meinen eigenen Anteilen und Problemen zu tun? etc.

b. die Umsetzung der beraterischen Grundvariablen
Kongruenz: Bin ich im Umgang mit dem Klienten echt und transparent oder ist mein Verhalten künstlich und aufgesetzt? Fühle ich mich eingeschränkt oder blockiert? etc.

Akzeptanz: Kann ich den Klienten bedingungsfrei annehmen und ihn mit seinen Meinungen und Ansichten akzeptieren? Habe ich Vorurteile oder Vorbehalte gegenüber dem Klienten? Kann ich ihm echte Zuwendung entgegenbringen? Kann ich das so annehmen und 'glauben', was der Klient mir erzählt und sagt? etc.

Empathie: Kann ich mich in die Person des Klienten mit seinen Bewertungszusammenhängen und Sichtweisen einfühlen? Kann ich den Klienten verstehen und seine Schilderungen nachvollziehen? Kann ich die Welt 'durch die Brille des Klienten' sehen? etc.

c. die eigenen problemspezifischen Anteile und Bezüge
Bin ich unbelastet und offen gegenüber der angesprochenen Problematik oder habe ich eigene Blockaden und Widerstände? Kann ich die Distanz zum Inhalt wahren oder fühle ich mich (in einem Anteil) angesprochen oder betroffen? Kenne ich das Problem und habe ich schon Lösungen dafür gefunden? Gibt es bei mir 'wunde Punkte' oder 'blinde Flecken' in Bezug auf das Problem? etc.

d. das Aufstellen von Arbeitshypothesen
Welche Arbeitshypothesen habe ich in Bezug auf diesen Klienten und die Problematik und warum komme gerade ich auf diese Hypothesen? Gibt es einen Zusammenhang zwischen den Arbeitshypothesen und meinen eigenen Anteilen, aktuell wichtigen Themen, Schwierigkeiten und Problemen? etc.

e. das Favorisieren von Strängen und Lösungen
Betrachte ich vorhandene/mögliche Bearbeitungsstränge und Lösungen distanziert und neutral oder favorisiere ich einzelne Stränge und Lösungen? Kann ich mir erklären, warum ich bestimmte Präferenzen habe? Gibt es Querverbindungen zu eigenen (bearbeiteten) Problemen oder gefundenen Lösungen? etc.

f. die Auswahl von Interventionen und Methoden
Welche Interventionen und Methoden habe ich (im aktuellen Fall) eingesetzt und war die Auswahl problemorientiert, geeignet und weiterführend? Warum waren bestimmte Interventionen ungeeignet? Habe ich besondere Stärken und Defizite in Bezug auf das pädagogisch-therapeutische Ge-

sprächsverhalten? Habe ich Lieblingsmethoden, die ich (zu) häufig einsetze? etc.

g. die Gestaltung und das Arbeitstempo der Beratung allgemein
Ist die Gestaltung des Beratungsprozesses angemessen, d.h. klienten-, problem-, ziel- und situationsadäquat? Habe ich bestimmte Macken, die sich in der Beratungsarbeit auswirken? Ist das Arbeitstempo angemessen oder wird es mehr bestimmt durch meine Person, meine Ungeduld/meine 'Langsamkeit'? Arbeite ich eher begleitend/unterstützend oder konfrontativ und welche Auswirkungen hat das auf das Arbeitstempo? etc.

Der Berater kann für die Selbstüberprüfung auf die vorgegebenen Fragestellungen zurückgreifen oder die Vorgaben in jeder Hinsicht erweitern. Durch die Auseinandersetzung wird die Professionalität der eigenen pädagogisch-therapeutischen bzw. beraterischen Tätigkeit kontinuierlich gesichert und gesteigert.

Übung
(1) Sich selbst überprüfen
Siehe Übungsbogen 'Selbstreflexion des Beraters' (Arbeits- und Trainingsbögen, Kap. 5).

Baustein 68: Alter Ego

Ziele:
1. Eine mögliche Abhängigkeit des Klienten vom Berater (Helfer) erkennen und damit umgehen können;
2. die Abhängigkeit und die damit verbundenen unterschwelligen Appelle und Erwartungen des Klienten für sich als Berater heraushören, gegebenenfalls ansprechen und klären;
3. als Berater den Beratungsprozess beenden, wenn die angesprochene Problematik gelöst ist.

Erläuterungen
Viele Ratsuchende oder Klienten gehen zu einem Experten, um sich helfen zu lassen. Der Berater, Therapeut oder Helfer soll aber nur für eine begrenzte Zeit tätig sein. Das Problem des Klienten liegt ja 'außerhalb' der Beratungssituation, nicht in der Beratung. Nun kommt es nicht selten vor, dass der Klient im Berater (Therapeut, Helfer) eine Daueranrichtung sieht. Der Klient, unterstellen wir diesen Fall einmal, hat sein Problem 'in der Außenwelt' gelöst oder bewältigt und bedarf eigentlich keiner weiteren Beratung (Therapie, Hilfe) mehr, dennoch meldet er sich immer wieder zu weiteren Gesprächen an, auch um über seine bisherigen Erfahrungen bzw. Erfolge zu sprechen. Dann besteht die Gefahr, dass die Arbeit des Beraters mit dem Klienten diesen von ihm abhängig gemacht hat. Das ist nicht die Absicht des Beraters und auch nicht die Absicht des Klienten. Aber die ver-

trauensvolle und angstfreie Atmosphäre findet der Klient gegebenenfalls nirgendwo anders und sie tut ihm so gut, dass er immer wiederkommt.

Diese stützende, vertrauensvolle und quasi 'verantwortungsübernehmende' Funktion des Beraters ist aus der Literatur als *Alter Ego* bekannt. Das Alter Ego (wörtlich: 'das andere Ich') übernimmt eine Art Überfunktion, eine Art Vaterrolle oder ist eine Art 'Ersatzgott'. Im Grunde genommen besitzt jeder Mensch ein Alter Ego, nur die Konkretionen sind z.B. kulturspezifisch sehr unterschiedlich.

Bei den Klienten, deren Problem es ohnehin ist, keinen (Lebens-)Partner zu haben, oder deren Beziehungen zu anderen Menschen so gestört sind, dass sie sich nach einem vertrauensvollen Gegenüber sehnen, dem sie sich bedingungslos anvertrauen können, besteht besonders die Gefahr, im Berater (Therapeuten, Helfer) einen Ersatzpartner zu finden oder gefunden zu haben. Die (unrealistische) Lösung des Problems liegt für den Klienten dann darin, mit dem Kontakt zum Berater das Problem gelöst zu haben. Dem Klienten sind diese Prozesse in der Regel nicht bewusst, deshalb ist es die Pflicht des Beraters, diese möglichen Abhängigkeiten (bzw. deren mögliche Anbahnung) zu erkennen und anzusprechen. Besonders Berater (Therapeuten, Helfer) mit geringer Praxiserfahrung unterliegen oft ihrem eigenen Erfolgsgefühl. Es ist nämlich sehr angenehm zu hören, dass der Klient immer wieder das vertraute Gespräch sucht und sich immer wieder meldet. Um solchen Abhängigkeiten rechtzeitig zu begegnen, empfiehlt es sich, zu Beginn eines Beratungsprozesses Rahmenbedingungen zu vereinbaren. Klient und Berater schätzen ein, wie umfangreich die Bearbeitung der anstehenden Anliegen ist und wie viele Sitzungen dafür wahrscheinlich benötigt werden. Diese Absprachen können zwar immer wieder verändert werden, aber dennoch helfen sie als Anhaltspunkt, den Prozess und die Klient-Berater-Beziehung zu überdenken und reflektierend zu überprüfen.

Übungen
entfallen.

5. Arbeits- und Trainingsbögen

Die im Folgenden zusammengestellten Arbeits- und Übungsunterlagen verstehen sich als Unterstützung für die Vermittlung und Durchführung des *Pädagogischen Gesprächstrainings*. Das Inventar soll das im vierten Kapitel dargestellte *Lern- und Trainingsprogramm* auf methodischer Ebene ergänzen. Der Zeitpunkt und die Form des Einsatzes innerhalb des Programms sind variabel; die Entscheidung wird bewusst in die Hand des Trainers gelegt. Die Materialien sind schwerpunktmäßig bestimmten Bausteinen zugeordnet. Sie bieten konkrete Beispiele aus der Praxis, die zur vertiefenden Auseinandersetzung anregen sollen. Das praktische Üben des eigenen Gesprächsverhaltens in den Übungsgesprächen wird so durch die schriftliche *Pencil-Paper-Arbeit* unterstützt.

Übersicht
Gesprächsprotokollbogen (1)
Beobachtungsbogen: Bausteine/Interventionen (2)
Einstiegsthemen für Übungsgespräche (3)
Übungsbogen: Direkte Fragen vermeiden (4)
Übungsbogen: Widerspiegeln (5)
Übungsbogen: Psychische Repräsentanz (6)
Übungsbogen: Aspekte heraushören (7)
Übungsbogen: Nonverbale Signale deuten (8)
Übungsbogen: Adjektive finden (9)
Übungsbogen: Angebote formulieren (10)
Übungsbogen: Empathie versus Konfrontation (11)
Übungsbogen: Mögliche Reaktionen des Beraters (12)
Übungsbogen: Arbeitshypothesen formulieren (13)
Arbeitsbogen: Phasen der Beratung (14)
Übungsbogen: Übungsbeispiel I (15)
Übungsbogen: Übungsbeispiel II (16)
Übungsbogen: Kongruenz - Akzeptanz - Empathie (17)
Übungsbogen: Selbstreflexion des Beraters (18)

Gesprächsprotokollbogen | 1 |

Beobachter/in:

Beginn: **Ende:**

Klientenäußerungen	Berateräußerungen	eigene Anmerkungen

Beobachtungsbogen: Bausteine/Interventionen | 2

Dieser Beobachtungsbogen dient der Protokollierung, wenn vom übenden Berater/vom Trainer spezifische Beobachtungen gewünscht werden (z.B. im Rahmen formalisierter Übungen oder beim Training komplexer Bausteine/Interventionen).

Beobachter/in:

Beginn: **Ende:**

Beobachtungsauftrag/Beobachtungskriterien:

Beobachtete Klientenäußerungen / Klientenreaktionen:	Beobachtetes Beraterverhalten / Berateräußerungen:

Ergänzende Anmerkungen:

Einstiegsthemen für Übungsgespräche 3

Folgende Themen können den Teilnehmern den Einstieg in ein Übungsgespräch als Klient erleichtern, wenn den Teilnehmern von sich aus keine Problematik einfällt.

Mögliche Einstiegsfragestellungen

- Wie sieht mein typischer Tagesablauf (typische Handlungen, Tätigkeiten, Verhaltensweisen, Abfolgen) aus?
- Wann und worüber habe ich mich das letzte Mal richtig geärgert oder gefreut?
- In welcher Situation (in welchen Situationen) fühle ich mich am wohlsten oder unwohlsten?
- Worauf bin ich stolz und warum?
- Was muss in meinem Leben noch passieren?
- Wer oder was hat mich in meinem Leben am stärksten geprägt?
- Welches Ereignis aus meiner Kindheit fällt mir häufiger ein?
- Was mache ich am liebsten, wenn ich ganz allein bin?
- Welche Bilder habe ich, wenn ich an die Zukunft denke?
- Wenn ich heute frei wählen könnte, welchen Beruf würde ich dann wählen?
- Wenn heute mein Glückstag wäre, was würde heute passieren?
- Was würde ich aus meinem bisherigen Leben streichen wollen, wenn ich könnte? Was nicht?
- Was wünsche ich mir von meiner Partnerin bzw. meinem Partner?
- Wie würde mich meine Mutter/mein Vater charakterisieren?
- Was habe ich von meiner Mutter/meinem Vater übernommen?
- Welche Beziehungen zu welchen Menschen sind mir in meinem Leben besonders wichtig?
- Was kann ich eigentlich gut und was kann ich gar nicht gut?
- Wovor drücke ich mich gern und warum?
- In welchen Situationen kann ich mich selbst nicht leiden?
- Warum habe ich heute gerade diese Kleidung gewählt?

Übungsbogen: Direkte Fragen vermeiden | 4 |

Versuchen Sie bitte, folgende Fragen so umzuformulieren, dass sie wie Vermutungen klingen oder als Setzungen zu verstehen sind.

Stellen Sie sich diese Fragen selbst, versuchen Sie durch Hineinversetzen und Nachvollziehen zu vermuten, wie der (fiktive) Klient diese Frage beantworten würde und formulieren Sie diese vermutete Antwort in Aussageform.

Direkte Frage	Umformulierungen
1. Warum laufen Sie weg?	Sie laufen weg, weil Sie glauben, der Belastung nicht gewachsen zu sein.
2. Warum haben Sie das gemacht?	
3. Was glauben Sie, woran das liegt?	
4. Warum können Sie die Prüfung nicht machen?	
5. Wieso fragen Sie nicht mal die Lehrerin, wie Ihre Tochter in der Schule ist?	
6. Woran liegt es, dass Sie so oft so müde sind?	
7. Wie erklären Sie sich, dass Ihr Mann so ärgerlich ist?	
8. Haben Sie schon mal probiert, mit ihr darüber zu sprechen?	
9. Geht es Ihnen jedes Mal so dabei?	
10. Sind Sie sich über die Folgen im Klaren?	
11. Und Sie sind sich sicher, dass Sie alles probiert haben?	
12. Haben Sie diese Probleme mit anderen Menschen auch schon gehabt?	
13. Warum haben Sie ihn nicht einfach stehen gelassen?	
14. Fehlte Ihnen da der Mut - oder warum haben Sie es nicht gemacht?	
15. Sind die Gefühle noch immer so stark?	
16. Haben Sie mal daran gedacht, sich von ihm zu trennen?	

Übungsbogen: Widerspiegeln 5

Versuchen Sie zu jeder Klientenäußerung ein paraphrasierendes und ein verbalisierendes Widerspiegeln zu formulieren.

Klientenäußerungen	Paraphrasierendes Widerspiegeln	Verbalisierendes Widerspiegeln
1. Es ist so viel passiert in der letzten Zeit, alles gleichzeitig, ich weiß jetzt gar nicht, wie es weitergehen soll. Mir geht es einfach schlecht.	Sie sehen im Moment keinen Weg, wie es weitergehen kann.	Sie fühlen sich unter Druck. Sie fühlen sich überfordert. Sie sind verzweifelt.
2. Wir hatten da diese Familienfeier, viele waren gekommen. Aber als ich meine Mutter sah, wurde mir ganz komisch zumute.		
3. Er kommt spät, rauscht an mir vorbei und dann begrüßt mein Chef mich nicht einmal.		
4. Wir machen oft und gerne gemeinsame Ausflüge, aber mein Mann ist ein schrecklicher Beifahrer. Er lässt mich einfach nicht in Ruhe.		
5. Ich musste so dringend los, der Kunde wartete schon. Es war total kalt und das ganze Auto war vereist. Ich hätte heulen können.		
6. Meine Mutter nimmt mich überhaupt nicht ernst, wenn ich mit ihr reden will. Ich habe es schon so oft versucht. Jetzt mag ich einfach nicht mehr.		
7. Als ich diese Nachricht hörte, brach eine Welt für mich zusammen. Ich hatte mich so sehr darauf verlassen, dass wir hier endlich weggehen.		
8. Die spinnen doch, die Kollegen. Ich bin wirklich tief empört. Warum machen die bloß so etwas. Die machen Frau Meier echt fertig. Einfach so. Aus Spaß.		

Übungsbogen: Psychische Repräsentanz 6

Die äußeren und inneren Wirkfaktoren beeinflussen den Klienten im Verlauf von Beratungsgesprächen direkt oder indirekt bzw. bewusst oder unbewusst. In der folgenden Liste sind in zufälliger Reihenfolge solche Wirkfaktoren aufgeführt. Gehen Sie die Aufstellung in Ruhe durch, und versuchen Sie, sich dabei in die Lage des Klienten hineinzudenken.

Entscheiden Sie sich anschließend für die Faktoren, die, ihren persönlichen Erfahrungen nach, Beratungsgespräche besonders nachhaltig beeinflussen.

Wirkfaktoren	Anmerkungen
1. Kalter und ungemütlicher Raum.	
2. Noch nie mit einer anderen Person über das vorhandene Problem gesprochen.	
3. Der Berater verdreht die Worte im Verlaufe des Gesprächs öfter.	
4. Körperliches Unwohlsein (Kopfschmerzen, Übelkeit).	
5. Sofortige oder erst im Laufe des Gesprächs auftretende Antipathie gegenüber dem Berater.	
6. Schlechte und störende Lichtverhältnisse (Gegenlicht, zu dunkler oder zu heller Raum).	
7. Belastende Ereignisse vor Gesprächsbeginn. (Beobachten eines Unfalls, Streit in der Familie, Stress während der Arbeit).	
8. Störender Altersunterschied zum Berater.	
9. Ungewohnte, unkomfortable Einrichtung und Möbel, unbequeme Sitzgelegenheiten.	
10. Ungünstiger Zeitpunkt für das Gespräch.	
11. Nicht-Akzeptanz der persönlichen Eigenheiten (Rotwerden, nervöses Wippen mit dem Fuß, Wortwahl) durch den Berater.	
12. Vorgefasste Meinungen bzw. Vorurteile gegenüber dem Berater oder 'Leuten seiner Art'.	
13. Verwirrung über den Gesprächsverlauf.	
14. Der Klient fühlt sich bei der Bearbeitung und Lösung seiner Probleme vom Berater allein gelassen.	
15. Gespräch steht unter Zeitdruck, Berater wirkt gehetzt.	
16. Gefühl, dass der Berater mit dem Gespräch überfordert ist, dies aber zu überspielen versucht.	
17. Abstoßende äußere Erscheinung des Beraters.	

Wirkfaktoren	Anmerkungen
18. Bedrückender, zu kleiner oder im Gegenteil sehr großer, hallender und durch seine Atmosphäre ungemütlicher Raum.	
19. Peinliches Gefühl, es bestehe beim Berater ein Vorurteil gegen den Klienten oder 'Leute seiner Art'.	
20. Störendes Geschlecht des Beraters.	
21. Störende Platzverteilung während des Gesprächs (Abstand Berater-Klient, trennender Schreibtisch, verschieden hohe und bequeme Sitzgelegenheiten, abgewandter Berater).	
22. Der Berater kritisiert die Person und das Verhalten des Klienten.	

Übungsbogen: Aspekte heraushören — 7

Bitte versuchen Sie, die in den folgenden Klientenäußerungen enthaltenen Aspekte herauszufinden und aufzuschreiben.

Entscheiden Sie sich dann für den Ihrer Meinung nach wichtigsten Aspekt, und überlegen Sie sich für diesen Fall eine geeignete Berateräußerung.

Klientenäußerung	Wichtigster Aspekt	Berateräußerung
1. Am Anfang fällt's mir eigentlich immer bei jedem Menschen schwer, in Kontakt zu kommen, mit ihm frei zu reden.	Selbstoffenbarungs-/ Selbstkundgabeaspekt	Auch jetzt fällt es Ihnen schwer, frei zu sprechen.
2. Irgendwie weiß ich nicht, soll ich jetzt zu ihm gehen oder nicht.		
3. Man weiß gar nicht, was nach dem Studium so auf einen zukommt.		
4. Ach, was soll's; ich bin ja doch zu blöde dazu. Das schaff' ich ja doch nicht alles, was soll's also.		
5. Und meinen Freund kümmert das überhaupt nicht, wie ich darüber denke, der macht einfach und damit basta.		
6. Manchmal, da kann ich meine Familie nicht ab. Ist das nicht ganz schön gemein, so etwas zu denken und zu sagen?		
7. Die Prüfung schaffe ich sowieso nicht. Da bin ich ganz ehrlich.		
8. Ich bin zu Ihnen gekommen, weil ich Hilfe brauche. Aber was machen Sie denn nun eigentlich, um mir zu helfen?		

Übungsbogen: Nonverbale Signale deuten | 8

Die folgende Aufstellung (vgl. Rahm 1986, 208) soll Hinweise für die Beobachtung nonverbaler Signale geben. Markieren oder notieren Sie zusätzlich, welche Körpersignale Sie in Gesprächen in Bezug auf die einzelnen Körperteile schon beobachtet haben und welche Bedeutungen die Signale im Kontext des Klienten möglicherweise hatten.

Vergleichen Sie die Ergebnisse mit einem Partner und überlegen Sie gemeinsam, wie Sie die nonverbalen Signale oder deren mögliche Bedeutungen gegenüber dem Klienten ansprechen können.

Körperteil	Zu beobachtende Signale	Mögliche Bedeutung
Kopf Gesicht	Haltung, Bewegung, Rotwerden, ...	Peinlich berührt sein. Schwer, darüber zu reden.
Augen	Blickkontakt, Senken bzw. Schließen der Augen, unstetes Hin- und Herwandern, Blinzeln, ...	
Nase	Nasenflügel zittern, Nase rümpfen, Schnaufen, ...	
Mund Kiefer	Lippenzittern, auf die Lippen beißen, Mundwinkel verziehen, Kiefer zusammenpressen, ...	
Stimme	hoch-tief, laut-leise, langsam-schnell, gepresst-abgehackt, Seufzen und Stöhnen, ...	
Nacken Schultern	Nacken reiben, Hals bewegen, rote Flecken am Hals, Schultern hoch-nach hinten ziehen, hängen lassen, ...	
Arme	Haltung, Bewegung, Barrieren mit Armen aufbauen, ...	
Hände	Haltung, Bewegung, ...	
Beine Füße	Haltung, Bewegung, Barrieren mit Beinen aufbauen, ...	
Gesamthaltung Körper	ruhig-hektisch, steif-beweglich, entspannt-angespannt, rund-eckig, Atmung, Herzklopfen, Körperteil(e) verdecken, Bauch schützen/festhalten, ...	

Übungsbogen: Adjektive finden | 9 |

Notieren Sie zu den folgenden Begriffen die *Ihnen* spontan einfallenden Adjektive, die die damit verbundenen bei Ihnen aufkommenden Gefühle bzw. Assoziationen beschreiben.

Wählen Sie sich zur Bearbeitung einige Begriffe aus.

Begriff	**Adjektive**
Partnerschaft	glücklich, gemeinsam, geborgen, eng, vertraut, liebevoll, freundschaftlich, kontrollierend, eifersüchtig, ...
Beruf	
Freizeit	
Glück	
Kindheit	
Krankheit	
Wut	
Urlaub	
Freundschaft	
Erfolg	
Liebe	
Mutter	
Vater	
Hoffnung	
Entspannung	
Angst	

Übungsbogen: Angebote formulieren 10

Formulieren Sie für die im Folgenden aufgeführten Klientenäußerungen mögliche Angebote, die Sie als Berater für sinnvoll halten bzw. die dem Klienten die Möglichkeit zur Präzisierung geben.

Formulieren Sie dabei inhalts- und gefühlsbezogene Angebote.

Klientenäußerung	Angebote des Beraters
1. Seitdem grüßen sie mich nicht mehr.	Sie überlegen auch schon, gar nicht mehr hinzugehen, weil es Sie ärgert.
2. In Gesellschaft kriege ich meist kein Wort 'raus.	
3. Bei Frauen kriege ich immer gleich einen roten Kopf.	
4. Ich bin nur das fünfte Rad am Wagen.	
5. Auf so einer Party kann ich so richtig aus mir herausgehen.	
6. Bei anderen geht das viel schneller als bei mir.	
7. Vor einer wichtigen Sache kann ich nicht schlafen.	
8. Diese ewigen Reibereien halte ich nicht länger aus.	
9. Immer muss ich den Anfang machen.	
10. Ich finde es unbefriedigend, eigentlich sollten Sie mir doch helfen!	
11. Ich bin nicht in der Lage, eine Sache konsequent zu Ende zu bringen.	
12. Meine Mutter kann mich einfach nicht verstehen.	
13. Wenn ich daran schon denke, kriege ich feuchte Hände.	
14. Ich bin trotzdem hingegangen.	
15. Keinen Tag kann ich ausschlafen.	
16. Immer diese Typen mit den langen Haaren. Die kenn' ich schon!	

Übungsbogen: Empathie versus Konfrontation　　　　　　　| 11 |

Bitte versuchen Sie, anhand von selbstgewählten Beispielen, die verschiedenen Möglichkeiten von begleitend-unterstützenden und konfrontativen, sprachlichen Interventionen zu erschließen.

Tauschen Sie sich anschließend mit einem Partner über die gefundenen Setzungen aus. Legen Sie dabei besonderen Wert auf die konfrontativen Formulierungen. Sprechen Sie darüber, ob diese beim Gegenüber konstruktiv oder persönlich provozierend ankommen und welche Konfrontationen das empathische Miteinanderumgehen in Frage stellen würden.

Klientenäußerungen:

Beispiel: „Als meine Freundin sagte, dass sie schwanger ist, wusste ich gar nicht, was ich sagen sollte. Wenn ich bedenke, was da auf uns zukommt."

Berateräußerungen:

begleitend-unterstützend	konfrontativ
Beispiel: „Ihnen sind in dem Moment tausend Gedanken durch den Kopf geschossen."	*Beispiel:* „Sie haben Angst, als Vater gebunden zu sein und in die Verantwortung genommen zu werden."
„Sie wissen gar nicht, ob Sie sich freuen sollen."	„Sie trauen sich nicht, ihrer Freundin zu sagen, dass Sie sich gar nicht freuen."

Übungsbogen: Mögliche Reaktionen des Beraters 12

Im Folgenden finden Sie vier Klientenäußerungen. Lesen Sie diese in Ruhe durch und überlegen Sie anschließend, wie Sie in einem Beratungsgespräch auf diese Äußerungen eingehen würden.

Berücksichtigen Sie dabei, je nach Kenntnisstand, die Bausteine *Inhalt neutral wiedergeben, Widerspiegeln, Aspekte heraushören, Nonverbale Signale, Angebote formulieren, Empathie versus Konfrontation*.

1. Eine Frau im mittleren Alter sitzt sehr unruhig auf ihrem Stuhl und zeigt eine hektische Gestik, während sie zu Ihnen sehr laut und aufgeregt sagt: „Und die ganze Familie, abgesehen von meiner Tochter, macht mir auch noch Vorwürfe. ... Also, wenn ich da an gestern denke, ... das war wieder typisch Biggi! ... Die sagt immer: 'Du bist dem Kind gegenüber nicht hart genug!' obwohl sie mich kennt - ich versuche doch immer zu helfen."

_____

_____

2. Eine junge Frau sagt mit gespannter und verhaltener Stimme: „Wenn ich sie nur schon ansehe! ... Sie ist weder attraktiv, noch so intelligent wie ich; sie hat keinen Chic, und ich frage mich, wie sie es fertig bringt, so vielen Leuten etwas vorzumachen. Warum durchschaut man ihr Getue bloß nicht?" Ihre Hände ballen sich zu Fäusten. „Ich halte das nicht mehr aus! ... Das macht mich noch verrückt! ... Wenn bloß nicht diese Wut in mir wäre ... und wenn man sie zur Rede stellt, sagt sie bloß: 'Es tut mir Leid.'... Ich könnte mich manchmal vergessen."

_____

_____

3. Eine Frau sagt mit fester, entschlossener Stimme zu Ihnen: „Ich mach' Schluss! Ich kann nicht mehr. Ich finde nirgends Halt und Kraft ... die Kinder, der Beruf, all die Probleme mit meinem Mann ..." Ihre Stimme wird leiser und sie fängt an zu weinen. „... Ich schaff' das einfach nicht mehr!"

_____

_____

4. Ein junger Mann sagt mit lauter, abgehackter, aggressiver Stimme zu Ihnen: „Ich habe mich entschlossen, endlich etwas zu tun! ... Ich habe auch keine Angst, Rückschläge einzustecken, wenn ich weiß, was ich will. So kann das nicht weitergehen ... ich darf doch nicht immer versagen, wenn es denn so weit ist und ich mit einer Frau im Bett bin!"

_____

_____

Übungsbogen: Arbeitshypothesen formulieren | 13

Bitte versuchen Sie, anhand von selbstgewählten Beispielen oder im Anschluss an Übungsgespräche, Arbeitshypothesen zu den aufgeführten Fragestellungen zu formulieren.

Vergleichen Sie anschließend ihre Ergebnisse in der Gruppe und tauschen Sie Ihre Begründungen für die Hypothesen aus.

Klient:	Datum:
Vermutetes Problem/Hauptanliegen?	
Notwendige Tiefe/Gründlichkeit der Bearbeitung? Therapiewürdigkeit? Umfang? Anzahl der Sitzungen?	
Vermutete Hintergründe? Querverbindungen zur Biografie?	
Besonderheiten zur Person der/des Klientin/Klienten?	
Belastbarkeit der/des Klientin/Klienten? Zumutbares Arbeitstempo?	
Ideen zum Fortgang des Gespräches? Zu bearbeitende Stränge?	
Mögliche Bearbeitungsrichtungen? Einsatz spezifischer Methoden und Interventionen?	
Mögliche Lösungsrichtungen und Lösungsansätze?	

Arbeitsbogen: Phasen der Beratung | 14 |

Diese Übersicht der Tätigkeiten und Leitfragen für die einzelnen Phasen des Beratungsgespräches soll in Übungsgesprächen als Strukturierungshilfe dienen.

Reflektieren Sie anhand dieser Übersicht in den Nachbesprechungen den Ablauf des Beratungsprozesses.

Deskriptive Phase	Diagnostisch-analytische Phase	Problem-bearbeitungsphase	Lösungs-explorations-phase
Inhalte/Tätigkeiten			
Problem schildern Erzählen Berichten Beschreiben Sammeln Zusammentragen	Klären Sortieren Benennen Gewichten Entscheiden Planen	Erfassen Herausstellen Einordnen Bearbeiten Vertiefen Informieren	Lösungen finden Lösungen erarbeiten Lösungen konkretisieren und übertragen Lösungen trainieren
Leitfragen			
- Was ist das Anliegen des Klienten? - Wo besteht der Klärungsbedarf? - Um welche (fachlichen) Probleme geht es? - Was sind die relevanten Daten und Informationen? - Wie groß ist die emotionale Beteiligung des Klienten? - Will der Klient nur etwas loswerden? - Was sind die Arbeitshypothesen des Beraters?	- Welches Anliegen steht im Vordergrund? - An welchen Problemen soll gearbeitet werden? - Welche Stränge sind benannt worden? - An welchem Strang soll zunächst gearbeitet werden? - In welchem Bereich braucht der Klient fachliche Informationen/Lösungen?	- Welches sind die Ziele des Klienten? - Wie soll das herausgestellte Problem/der herausgestellte Strang bearbeitet werden? - Wie intensiv muss die Bearbeitung sein? - Welche spezifischen Methoden können eingesetzt werden? - Wofür sollen Lösungen gefunden werden?	- Welche Lösungen hat der Klient im Gespräch schon benannt oder angedeutet? - Welche Lösungen sind konkret denkbar und für den Klienten und die Situation passend? - Wie sieht die praktische Umsetzung der ausgewählten Lösungen/das strategische Vorgehen für die Praxis aus? - Welche Hausaufgaben sind sinnvoll und möglich?

Übungsbogen: Übungsbeispiel I

15

Bearbeiten Sie bitte das unten angegebene Beispiel unter der vorher vom Trainer vorgegebenen oder gemeinsam festgelegten Aufgabenstellung. (Beispiele: Formulieren des Anliegens, Herausstellen der Stränge, Formulieren von Arbeitshypothesen, Auswahl geeigneter Methoden, konfrontative Angebote, verbalisierendes Widerspiegeln, Einsatz eines speziellen Bausteins, etc.).

Alter der Klientin: 36 Jahre	Beruf: Erzieherin
Thema: Kindertagesstättenalltag	
Phase der Beratung: Deskriptive Phase	

Klientin: „Ich bin gekommen, weil ich nicht mehr weiter weiß. Ich habe eine Gruppe von Kindern zwischen drei und sechs Jahren, da geht alles drunter und drüber. Ich hätte nicht gedacht, dass mir so etwas überhaupt jemals passiert. Es ist alles 15 Jahre glatt gelaufen und jetzt diese Katastrophe. Die Kinder halten sich nicht an abgesprochene Regeln, zumindest nicht daran, was ich Ihnen gesagt habe, kein Stück. Sie streiten sich ständig um das Spielzeug, wollen immer mit dem gleichen Auto spielen. Ich laufe dann durch die Gruppe, um alles zu regeln. Aber dann geht es hinter mir schon wieder los. Und weil es ständig Streit gibt, bringen einige Kinder dann ihr Spielzeug von Zuhause mit, obwohl ich den Eltern gesagt habe, dass wir uns das verbitten. Und zu den Angeboten, die wir, meine Kollegin und ich, am Vormittag machen sollen, kommen wir fast nie. Aber da gibt es auch immer wieder Streit mit ihr, was jetzt gut für die Kinder ist und was nicht. Ich denke häufig, die haben es nicht verdient, aber andererseits sind das auch so kleine arme Würmchen und manchmal doch richtige Biester. Ich hatte das noch nie. Außer damals, als an meiner früheren Stelle meine alte Kollegin nur Stress gemacht hat. Die war richtig viel älter und hat mich wie junges Gemüse behandelt, unmöglich. Die hat mich richtig gegängelt. Da lief dann nach kurzer Zeit nichts mehr. Dann habe ich mir relativ schnell eine neue Stelle gesucht. Und jetzt ist es ganz anders und trotzdem irgendwie gleich, gleich aussichtslos."

Aufgabe:

Übungsbogen: Übungsbeispiel II

16

Bearbeiten Sie bitte das unten angegebene Beispiel unter der vorher vom Trainer vorgegebenen oder gemeinsam festgelegten Aufgabenstellung. (Beispiele: Formulieren des Anliegens, Herausstellen der Stränge, Formulieren von Arbeitshypothesen, Auswahl geeigneter Methoden, konfrontative Angebote, verbalisierendes Widerspiegeln, Einsatz eines speziellen Bausteins, etc.).

Alter des Klienten: 27 Jahre	Beruf: Student
Thema: WG und Beziehung	
Phase der Beratung: Deskriptive Phase	

Klient: „Ich wohne in einer Wohngemeinschaft, und da fühle ich mich auch ganz wohl. Nun ist aber das Problem entstanden. Durch die Trennung von meiner Freundin wird die Situation kritisch. Ich finde, also ich meine, ich kann mit ihr da nicht weiter zusammen wohnen. Das geht nicht gut. Ich hatte vor Jahren schon mal ein ähnliches Erlebnis. Es war zwar keine WG, aber so ähnlich. Man kann sagen, es war so ähnlich. Damals war das genau so. Na ja, ganz genau so nicht. Es war ja auch eine andere Frau. Ich erinnere mich nur ungern daran. Nun ist das gleiche Problem wieder da. Ich weiß nicht, wohin ich soll? Und ich fühle mich da auch sehr wohl, in dieser Gruppe. Von ihr kann ich auch nicht verlangen, dass sie auszieht. Das ist eine vertrackte Situation. Jetzt hat sie auch noch einen neuen Typen kennen gelernt. Der taucht bei uns auf und tut so, als ob nichts wäre. Sie muss doch merken, was das für eine verrückte Situation ist, oder? Ich weiß nicht. Wenn die Beiden da sind, spricht sie mich immer an. Was will sie dann noch von mir? Und die anderen Mitbewohner in der WG sind natürlich ..., na ja, die wissen auch nicht, was sie machen sollen, wie sie sich verhalten sollen. Die wollen auch nicht zwischen die Stühle geraten. Aber so geht das nicht. Und zwischen uns ist natürlich alles vorbei, daran lässt sich jetzt nichts mehr ändern. Wir bekämpfen uns nicht, aber ... ich halte das so nicht aus. Im Studium bin ich jetzt auch schon total hinterher. Es geht eigentlich nichts mehr."

Aufgabe:

Übungsbogen: Kongruenz - Akzeptanz - Empathie | 17 |

Schätzen Sie - aus Ihrem Blickwinkel heraus (Klient, Berater, Beobachter) - die Umsetzung der beraterischen Grundvariablen (Kongruenz, Akzeptanz, Empathie) durch die/den Beraterin/Berater im Anschluss an das (Übungs-) Gespräch ein!
Thematisieren und vergleichen Sie ihre Einschätzungen in der Gruppe!

Berater:	Klient:	Datum:

Kongruenz: Übereinstimmung mit sich selbst? Einheit von Persönlichkeit und professionellem Rollenverhalten? Echtes, transparentes und nicht künstlich aufgesetztes Verhalten? Echte Distanz zum Inhalt? ...

umgesetzt [überhaupt nicht (0) - voll und ganz (10)]:

0 - 1 - 2 - 3 - 4 - 5 - 6 - 7 - 8 - 9 - 10

Begründung:

Akzeptanz: Bedingungsfreie Wertschätzung des Klienten? Vorurteilsfreie und vorbehaltlose Achtung des Klienten? Echte Zuwendung zum Klienten? Echtes Ernstnehmen des Problems? Nicht-Bewertung der Gedanken, Gefühle und Verhaltensweisen des Klienten? ...

umgesetzt [überhaupt nicht (0) - voll und ganz (10)]:

0 - 1 - 2 - 3 - 4 - 5 - 6 - 7 - 8 - 9 - 10

Begründung:

Empathie: Einfühlendes, nicht wertendes Verstehen des Klienten mit seinem Problem? Präzises und sensibles Erfassen der Erlebniswelt und der Gefühle des Klienten ('durch die Brille des Klienten gucken')? Nachvollziehen der Sichtweisen und Bewertungszusammenhänge des Klienten? ...

umgesetzt [überhaupt nicht (0) - voll und ganz (10)]:

0 - 1 - 2 - 3 - 4 - 5 - 6 - 7 - 8 - 9 - 10

Begründung:

Übungsbogen: Selbstreflexion des Beraters | 18

Reflektieren Sie anhand der aufgeführten persönlichen Wirkfaktoren Ihren Einfluss als Berater/in auf das Gespräch und den Gesprächsverlauf im Anschluss an das jeweilige (Übungs-)Gespräch!

Thematisieren Sie ihre Ergebnisse und die sich daraus ergebenden Ansatzpunkte für die eigene selbstexplorative Weiterarbeit in der Gruppe oder mit einem Trainer (siehe Baustein *Sich selbst überprüfen*)!

Klient:	Datum:

Klientin/Klient-Beraterin/Berater-Beziehung: Förderlich - hinderlich? Nähe - Distanz? Sympathie - Antipathie? Blockaden oder Störungen?

Umsetzung der beraterischen Grundvariablen: Kongruenz - Akzeptanz - Empathie?

Eigene problemspezifische Anteile und Bezüge: Distanz zum Inhalt? Eigene Betroffenheit? Eigene Blockaden oder Widerstände gegenüber der Problematik? Eigene wunde Punkte oder blinde Flecken?

Aufstellen von Arbeitshypothesen: Was haben die Arbeitshypothesen mit mir zu tun? Warum komme ich gerade auf diese Arbeitshypothesen?

Favorisieren von Strängen und Lösungen: Favorisiere ich bestimmte Stränge und Lösungen? Erklärung für die eigenen Präferenzen?

Auswahl von Interventionen und Methoden: Eigener Einfluss auf die Auswahl? Eigene methodische Stärken und Defizite? Lieblingsmethoden?

Allgemeine Gestaltung und Arbeitstempo: Verlauf angemessen? Arbeitstempo angemessen? Eigener Arbeitsstil eher begleitend-unterstützend oder konfrontativ? Eigene 'Macken'?

Literatur

Alterhoff, G.: Grundlagen klientenzentrierter Beratung. Stuttgart 1983
Bachmair, S. u.a.: Beraten will gelernt sein. Weinheim, Basel 1983 und 2000
Bateson, G.: Ökologie des Geistes. Anthropologische, psychologische, biologische und epistemologische Perspektiven. Frankfurt/M. 1981
Benecken, J. u.a.: Kommunikation in der Kinderpsychotherapie. Kiel 1978 (Arbeitspapier des Instituts für Psychologie der Universität Kiel)
Biermann-Ratjen, E.-M.; Eckert, J.; Schwartz, H-J.: Gesprächspsychotherapie - Verstehen durch Verändern. Stuttgart 1979 und Stuttgart, Berlin, Köln 1997
Binder, V.; Binder, A.; Rimland, B.: Psychofahrplan. München 1980
Birker, G., Birker, K.: Was ist NLP? Grundlagen und Begriffe des Neuro-Linguistischen Programmierens. Reinbek 1997
Bodenheimer, A.R.: Fragen kann krank machen - sagen kann gesund machen. In: Psychologie heute. (13) 1986, H. 2, 34-37
Böhm, W.: Wörterbuch der Pädagogik. Stuttgart 1982, 12.Aufl.
Bommert, H.: Grundlagen der Gesprächspsychotherapie. Stuttgart 1982, 3. Aufl.
Brack, R.: Instrumente für den Interaktionsprozess zwischen Klienten und Sozialarbeitern/Sozialpädagogen. In: Der Sozialarbeiter. 1975, H. 6, 1-6
Briner, F.: Das Scheitern psychotherapeutischer Modelle in der Pädagogik. In: Schweizer Schule. (72) 1985, H. 2, 19-25
Brinkmann, W.; Petersen, J. (Hrsg.): Theorien und Modelle der Allgemeinen Pädagogik. Donauwörth 1998
Buddrus, V.: Zum systematischen Zusammenhang der Ansätze der Humanistischen Pädagogik. In: V. Buddrus (Hrsg.): Humanistische Pädagogik. Eine Einführung in Ansätze integrativen und personenzentrierten Lehrens und Lernens. Bad Heilbrunn 1995, 27-58
Buddrus, V.; Pallasch, W.: Annäherung an die integrative Pädagogik. In: V. Buddrus (Hrsg.): Humanistische Pädagogik. Eine Einführung in Ansätze integrativen und personenzentrierten Lehrens und Lernens. Bad Heilbrunn 1995, 15-25
Bürgermann, S.; Reinert, G.-B.: Einführung in die pädagogische Therapie. Düsseldorf 1984
Burow, O.-A..: Grundlagen der Gestaltpädagogik. Dortmund 1988
Capra, F.: Synthese. Neue Bausteine für das Weltbild von morgen. München 2000
Cohn, R.C.: Von der Psychoanalyse zur themenzentrierten Interaktion. Stuttgart 1980, 4. Aufl.
Corsini, R. (Hrsg.): Handbuch der Psychotherapie. Weinheim, Basel 1983 und 1993
Crisand, E.: Psychologie der Gesprächsführung. Heidelberg 1982
Dreitzel, H.P.; Jaeggi, E.: Psychotherapie: Plädoyer für kreative Vielfalt. In: Psychologie heute. (14) 1987, H. 2, 60-69
Egan, G.: Helfen durch Gespräch. Reinbek 1990 und 2001
Fittkau, B., Müller-Wolf, H.M., Schulz von Thun, F.: Kommunizieren lernen (und umlernen), Braunschweig 1994, 7. Aufl. (Erstauflage 1977)

Foerster, H.v.: Sicht und Einsicht. Versuche zu einer operativen Erkenntnistheorie. Braunschweig, Wiesbaden 1985

Foerster, H.v.: Das Konstruieren einer Wirklichkeit. In: P. Watzlawick (Hrsg.): Die erfundene Wirklichkeit. Wie wissen wir, was wir zu wissen glauben? Beiträge zum Konstruktivismus. München 1986, 39-60

Geißler, K.A.; Hege, M.: Konzepte sozialpädagogischen Handelns. München 1978

Gendlin, E.T.: Focusing. Selbsthilfe bei der Lösung persönlicher Probleme. Reinbek 1998

Gesellschaft für wissenschaftliche Gesprächspsychotherapie (GwG) (Hrsg.): Die klientenzentrierte Gesprächspsychotherapie. München 1975

Gesellschaft für wissenschaftliche Gesprächspsychotherapie (GwG) (Hrsg.): Rogers und die Pädagogik. Theorieanspruch und Anwendungsmöglichkeiten des personenzentrierten Ansatzes in der Pädagogik. Weinheim, München 1987

Glasersfeld, E. v.: Einführung in den radikalen Konstruktivismus. In: P. Watzlawick (Hrsg.): Die erfundene Wirklichkeit. Wie wissen wir, was wir zu wissen glauben? Beiträge zum Konstruktivismus. München 1986, 16-38

Glasersfeld, E. v.: Aspekte des Konstruktivismus: Vico, Berkeley, Piaget. In: G. Rusch, S.J. Schmidt (Hrsg.): Konstruktivismus: Geschichte und Anwendung. Frankfurt/M. 1992, 20-33

Goldner, C.: Psycho. Therapien zwischen Seriosität und Scharlatanerie. Augsburg 1997

Göppner, H.-J.: Hilfe durch Kommunikation in Erziehung, Therapie, Beratung. Bad Heilbrunn/Obb. 1984

Gordon, T.: Familienkonferenz. Die Lösung von Konflikten zwischen Eltern und Kind. München 1999a (Orig. 1970)

Gordon, T.: Lehrer-Schüler-Konferenz. Wie man Konflikte in der Schule löst. Reinbek 1999b (Orig. 1974)

Grawe, K.: Psychologische Therapie. Göttingen, Toronto, Zürich 2000, 2. Aufl.

Grawe, K., Donati, R., Bernauer, F.: Psychotherapie im Wandel. Von der Konfession zur Profession. Göttingen, Toronto, Zürich 1994

Groddeck, N.: Personen-zentrierte Konzepte im Bereich Schule und Lehrerbildung. In: Gesellschaft für wissenschaftliche Gesprächspsychotherapie (GwG) (Hrsg.): Rogers und die Pädagogik. Weinheim, München 1987, 79-140

Groeben, N.; Scheele, B.: Argumente für eine Psychologie des reflexiven Subjekts. Paradigmawechsel vom behavioralen zum epistemologischen Menschenbild. Darmstadt 1977

Groß-Hardt, M.: Erlebnisaktivierung in der Gesprächspsychotherapie. Frankfurt/M. 1983

Hagemann, M., Rottmann, C.: Selbst-Supervision für Lehrende. Konzept und Praxisleitfaden zur Selbstorganisation beruflicher Reflexion. Weinheim, München 1999

Hargens, J.: Therapien: Nach vierzig Jahren in der Krise? In: Psychologie heute. (16) 1989, H. 11, 15-16

Hendriksen, J.: Intervision. Kollegiale Beratung in sozialer Arbeit und Schule. Weinheim, Basel 2000

Hierdeis, H., Hug, T.: Pädagogische Alltagstheorien und erziehungswissenschaftliche Theorien. Ein Studienbuch zur Einführung. Bad Heilbrunn/Obb. 1992

Hinte, W.: Non-direkte Pädagogik. Opladen 1980

Höchstetter, K.W.: Erwachsenenbildung als therapeutische Bildung. In: E. Nuissl (Hrsg.): Taschenbuch der Erwachsenenbildung. Baltmannsweiler 1982

Hockel, C. M.: Gesprächspsychotherapie - ein wissenschaftlich anerkanntes Verfahren. Deutscher Psychologen Verlag 1999

Hofer, M.: Sozialpsychologie erzieherischen Handelns. Göttingen 1986

Hoffmann, N. (Hrsg.): Therapeutische Methoden in der Sozialarbeit. Salzburg 1977

Hoffmann, N.; Gerbis, K.E.: Gesprächsführung in psychologischer Therapie und Beratung. Band I + II. Salzburg 1981

Hoffmann, N.; Linden, M.: Zum Problem therapeutischer Tätigkeit in der Sozialarbeit. In: Der Sozialarbeiter. 1975, H. 6, 20-25

Howe, J. (Hrsg.): Integratives Handeln in der Gesprächstherapie. Weinheim, Basel 1982

Huschke-Rhein, R.: Systemische Erziehungswissenschaft. Pädagogik als Beratungswissenschaft. Weinheim 1998

Jaeggi, E. u.a.: Andere verstehen. Ein Trainingskurs für psychosoziale Berufe. Weinheim, Basel 1983

Karmann, G.: Humanistische Psychologie und Pädagogik. Psychotherapeutische und therapieverwandte Ansätze; Perspektiven für eine integrative Agogik. Bad Heilbrunn/Obb. 1987

Kölln, D.: Möglichkeiten einer pädagogisch-therapeutischen Gesprächsführung. Kiel 1987 (unveröff. Diplomarbeit)

Kölln, D.: Entscheidungsbaum für Gespräche. Ein Kommunikations-Diagnose-Instrument. In: Das Lehrerhandbuch. Berlin 2001. B 7.6, 1-25

Kölln, D.: Wirkungsvolle Beratungs- und Überzeugungsgespräche. Ein Kommunikations-Planungs-Instrument. In: Das Lehrerhandbuch. Berlin 2002. B 7.7, 1-26

Kölln, D.; Mente, F.: Zuhören und Verstehen - Pädagogisches Gesprächstraining. Lübeck 1987 (unveröff. Manuskript)

Kösel, E. (Hrsg.) (nach Hochreiter, K.E.): Grundlagen zum Psychodrama. Arbeitsstelle für Gruppenpädagogik und Psychodramaforschung, Pädagogische Hochschule Freiburg i.B. 1993

Kraiker, C.; Peter, B. (Hrsg.): Psychotherapieführer. Wege zur seelischen Gesundheit. München 1998

Lasogga, F.: Gesprächstherapie: Zuviel Ideologie? In: Psycholgie heute. (13) 1986, H. 8, 45-50

Leuner, H.: Lehrbuch der Katathym-imaginativen Psychotherapie. Grundstufe, Mittelstufe, Oberstufe. Bern 1998, 3. Aufl.

Leveton, E.: Mut zum Psychodrama. Hamburg 2000, 4. Aufl.

Mandl, H.; Huber, G.L.: Subjektive Theorien von Lehrern. In: Psychologie und Erziehung im Unterricht. (30) 1983, 98-112

Mangold, J.: Gespräch, Beratung, Therapie. Zur gegenwärtigen Handlungsproblematik in der Sozialarbeit. In: Der Sozialarbeiter. (30) 1979, H. 5, 7-14

Martin, D.G.: Counceling and Therapy Skills. Illinois 1989

Maturana, H.: Erkennen. Die Organisation und Verkörperung von Wirklichkeit. Ausgewählte Arbeiten zur Epistemologie. Braunschweig, Wiesbaden 1982
Maturana, H.: Kognition. In: S.J. Schmidt (Hrsg.): Der Diskurs des Radikalen Konstruktivismus. Frankfurt/M. 1987, 89-118
Maturana, H.: Was ist Erkennen? München 1994
Maturana, H.; Varela, F.J.: Der Baum der Erkenntnis. Bern, München, Wien 1987
Miller, R.: Gespräche mit gewalttätigen Schülern. In: S. Bäuerle (Hrsg.): Schülerfehlverhalten. Regensburg 1985, 135-150
Minsel, W.-R.: Praxis der Gesprächspsychotherapie. Wien, Köln, Graz 1974
Mucchielli, R.: Das nicht-direkte Beratungsgespräch. Band I + II. Salzburg 1972
Müller, H.E.: Ausgebrannt - Wege aus der Burnout-Krise. Freiburg i.B. 1995
Mutzeck, W,: Kooperative Beratung. Grundlagen und Methoden der Beratung und Supervision im Berufsalltag. Weinheim 1996
Mutzeck, W.; Pallasch, W. (Hrsg.): Handbuch zum Lehrertraining. Konzepte und Erfahrungen. Weinheim, Basel 1983
Pallasch, W.: Lernziel Zuhören. In: betrifft: erziehung. 1982, H. 1, 20-27
Pallasch, W.: Personenzentrierte Gesprächsführung. In: V. Buddrus (Hrsg.): Humanistische Pädagogik. Bad Heilbrunn 1995, 153-172
Pallasch, W.; Hänsler, H.; Petersen, R.: Experimentelles Laboratorium: Kurz-Zeit-Supervision. AS-Train Broschüre. Institut für Advanced Studies/Universität Kiel 2001
Pallasch, W.; Kölln, D.; Reimers, H.; Rottmann, C.: Das Kieler Supervisionsmodell (KSM). Manual zur pädagogischen Supervision. Weinheim und München 2001
Pallasch, W.; Mutzeck, W.; Reimers, H.: Beratung, Training, Supervision. Weinheim und München 1996
Pallasch, W.; Reimers, H.: Pädagogische Werkstattarbeit. Eine pädagogisch-didaktische Konzeption zur Belebung der traditionellen Lernkultur. Weinheim und München 1990
Petersen, J.; Reinert, G-B. (Hrsg.): Pädagogische Positionen. Donauwörth 1990
Pilz, D.: Für eine therapeutische Pädagogik. Theorie und Praxis im Projekt 'Kindertherapie und Schulversagen'. Berlin 1982
Polster, E.; Polster, M.: Gestalttherapie. München 1973
Quitmann, H.: Humanistische Psychologie. Zentrale Konzepte und philosophischer Hintergrund. Göttingen, Toronto, Zürich 1991
Rahm, D.: Gestaltberatung. Grundlagen und Praxis integrativer Beratungsarbeit. Paderborn 1986, 4.Aufl.
Reinert, G.-B.; Thiele, J.: Nonverbale pädagogische Kommunikation. München 1972
Retter, H.: Studienbuch Pädagogische Kommunikation. Bad Heilbrunn 2000
Rogers, C.R.: Die nicht-direktive Beratung. Counseling and Psychotherapy. Frankfurt/M. 1999, 10. Aufl. (1972) (Orig. 1942)
Rogers, C.R.: Die klientenzentrierte Gesprächspsychotherapie. Client-Centered Therapy. Frankfurt/M. 1978 (1972) (Orig. 1951)
Rogers, C.R.: Klientbezogene Gesprächstherapie. München 1973

Rogers, C.R.: Meine Beschreibung einer personenzentrierten Haltung. In: Zeitschrift für personenzentrierte Psychologie und Psychotherapie. 1982, H. 1, 75-79
Rogers, C.R.: Therapeut und Klient, Grundlagen der Gesprächspsychotherapie, Frankfurt/M. 2001 (1983) (Orig. 1975)
Sachse, R.: Gesprächspsychotherapie. Göttingen, Bern, Toronto, Seattle 1999
Sander, K.: Klientenzentrierte Beratung. In: Gruppendynamik. (13) 1982, H. 2, 79-90
Satir, V.: Selbstwert und Kommunikation. Familientherapie für Berater und zur Selbsthilfe. München 2000, 14. Aufl.
Scherer, K.R.; Wallbott, H.G.: Nonverbale Kommunikation. Weinheim, Basel 1984, 2. Aufl.
Schlippe, A. v., Schweitzer, J.: Lehrbuch der systemischen Therapie und Beratung. Göttingen 1997
Schmidbauer, W.: Der neue Psychotherapieführer. München 1994
Schön, B.: Therapie statt Erziehung? Chancen und Probleme der Therapeutisierung pädagogischer und sozialer Arbeit. Frankfurt/M. 1989
Schulz von Thun, F.: Miteinander reden 1: Störungen und Klärungen. Allgemeine Psychologie der Kommunikation. Reinbek 1992
Schulz von Thun, F.: Miteinander reden 2: Stile, Werte und Persönlichkeitsentwicklung. Differentielle Psychologie der Kommunikation. Reinbek 2001
Schulz von Thun, F.: Miteinander reden 3: Das 'Innere Team' und situationsgerechte Kommunikation. Kommunikation, Person, Situation. Reinbek 2000
Schwäbisch, L.; Siems, M.: Anleitung zum sozialen Lernen für Paare, Gruppen und Erzieher. Kommunikations- und Verhaltenstraining. Reinbek 2000 (Erstauflage 1974)
Schwarzer, R. (Hrsg.): Beraterlexikon. München 1977
Schwertfeger, B.; Koch, K.: Der Therapieführer. München 1995
Shazer, S. de: Das Spiel mit Unterschieden: Wie therapeutische Lösungen lösen. Heidelberg 1994
Shazer, S. de: Der Dreh. Überraschende Wendungen und Lösungen in der Kurzzeittherapie. Heidelberg 1995
Tausch, R.: Gesprächspsychotherapie. Göttingen 1973, 5. Aufl.
Tausch, R.; Tausch, A.M.: Erziehungspsychologie. Göttingen 1973, 7. Aufl.
Textor, M.R.: Beratung, Erziehung, Psychotherapie. Eine Begriffsbestimmung. In: Psychologie, Erziehung, Unterricht. (34) 1987, 1-13
Ulich, D.: Das Gefühl. Einführung in die Emotionspsychologie. München, Wien, Baltimore 1995, 3. Aufl.
Völker, U.: Grundlagen der Humanistischen Psychologie. In: U. Völker (Hrsg.): Humanistische Psychologie. Weinheim, Basel 1980, 13-37
Walter, J.L., Peller, J.E.: Lösungsorientierte Kurztherapie. Ein Lehr- und Lernbuch. Dortmund 1995
Watzlawick, P. (Hrsg.): Die erfundene Wirklichkeit. Wie wissen wir, was wir zu wissen glauben? Beiträge zum Konstruktivismus. München 1986
Watzlawick, P.: Die psychotherapeutische Technik des 'Umdeutens'. In: P. Watzlawick, G. Nardone (Hrsg.): Kurzzeittherapie und Wirklichkeit. München 1999
Watzlawick, P., Beavin, J.H., Jackson, D.D.: Menschliche Kommunikation. Formen, Störungen, Paradoxien. Göttingen 2000

Weber, W.: Wege zum helfenden Gespräch. Gesprächspsychotherapie in der Praxis. München 2000 (Erstauflage 1974)

Weinberger, S.: Klientenzentrierte Gesprächsführung. Eine Lern- und Praxisanleitung für helfende Berufe. Weinheim, Basel 1998, 8. Aufl.

Weisbach, C. u.a.: Zuhören und Verstehen. Eine praktische Anleitung mit Übungen. Reinbek 1984, 4. Aufl. (Erstauflage 1979)

Weisbach, C.R.: Professionelle Gesprächsführung. Ein praxisnahes Lese- und Übungsbuch. München 1992 und 2001

Wiltschko, J.; Köhne, F.: Vom dumpfen Gefühl zur klaren Empfindung. In: Psychologie heute. (11) 1984, H. 3, 22-27

Zielke, M.: Da staunt der Laie, und der Fachmann wundert sich. In: Psychologie heute. (7) 1980, H.1, 60-63

Zundel, E., Zundel, R.: Leitfiguren der neuen Psychotherapie. München 1991